ALL THINGS ABOUT
CANTERBURY ROCK
カンタベリー・ロック完全版

責任編集 和久井光司

カンタベリー・ロック完全版　目次

［データ表記について］
◎基本的にオリジナル盤のデータを掲載しています。
◎国名は漢字表記、英国の場合は省略しています。
例：米＝アメリカ、波＝ポーランド、那＝ノルウェー

Introduction

カンタベリー？ 幻想に縛られるな！

和久井光司

94年から2年ほどミディ・レコードでプロデュースの仕事をしていた私は、当時ミディがロンドンのインディー・レーベルHumbug の作品を配給していた関係で、来日したキャプテン・センシブルにインタヴューし、彼が東京で参加したレコーディングを見る機会に恵まれた。

キャプテンはマーティン・ニューウェル（アンディ・パートリッジがプロデュースしたアルバムを話題にしていた）と一緒に来ていて、だから私はニューウェルにも会ったのだが、圧倒的な花があるキャプテンが終始騒いでいたからニューウェルの記憶はほとんどない。

私はトニー・マンスフィールドがプロデュースしていた時代のキャプテンが大好きなのだが、やっぱり〝ダムドの人〟だから、世に出たころのダムドの話がいちばん面白かった。「俺はパンクなんか嫌いだったんだ。だって、ダムドをつくる直前まで俺はホークウインドみたいなプログレ・バンドをやっていたんだぜ！」なんて言うから、「え？ ホークウインド？」と笑うと、いやいやと手をひらひらさせて遮り、彼はこう言ったのだ。

「ヤツらはまともなアルバムを残してないから印象はよくないかもしれないが、あのスペース・ロックはライヴで観ると最高なんだ。いまのハウスやトランスみたいな感じで、音響や照明も込みのショウなんだよ。裸のお姉ちゃんが出てきたりもするから、DJが皿まわしているだけのレイヴとやらよりよっぽど面白い。俺はグラム・ロックにホークウインドのいいところを足したようなことをやってたんだが、それだけのPAや照明がないから珍妙なバンドになってた。あれじゃ永遠に売れなかっただろうね（笑）。そういう意味ではダムドでよかったよ。で、あのさ、日本人はレコードのことばっかり言うけど、いちばん面白いロックはテープが回っていないところで起こるもんだぜ。だからお前、そのウォークマンを止めろ！ ガッハッハッハ」

欧米のミュージシャンに取材に行くと、レコードに残された音を基準に音楽を語っていることがあまりにも多いことを反省させられる。自分も50年近くバンドをやっているから、20年も前に出したアルバムを持って、「ずっと聴いてたんですけど初めて観にきました」なんてファンによく出会うのだが、私は「次のライヴも来てね。きっと今日より面白いはずだから」と言うようにしている。自分で〝次〟に期待できないバンドなんて、続ける意味がないからね。

キャプテンは、「CDなんてミディからもらえ」と言って、Tシャツを4枚もくれた。半袖と長袖、2枚ずつだ。彼は自分でも革ジャンの下にTシャツを重ね着していたが、あとから考えれば、いつでもライヴに行ける格好ではないか。〝労働者階級〟のロックを体現していたということにもなるはずだ。

その2年後に初来日したゴングを観た。予想をはるかに超える素晴らしさで、テクノやハウスも呑み込んだステージはまるっきり〝最新〟だった。

デイヴィッド・アレンとジリ・スマイスはジョン・レノンとヨーコ・オノみたいだし、自分が歌ったり弾いたりするよりバンドをコントロールするのが楽しそうなアレンの姿にはフランク・ザッパが重なった。

キャプテンが言ったことがわかった。「これだ!」と思った。目から鱗だった。

カンタベリー・ロックは高校を出たころから大好きで、80年代初頭には渋谷と恵比寿のあいだにあったパテ書房で、ゴングやケヴィン・エアーズやスラップ・ハッピーのアルバムを買っていた。

いま思えば、パテ書房のお兄さんは本格的なビートニクだった。アレン・ギンズバーグやジャック・ケルアックの本も並んでいたし、早川義夫のオリジナル盤や天井桟敷のサントラ盤もあった。ゴダールの『勝手にしやがれ』の最後のシーン、逃げていくジャン＝ポール・ベルモンドが背中を撃たれ、倒れる直前のスチールを手形大にした写真がレジの横に貼ってあったから、「これ、いいなー」と言うと、「じゃあ焼いておいてやるよ」と無表情で答え、次に行ったときに「ほら」と渡してくれた。代金と言って百円取られたが。

恵比寿育ちのケラリーノ・サンドロヴィッチもパテ書房に通っていたそうで、私のバンド、スクリーンのファースト・アルバム『ペルソナ』はあそこで買った、と言っていた。当時は雑誌などで連絡先を公開していたから、ケラは直接うちに電話してきて、それで仲良くなったのだ。

当時は街に〝学校では教えてくれないことを教えてくれる先生〟がいて、そういう人には〝生徒〟がついていた。ライヴハウスに行くと同じ匂いを放っているヤツを探して友だちになったもので、向こうもそういう目で人を見ているから、すぐわかるのだ。ちょっと話すと同じ〝先生〟に習っていたことが判明したりして、アッと言う間に距離が縮まった。逆に、何度か遊んでみたら〝違うクラスだった〟ことがわかって、結局それ以上にはならなかったヤツもいる。ちなみに本書に寄稿してもらった立川芳雄や小山哲人は、当時からの友だちだ。もちろん同じ学校とかではないが、〝先生〟が同じなのは明らかである。

私が河出書房新社でこんなに本をつくっているのは、60を過ぎて、想うことがあるからだ。

街に無名の〝先生〟がいなくなって久しく、情報はインターネットで得るものになってしまった。こういう本がわりと楽につくれるようになったのはDiscogsのおかげだから、ネットを否定するつもりはないが、同じ情報を共有するばかりでは、ひとりひとりの個性はどんどん失われていく。

それぞれの〝違い〟を認め合いながら豊かな〝共存〟を求めるのが21世紀のワールド・スタンダードだと思っていたら、百年前の帝国主義者や独裁者と変わらないロシアの熊が大暴れを始めてしまった。なんとも愚かで、嘆かわしいことだが、西側諸国（いまさらこんな言い方をするのも腹立たしい）はヤツを止められなかった。

国家を大きな学校のようにして、ひとりのリーダーに権力に与えるからそういうことになるのだ。ロシアや中国や北朝鮮は、20世紀に何を学んだんだ？と思う。

一介のミュージシャンでしかない私のような者でもわかることがわからないヤツが、20年以上もトップに君臨している国なんてありえない。そういうシステムが現存することが我々には信じられないが、情報統制の実情が明らかになってきたら、さもありなんと思うようになった。モスクワは鉄のカーテンの向こうにあり、西側の思想に染まった人間は粛清される。文化的な見地がない、つまり、真の教養がない人間が、金と力で世界と対峙しようとしてきたからこんなことになるのだ。

間違った〝教師〟を壇上に立たせることの恐ろしさをいま我々は突きつけられている。先導するひとりについていくと大衆は〝生徒〟ではなく〝信者〟になってしまう。学校とは、いろいろな〝先生〟がそれぞれの視点で、世界をさまざまな角度から眺められる〝文化的素養〟を伝承していく場所だと思うし、国家もそういうシステムだと考えることが〝先進〟たる所以ではないか。

さて、今回はカンタベリー・ロックの講座である。

私はプログレッシヴ・ロックがむしろ苦手だし、オーネット・コールマンやドン・チェリーから多くを学んできたという自負があるものの、英国のジャズ・ロックはアネット・ピーコックとマイク・ウエストブルックぐらいしか聴かない。

そもそも〝カンタベリー・ロック〟って何なんだ？

共通する匂いがあることは確かだが、音楽的にカテゴライズしていけば、フュージョンに向かっていくジャズ・ロックの方が本流に近く、ケヴィン・エアーズの歌や、ヘンリー・カウのアヴァンギャルドさは遠い亜流のように思えてしまう。

けれども、私の感覚は逆だ。ユーモアと批評性に重きを置き、ビートニクらしい〝自由〟をもって他者と共存し、カンタベリーから〝出た〟り、「君の音楽がカンタベリー・ロックと呼ばれるなら、俺もそれでいいや」と同じステージに立てる人たちが継承してきたのが〝カンタベリー・ロック〟だと私は思っている。

しかし、それを〝論〟として統制するつもりはないし、「ヒュー・ホッパーこそがカンタベリー・ロックの歴史だ」という人に会えば、「そうかもねー」と笑うようにしている。いいんだ、それで。

いろいろな捉え方ができるように掲載するレコードで範囲が限定されるようなことはしたくなかった。君にとってのカンタベリー・ロックを、自由に選んでほしい。

Chapter 1

Canterbury Story

Koji Wakui

オーストラリア人のヒッピーが古都に持ち込んだ〝自由〟が生んだ真性のプログレッシヴ・ロック

和久井光司

イングランド南東部、ケント州のカンタベリーは、カンタベリー大聖堂の門前町として知られ、中世から巡礼地として栄えてきた。ロンドンから89キロ、日帰り旅行も可能なエリアなので、人気の高い観光地でもある。

597年、教皇グレゴリウス1世はケント王国（現在のケント州）の王、エゼルベルートを改宗させるために修道士アウグスティヌスらを派遣。エゼルベルートは彼らを好意的に迎え、布教に協力したことからカンタベリーはブリタニア布教の拠点となり、王の改宗後、修道院と大聖堂が建てられた。601年にアウグスティヌスが初代カンタベリー大司教に就任して以来、カンタベリーはイングランドのキリスト教の中心地となった。

多くの歴史的事件が起こり、そのたびにカンタベリーは揺れ動いたが、1534年に起こったヘンリー8世の離婚問題をきっかけにローマ教会とは袂を分かち、1559年にエリザベス1世が発した統一令によってカンタベリー大主教座が誕生。英国国協会の総本山という地位を獲得することになったのだ。

1348年にジェフリー・チョーサーが著した『カンタベリー物語』によって、中世の騎士道やロマンス、英国的な寓話がヨーロッパ中に広まっていったこともあって、カンタベリーは歴史的な古都として世界に認められていった。20世紀の二度の世界大戦でもカンタベリー大聖堂は戦火を免れ、45年に中心地の再開発計画が発案された際にも、地元の人々は反対。すぐさま結成された市民防衛協会が地方選挙で圧勝して実権を握ったため、古い街並みが守られたのだ。中心部の再建は戦後10年を経てから始まり、60

Wikipedia から

年代以降の交通渋滞を緩和するために計画された環状道路も段階的に建設されていった。

　ネットで「カンタベリー」を検索してみてほしい。モニターに現れる写真は、ロンドンからの距離を考えれば〝奇跡的〟とも思えるほど古い街並みを残しているし、いわゆる〝地方都市〟とは一線を画しているのがわかるはずだ。ロンドンの中心部以外はどこも田舎に映るのが英国の街並みだが、多くの巡礼者が訪れるため早くから観光地化が進み、イングランドにおけるキリスト教の歴史を伝えてきた街は、独特な上品さと風格を放つようになったのだろう。

　けれども、フランスへの航路が発達したドーヴァーにも近いため、一方の門戸は港湾や流通に関わる労働者にも開かれている。決して閉鎖的な街ではないのだ。そういった地域性がカンタベリー・ロックに現れている面もある、と私は思う。

　サウンドや人脈をたどっていくと、ジャズ・ロックやアヴァンギャルドに行き着き、カンタベリー・ロックの真髄はどんどん曇っていく。そこに至らないための線引きとして、まずは歴史をおさらいしておきたい。

狂気のジャズ詩人、カンタベリーに現れる

カンタベリー・ロックの物語は、オーストラリア人のヒッピー、デイヴィッド・アレン（1938年1月13日〜2015年3月13日）が英国はケント州の古い街に現れたところから始まる。

60年にメルボルンの書店で働いていたアレンは、ビート・ジェネレイションの詩や小説に刺激を受けて、ものを書いたり演奏したりするようになった。あとさき考えずに行動に移るのはこのころからだったようで、あっさり故郷を捨てた彼は、アレン・ギンズバーグやピーター・オーロフスキーが滞在していたパリの「ビート・ホテル」を訪れるのだ。ギンズバーグとオーロフスキーに快く迎えられたアレンは、テリー・ライリーとも親交を持ち、現代音楽やフリー・ジャズにも目覚めていく。

61年、船でドーヴァーを渡った彼は、ドーヴァー近くのリッデンという街にアパートを借り、地元のローリング・ストーンズ（あのバンドとはまったく別）に加わったりしながらライヴ・パフォーマンスの経験を積み、パリとロンドンを行き来していたウィリアム・バロウズと、彼のマネージャーのような側近だったブライオン・ガイシンと懇意になる。サン・ラの思想にしびれたアレンは自身のバンドのメンバーを探し始め、カンタベリーで生まれ育ったロバート・ワイアット（1945年1月28日〜）と知り合い、彼の母が経営していたアパートに転がり込むのである。

ブリストルで生まれたワイアットは、組織心理学者だった父と、BBCのライターだった母のあいだに生まれ、共産主義者だった両親の影響を受けて育った。アレンと初めて会ったとき16歳だったワイアットにしてみれば、7つも歳上のアレンは大人に見えただろうし、周りにはいないほどブッ飛んでいた。ロックンロールやR&Bに傾倒していたワイアットは、BBCのプロデューサーを父に持つケヴィン・エアーズ（1944年8月16日〜2013年2月18日）や、カンタベリーのサイモン・ラングトン・グラマー・スクールに通っていたマイク・ラトリッジ（1943年5月6日〜）とブライアン・ホッパー（1943年1月3日〜）らとバンドの真似ごとを始めていたが、そんな〝子供たち〟にアレンはビート文学

やフリー・ジャズを教えるのだ。

持ち寄った楽器でいいかげんに音を出しても、フリー・ジャズ的な即興を目指していると言えば格好はついたからか、ワイアットらは頻繁に集まっては演奏するようになり、カンタベリー・ロックの礎となるコミュニティが生まれたわけである。

しかし、バロウズのテープづくりに協力するようになったアレンはロンドンに出てベルザイズ・パークにワンルームのアパートを借りたが、すぐにできた彼女のアパートに引越していた。空き家となったワンルームを提供するからロンドンでバンドを組まないかと誘われたワイアットは、ブライアンの弟でベースを弾いていたヒュー・ホッパー（1945年4月29日〜2009年6月7日）を誘ってロンドンに出て、デイヴィッド・アレン・トリオが結成される。63年2月ごろのことだ。

ホッパーはワイアットやアレンとの出会いをこう記している。

「私にあらゆる奇矯な音楽を教えてくれたのは、ロバート・ワイアットだった。62〜63年以前には、私は主にロックとR&Bのレコードを聴いていた。両親の干渉を拒絶したくてギターを弾いていたが、そこからベースに転向し、兄のブライアンと一緒にやっていた。だが、ロバートの兄のマークが、とても面白そうなジャズをコレクションしていた。オーネット・コールマン、セシル・テイラー、チャールズ・ミンガスなどだ。しかもそこに、オーストラリア出身の狂気のジャズ詩人が到来してロバートの家に逗留したので、ジャズに関する知識は大いにふくらんだ。すなわち、〝お前の筋肉を見せろ〟が口癖のデイヴィッド・アレンである。

デイヴィッドに初めて会ったのは、ある週末、ロバートの家でだったと思う。当時私はある農園で働いていたが、ブライアンと私はしょっちゅう、カンタベリーとドーヴァーの間にあるロバートの家に遊びに行っては、マリファナ煙草で宴会を開いていた。ロバートは自称ドラマーだったが、楽器はほとんど何も持っていなかった（私は一度、タムタムの代わりにするために農薬を入れるドラム缶を2個、彼のために持って行ってやったことがある）。ブライアンと私もジャズの演奏についてはあまり知らなかった。だが神に誓って、我々は非常に前衛的ではあった。ただし、いまひとつ冴えない感じだったのは、9時のバスで必ず家に帰らなければならなかったせいだと思うのだが……」

ワイアットはホッパーをロンドンに呼び寄せたアレンは、最初はバロウズとつくった朗読がメインのテープをふたりに聴かせ、テープ編集の面白さを熱心に語ったそうだが、おそらくそれは、自身の朗読のバックでワイアットとホッパーが即興で演奏するスタイルが〝新しい〟と教える策だったようで、ろくにリハーサルもしていないバンドに、アレンはエスタブリッシュメント・クラブでの一週間連続公演という仕事を取ってくる。

デイヴィッド・アレン・トリオ

ジ・エスタブリッシュメント・クラブは、ソーホーのグリーク・ストリート18番地にあった。オックスフォード大学とケンブリッジ大学で盛り上がった学生演劇の最大のヒット作『ビヨンド・ザ・フリンジ』で名を成し、同門のダドリー・ムーアとテレビに進出したピーター・クックが、61年10月にライターのニコラス・ルアードと一緒につくったカフェ／キャバレーだ。クックは仲間たちがパフォーマンスを行えるステージをつくり、アメリカから来たレニー・ブルースや、オーストラリア人のコメディ俳優バリー・ハンフリーズ（女装するとエドナ・エヴァレイジとなった）、ザ・ダドリー・ムーア・トリオ（ムーアはジャズ・ピアニストとしても多くのアルバムを残している）などが週替わりで出演することで知られるようになっていた。クックとルアードは風刺の効いた記事で知られる大衆紙『プライヴェート・アイ』の〝ローズ・ノーム（Lords Gnome）〟と呼ばれるメイン・ライター陣にも加わっていたから、エスタブリッシュメント・クラブはロンドンの若手文化人の溜まり場、トレンドを占うサロンのような格好にもなっていたのだ。

アレンはおそらく、「自分はウィリアム・バロウズの相棒で、フリー・ジャズをバックに詩を詠んでいる」とクックやハンフリーズに取り入ったのだろうし、ロンドンではまだジョー・ハリオッツやスタン・トレイシーのバンドぐらいしか演奏していなかったフリー・ジャズを期待されたのは容易に想像できる。

しかし、デイヴィッド・アレン・トリオはオーディエンスにはまったく理解されず、エスタブリッシュメント・クラブは4日でクビになった。当たり前だ。ようやくドラマーらしくなってきたワイアットと、アレンの〝バナナ・ギター〟では、ホッパーがどんなにがんばってもオーネット・コールマンのバンドのようにはならなかったし、アレンが長々と語る〝寓話〟に即興で音をつけるのをフリー・ジャズと呼ばれたら、ジャズ・ファンは怒るに決まっているではないか。

エスタブリッシュメント・クラブでの最後の夜、当時オックスフォード大学に通っていたマイク・ラトリッジがピアノで参加した。以来ラトリッジはデイヴィッド・アレン・トリオのアディショナル・メンバーとなり、63年の5月ごろマーキー・クラブで録音され、唯一の音源として93年に公式リリースされる『ライヴ１９６３』にも加わっている。

その後トリオ＋ラトリッジは、夏にＩＣＡ（Insti-tute of Contemporary Arts）で行われた詩のイヴェント（バロウズとブライオン・ガイシンも朗読をしたという）に出演しただけで空中分解し、アレンはその直後にフランスに渡るのだった。

パリでロンドン育ちのジリ・スマイス（１９３３年6月1日〜２０１６年8月22日）と出会って恋に落ちたアレンは、カンタベリーの仲間たちを呼び寄せてバンドを組み、モロッコのタンジールにある〝ザ・ファット・ブラック・プシー・キャット〟のハウス・バンドになることを計画するのだ。ポールとジェインのボウルズ夫妻が居を構えて以来、タンジールはビートニクの聖地になっていて（映画化もされたボウルズの代表作『シェルタリング・スカイ』は当地で書かれた）、バロウズやガイシンもよく長期滞在していた。そんな〝マリファナ天国〟でバンドをやって食えれば最高だと思ったのだろう。

ホッパーは64年の1月からアレン夫妻のアパートに滞在、ワイアットも3月下旬にやって来て2週間ほどパリにいたが、結局バンドは始まらず、ホッパーとワイアットは帰郷することになるのだ。

ザ・ワイルド・フラワーズ

ところが数ヶ月後、アレンとスマイスは車に乗ってカ

ザ・ワイルド・フラワーズ（1966年前半と思われる）

ンタベリーに現れた。玄関を開けるといきなりマリファナを口に突っ込んでくるというインパクト満点の再登場は仲間たちにウケたそうだが、「ポップ・グループをつくって売り出そう」と、ワイアット、ホッパー兄弟、エアーズ、ラトリッジ、リチャード・シンクレアらをけしかけておきながら、アレン夫妻はあっさりパリに帰ってしまった。〝ビートルズ以後のポップ・バンド〟として売れることを考え始めたワイアットとホッパー兄弟は、ザ・ワイルド・フラワーズの名の下にさまざまなセッションを繰り広げたが、いずれも長続きせず、メンバーは以下のように変わっていった。

64年：ホッパー兄弟、ワイアット、エアーズで結成後、リチャード・シンクレアが加入。

65年：「シーズ・ゴーン」をデモ・レコーディング後にエアーズが脱退し、グレアム・フライトが加入したが、学業に戻るために脱退したシンクレアと共にフライトも去り、ワイアットがヴォーカルに専念するためリチャード・コフランがドラマーとして加入。

66年：ヴォーカルがワイアットからパイ・ヘイスティングスに交代。脱退したワイアットはエアーズ、ラトリッジと新バンド、ミスター・ヘッドを結成。これがやがてソフト・マシーンとなる。ヒュー・ホッパーがサックスに転向したため、ベーシストとしてデイヴ・シンクレアが加入するも、すぐにオルガンに換わったため、新ベーシストはデイヴ・ローレンスとなる。

67年：ヒュー・ホッパーがソフト・マシーンに移籍したため、ワイルド・フラワーズは活動停止。

68年：パイ・ヘイスティングス、デイヴ・シンクレア、リチャード・コフランにリチャード・シンクレアが合流してキャラヴァンとなり、ワイルド・フラワーズは完全に消滅した。

69年：しかし8月6日にロンドンのリージェント・スタジオで、ワイアット、ホッパー兄弟、ラトリッジに、ゲスト・ヴォーカルのヘイスティングスという布陣で3曲のレコーディングが行われ、のちのアルバムにもワイルド・フラワーズ名義で収録された（CDをコンプリート版とするためにワイアットとホッパー兄弟は03年に2曲を追加レコーディングしているが、それはワイルド・フラワーズの作品とは認め難い）。

ソフト・マシーン、キャラヴァンの母体となり、カンタベリー近郊のミュージシャンの多くが在籍したため、ワインド・フラワーズは〝カンタベリー・ロックの始祖〟として伝説化していくわけだが、当時はレコードを残さなかったために噂が噂を呼び、伝説に尾鰭がついてしまったというのが実情と言えるだろう。カンタベリーという狭いエリアでのバンド活動だったゆえに、当地のミュージシャンが一度は関わったのが窺えるが、ワイアットとホッパー兄弟の〝習作の歴史〟として向き合うのがいちばんだと思う。

ソフト・マシーン

66年にデモを録ったものの、分裂して実態のなくなっていたワイルド・フラワーズから、アレンの呼びかけに応えて〝売れるバンド〟として結成されたのがミスター・ヘッドだった。そこにアレンが再び合流し、ロバート・ワイアット（ドラムス、ヴォーカル）、ケヴィン・エアーズ（ベース、ヴォーカル）、マイク・ラトリッジ（オルガン、ピアノ）に、アレン（ギター、ヴォーカル）という布陣の第1期ソフト・マシーンが誕生した。ちなみにバンド名は、ウイリアム・バロウズのドラッギーなSF小説からの引用である。

アレンはロンドンでの人脈を活かしてUFOクラブ、スピークイージー、ミドル・アースといったクラブにソフト・マシーンをブッキングし、ジミ・ヘンドリクスを売って波に乗った元アニマルズのチャス・チャンドラーのプロデュースでデビュー・シングルをレコーディングするハナシまで決めてきた。

チャンドラーは、ミッキー・モストがアニマルズ、ヤードバーズ、ドノヴァン、ハーマンズ・ハーミッツらで仕掛けたアメリカのレコード会社との直接契約をソフト・マシーンでやってみようと企て、67年に英国に来ていたキム・フォーリーに「フィーリン、リーリン、スクィーリン」のプロデュースを頼み、2月5日に自身のプロデュースでA面となる「ラヴ・メイクス・スウィート・ミュージック」をレコーディングした。この2曲をカップリングしたシングルは4月にポリドールからリリースされ、今度はジョルジオ・ゴメルスキーのプロデュース

ソフト・マシーン（1969年。ロバート・ワイアット、ヒュー・ホッパー、マイク・ラトリッジ）

によるデ・レーン・リー・スタジオでのデモ・セッションが始まった。6〜7月にかけて行われたオランダ、ドイツ、フランス・ツアーに続いて、コート・ダジュールはセイント・ロペスでのギグや、フランスでのテレビ・ショウ出演などが10月までに行われたが、アレンはビザの関係で英国に戻れず、彼がソフツのファースト・アルバムにと考えていた〝ジェット・プロペラド・フォトグラフス〟というコンセプトは完成を見ないままに終わってしまうのだ。

フランスにとどまったアレンがジリ・スマイスとゴングを結成したのはご存知の通りだが、アレンは99年にアメリカで結成したユニヴァーシティ・オブ・エラーズで彼が描いたソフツのファースト・アルバムを再現し、ワイアット、エアーズ、ホッパーの曲も含む『ジェット・プロペラド・フォトグラフス』として04年にリリース。発売記念ツアーにはエアーズをゲストに招いている。

一方、コンセプト・メイカーを失ったソフツは68年にジミ・ヘンドリクス・エクスペリエンスのアメリカ・ツアーで前座を務めて米・プローブとの契約に成功し、68年12月に『ザ・ソフト・マシーン』を発表したが、アルバムのリリースを待たずにエアーズが脱退してしまったため、ヒュー・ホッパーを正式メンバーに加え、『ヴォリューム・2』を録音するのだ。

そこでの方向転換にワイアットは違和感を覚えたらしく、だからブライアン・ホッパーと（のちに『ザ・ワイルド・フラワーズ』に収録される）デモを録ったのだろうが、英CBSとの長期契約に成功したからかソフツにとどまり、その代わりにマッチング・モウルでの作品やソロ・アルバムを制作する機会を与えられたのではないかと思う。

キャラヴァン

ソフト・マシーンが生まれたことでワイルド・フラワーズの活動に終止符が打たれたため、ヴォーカル／ギターのパイ・ヘイスティングス（1947年1月27日〜）、キーボードのデイヴ・シンクレア（1947年11月24日〜）、その従兄弟でベース／ヴォーカルのリチャード・シンクレア（1948年6月6日〜）、ドラムのリチャード・コフラン（1947年9月2日〜2013年12月

キャラヴァン（1970年ごろ）

1日）という布陣のキャラヴァンが結成された。68年初頭のことだ。

当時はまだカンタベリー・ロックという概念はなかったものの、サイケデリック・ロックの新星として注目され始めたソフト・マシーンに続く存在として宣伝されたのが功を奏してか、すぐに著作権管理を仕事としていたイアン・ラルフィーニの目にとまり、米ヴァーヴとの契約が得られた。67年6月1日にリリースされたビートルズの『サージェント・ペパーズ・ロンリー・ハーツ・クラブ・バンド』による〝文化大革命〟は、レコード会社がアルバム・アーティストを求める傾向を加速させたが、シングル・ヒットを生めないバンドは売れないと思われていたアメリカには、アルバム時代に対応できるバンドが少なかったということもあったのだろう。ビート・バンド時代以上にアメリカ市場は英国バンドを求め、いきなりアルバムでデビューさせるという動きが出てきていた。

68年5月にテトラグラマトンからリリースされたディープ・パープルのファースト・アルバム『ハッシュ』が多少なりとも話題になっていたし、6月にシングル・カットされた「ハッシュ」はじわじわとチャートを上がって9月には全米4位に達した。それも追い風になったからか、10月にアメリカで発売されたキャラヴァンのファースト・アルバムはまったく売れなかったのに、〝アメリカでも通用する実力派〟という評判から、本国ではデラムとの長期契約に成功するのである。

ヘイスティングスのポップな志向と、リチャード・シンクレアのジャズ・ロック／プログレ志向があいまって、ピンク・フロイド、イエス、キング・クリムゾン、エマーソン・レイク＆パーマーといった先行プログレ・バンドとは趣の異なる叙情性が醸し出されているのが評価され、キャラヴァンはカンタベリー・ロックの一方のイメージを決めていくのだ。

そういう意味ではキャラヴァンの暖簾を守り続けたヘイスティングスと、もっと叙情派のキャメルにまで関わったリチャード・シンクレアの存在は大きい。

シンクレアが、フィル・ミラー（１９４９年1月22日～２０１８年10月18日）、その兄のスティーヴ（１９４３年12月19日～98年12月9日）、ピップ・パイル（１９５０年4月4日～２００６年8月28日）という元デリヴアリー組と共に72年に結成したハットフィールド&ザ・ノースや、そこに元エッグのデイヴ・ステュアート（1950年12月30日〜）が加わったことによって生まれたナショナル・ヘルスもカンタベリー・ロックの中では大きな存在だが、当初は分派とも思たわけだから、キャラヴァンはソフト・マシーン、ゴングと並ぶ、カンタベリーの大きな幹と言っていい。

オリジナル・ソフツ崩壊後の動き

ノッティンガム生まれのサックス奏者エルトン・ディーン（1945年10月28日〜2006年2月7日）が加わったことでインストに重きを置くジャズ・ロック・バンドに転じたソフト・マシーンに、シンガーのワイアットが不満を感じたのは当然だった。先にバンドから離れてハーヴェストとのソロ契約に成功したケヴィン・エアーズが、（ソロ・アーティストの利点を活かして）ピンク・フロイドを脱退したシド・バレットや、デヴィッド・ベドフォード、ロル・コックスヒルらとコラボレイトしていくさまはワイアットを大いに刺激したはずだし、エアーズと自分こそカンタベリー出身のシンガーの双璧という意識もあったはずである。

71年の『4』までソフツにとどまったワイアットは、同作でヴォーカル曲が与えられなかったのを不満としてバンドを脱退し、キーボードのデイヴ・シンクレア、ギターのフィル・ミラー、ベースのビル・マコーミック（1951年4月15日〜）とマッチング・モウルを結成した。ソフト・マシーンをフランス語読みして〝そっくりモグラ〞としたバンド名からも、彼がソフツに抱いていた想いが窺えるが、ロバート・フリップにプロデュースを任せたセカンド・アルバム『マッチング・モウルズ・リトル・レッド・レコード』を72年10月にリリースしたあと、デイヴ・シンクレアがキャラヴァンに復帰したため一旦解散。73年5月〜6月には、ワイアット、マコーミックに、キーボードのフランシス・モンクマン、サックスのゲイリー・ウインドという布陣でデモ録音を行っていたが、その渦中にワイアットがあるパーティーで泥酔して4階から落下し半身不随となり、ドラムを諦めなくてはいけなくなったため、マッチング・モウルのサード・アルバムは制作されなかったのだ。

シーンとしてのカンタベリー

カンタベリー・ロックがジャズの要素をたくさん含有しているのは、デイヴィッド・アレンがジャズをバックに詩の朗読をしたことから始まったからだろう。

アメリカのビートニク――ジャック・ケルアック、アレン・ギンズバーグ、ウィリアム・バロウズら――は、50年代から朗読のバックに音楽をつけていたし、ケルアックがアル・コーン、ズート・シムズとコラボレイトした59年の"Blues And Haikus"（Harmony/HM5006）はポエトリー・リーディングのレコードとしては革命的な名作だった。アレンはその60年代的展開を考えて、オーネット・コールマンが提唱した〝フリー・ジャズ〟との合体を考えたに違いないが、63年のデイヴィッド・アレン・トリオの演奏はヘタな即興にすぎなかったから、特徴となるべきジャズの要素がカンタベリー・ロックに染み出てくるまでには時間がかかった。

明らかな転機はヒュー・ホッパーがソフト・マシーンの正式メンバーとなった69年だが、ソフツのジャズ・ロック路線が〝プログレッシヴ・ロックのひとつの形〟として評価されたことで、カンタベリーのミュージシャンの共通項として、〝ジャズ〟がいたずらにクローズ・アップされたということもある。

英国のジャズは、50年末から活動していたマイク・ウエストブルックがコンサート・バンドを率いてリーダー作をリリースするようになった67年から新たなフェイズに入ったと言っていい。マイク・オズボーンのアルト、ジョン・サーマンのバリトン、ポール・ラザフォードのトロンボーン、デイヴ・ホールズワースのトランペットに、英国のブラス・バンドの伝統をだぶらせたウエストブルックのアレンジは、ロックの熱気を意識したものだったし、67年の"Celebration"、68年の"Release"はともかく、69年の"Marching Song Vol.1""同 Vol.2"を経た70年の"Love Songs"は英国ジャズ・ロックの最初の到達点とも思える。

そういった動きに刺激されたキース・ティペットが71年に企画したセッション・バンド、センティピードのアルバムに、キング・クリムゾンのロバート・フリップやイアン・マクドナルドと共に、ワイアットとエルトン・

ディーンが参加したことから、ティペットまで〝カンタベリー〟に加えようとする人もいるが、それは断じて違う。音楽性だけで言ったから、ティペットとジュリー・ドリスコールのアルバムや、イアン・カーのニュークリアスのような〝ジャズ・ロック〟との線引きが非常に難しくなっていくからだ。

のちのヘンリー・カウの、フレッド・フリスやクリス・カトラーの活動も、アヴァンギャルドやインダストリアルまで視野に入れたもので、〝音楽表現の自由度〟や〝可能性〟の追求としては支持できるのだが、アレンの提示した、ビートニクらしい〝詩〟や〝物語性〟を持たないものは、カンタベリー・ロックとしては認められないのである（そこを広げていくと〝カンタベリー〟はどんどん曇っていくからだ）。

カンタベリーという土地に〝シーン〟があったのは、どう考えても69年までだろう。ロンドンですでに名前があったエルトン・ディーン（エルトン・ジョンは彼とジョン・ボールドリーをリスペクトして〝エルトン・ジョン〟を名乗ったほどなのだから）は、ソフツに入ったことで個性を認められたと言ってもいいが、人脈的な線引きもジャズ・ロック系はそのあたりまで。つまり、明白な〝シーン〟など、カンタベリーにはなかったのである。

ゴングが拡大していった精神性

しかし、ロンドン出身ながら70年代のカンタベリー・

Mike Westbrook Concert Band “Release”
Deram／SML1031（1968年）
マイク・ウエストブルックはピアノ・ソロからオーケストラまで聴かせる英国ジャズの巨人。

Centipede “September Energy”
Neon／NE9（1971年）
サン・ラへの英国からの答えとも言えるフリー・ジャズの傑作。一度は聴いてみていただきたい。

Here And Now “Give And Take”
Charly／NOW1（1978年）
プラネット・ゴングの実態となったポスト・パンク・バンドのファースト。実は先鋭的だった。

ロックにおいては中心者となったデイヴ・スチュアート（1950年12月30日〜）のような人もいるし、彼の妻バーバラ・ガスキンがカンタベリー出身であることから、彼女が在籍したスパイロジャイラまでカンタベリー・ロックに加えたがる人も少なくない。学生時代はスティーヴ・ヒレッジ（1951年8月2日〜）とユリエル〜アーザケルを組み、エッグでキャリアを積んだのちにカンタベリー人脈に入ってきたステュアートは、自分のプレイよりもバンドやアルバムのコンセプトを重んじる人だから、ミュージシャンにもオーディエンスにも違和感なく受け容れられたのだろう。ハットフィールド&ザ・ノースやナショナル・ヘルスが日本で受けなければ、こういう本はありえなかったはずだから、ステュアートは〝助っ人〟の中でも特別な存在と言える。

カンタベリー・ロックがプログレッシヴ・ロックと呼ばれる多くのものと異なるのは、様式美やテクニックで押していくことなく、曲の持ち味や世界観を上品にサウンドに落とし込んでいくところだと思う。ゆえに派手さには欠けるのだが、これみよがしな演出もなく90分で終わりながら、豊潤なあと味を残すヨーロッパ映画のよう

ゴング（1970年）

に〝通〟を唸らせてきたのである。

私はパイ・ヘイスティングスしかいなくなったキャラヴァンを18年にクラブチッタで観たが、〝作品〟の揺るぎなさを伝える真摯な演奏に、思いのほか心を動かされた。今世紀に入ってからのポール・マッカートニーが演奏するビートルズ・ナンバーは、コピー・バンドのようにしか聴こえないが、もはやメンバーが誰かもわからないキャラヴァンはちゃんとキャラヴァンだった。オリジナル・ヴァージョンどおりに演奏するところはきちんと再現しながら、そのときのバンドの持ち味も見せられないとプロの仕事とは言えない。カンタベリーのバンドの離合集散は、生真面目さゆえのことだったのだと思う。

一方、始祖であるアレンはどこまでも自由に表現を拡大し、世界を股にかけていった。

ゴングの名のつく作品と、そうでないものをアレンがどう分けているかも今世紀に入ってからは曖昧になっていったため、彼とジリ・スマイスの活動を本書に落とし込んでいくのがいちばん厄介だったが、デイヴィッド・アレン・トリオの63年のライヴから、最後の活動となったユー・ミー&アスや、ウィアード・クァルテットまでアレンの姿勢はまったくブレていない。

いまや私の中では、デイヴィッド・アレンとジリ・スマイスはジョン・レノンとヨーコ・オノに匹敵するし、上辺だけとも思われかねない〝ラヴ&ピース〟よりも私には〝バナナ〟の方が知的に感じられるぐらいだ。

アレンとスマイスに触れた人たちは民族や国や地域を超えて彼らの表現に加担し、そこで摑んだものをそれぞれ勝手に発展させている。表現が生まれる現場を観客と共有できるのは音楽の強みであり、文学や映画にはマネができない。演劇の舞台には段取りがあるから、ゴングのような即興性の重んじ方にはならないのである。

ロシア軍がウクライナに侵攻し、戦争が始まったところから私は本書の原稿を書いているのだが、自分と他者のあいだにどんな線を引こうとするかで人は簡単に敵・味方になってしまう。それは恐ろしいことだ。

オーストリア人のヒッピーにすぎなかったのに自由の何たるかを説いたアレンも、それを受け容れたカンタベリーのミュージシャンもエラかったな、と改めて思う。人間のちっぽけさを古都の歴史に教えられていたことは、少なからず影響したのかもしれないが――。

Chapter 2

Soft Machine

Takumi Matsui / Isao Inubushi /
Rokuro Makabe / Koji Wakui

ソフト・マシーンの連続性
ジャズとロックの境界を超えて

松井 巧

タイトルに〝カンタベリー・ロック〟と入った本で——〝〜ミュージック〟ではなく〝〜ロック〟であるところにも一つ論考を加えたいところだが——ソフト・マシーンのために一章を設けるのは当然といえる。オリジナル・メンバーの中にオーストラリア人のデイヴィッド・アレンや、同じケント州ではあるもののより正確にはハーン・ベイ出身のケヴィン・エアーズがいたとはいえ、彼らやロバート・ワイアットのほかにブライアンとヒューのホッパー兄弟、ブライアンの同級生であるマイク・ラトリッジらも交えて、ジャズ、現代音楽、ポップス、R&B、それに詩や演劇といった芸術にも広く目を配りながら、奇矯さと革新性の同居した独自の音楽を創造することに情熱を注ぐ若きアーティストの一群が出発地としたのは、まぎれもなくカンタベリーである。

しかし、一方でこんな見方があることも無視できない。ソフト・マシーンがオリジナルの精神を純粋に保っていたのはせいぜい60年代までのことだ。以後は主にジャズ・ミュージシャンの加入と交代を重ねながら、どんどん音楽性を変えていっている。しかも新たな参加者はすべてカンタベリー出身ではない、と。エアーズは生前、「70年代以降のソフト・マシーンはしょうもないジャズばかり演奏していた」と筆者に語ったことがある。自身はブリストル生まれのワイアットは、そもそも彼の音楽をカンタベリーと関連づけられること自体あまり快く思っていないらしい。マシーンのジャズ化（一般には〝シリアスな〟という形容がなされることの多いジャズへの傾倒）について意見を求められたり、カンタベリー・シーンに対する私見を求められたりしたとき、マシーンの音楽性に途中から違和感を覚えたり、それを理由に去っていったりした彼らならば、矜持をもってそんな風に答えるのも当然と思われる。脱退後にそれぞれが残した素晴らしい作品を考えれば、マシーンの変化と足並みを揃えなかったことに感謝しこそすれ、批判する筋合いなどあろうはずもない。

だが、また一方には、こんなリスナーが存在することも事実である。すなわち、様々な影響やルーツの中でもとりわけビート文学とフリー・ジャズ、サイケデリック・ポップの色が強い、オリジナル・ソフト・マシーンとでも呼ぶべきグループが作り出した60年代の音楽も、(奇しくもワイアットと同じ、だがそれほど深い意味は見出せそうにない)ブリストル出身の鬼才ピアニスト、キース・ティペットが率いるグループのホーン・セクションを構成していたエルトン・ディーン、マーク・チャリグ、ニック・エヴァンスが参加し、そこからディーンが残る形で正式メンバーとなり、ゲスト・プレイヤーとしてエヴァンス、リン・ドブソン、ジミー・ヘイスティングス、ラブ・スポールが参加する編成の『サード』も、ディーンがリーダーを務めるグループ、ジャスト・アスのメンバーでオーストラリア出身のタフなフリー・ジャズ通フィル・ハワードをワイアットの後釜ドラマーに迎えた『フィフス』も、英国ジャズの大御所トランペット奏者イアン・カー率いるジャズ・ロック・グループ、ニュークリアス出身のカール・ジェンキンスを迎え入れて制作された『シックス』も、同じくニュークリアス出身で、後期の(つまりデイヴィッド・アレンやジリ・スマイスが直接的には関与していない)ゴングや、マイルス・デイヴィスのゴールデン・クインテット出身のトニー・ウィリアムスが結成したニュー・ライフタイムにも参加することになるギター奏者アラン・ホールズワースを迎えて制作された『バンドルズ』も、早々に脱退するホールズワースの推薦を受けて加入した元ダリル・ウェイズ・ウルフのジョン・エサリッジを擁する『ソフツ』も、一様にといっては語弊があるが少なくともソフト・マシーンの名前を冠したグループの作品として素直に受け入れ、楽しむことのできるリスナーだ。

かくいう筆者も、そういうリスナーの一人である。その理由を改めて考えると、結局はオリジナルの精神がグループに影を落とし続けてきたからとしか思えない。彼らの変化には、人的な質の変化が直接反映されてきた。15年以降のソフト・マシーン・レガシーはともかく、それ以前の彼らは一度たりとも同じ編成で複数のアルバムを制作したことはなく、もとより正式メンバーとゲスト・プレイヤーの境界も曖昧だが、そうした意味での自由さはソフト・マシーンの源流であるザ・ワイルド・フラワーズ以来のものである。ロックと同等かそれ以上にジャズを基盤にしていた音楽性も、人の出入りを自然なものにしていたところはあっただろう。60年代のロンドンには、アメリカやヨーロッパ経由で伝統的なものから先鋭的なものまで含む多様なジャズの情報が集まり、ロックなどの他ジャンルとも積極的に交わりながらそれを実践する演奏家も、ヴェテランから若手まで数多く集まっていた。そして、そんな60年代のロンドンを目がけてカンタベリーから出てきたのもまた、マシーンのオリジナル・メンバーたちだったのである。一方で彼らには、ラトリッジやホッパーがそれぞれオルガンとベースにファズ・ボックスを通して作り出す音色と、陶酔感を引き起こすミニマルなリフレインという特徴もあった。他のジャズ・ロック・バンドに母屋を取られるといった印象を与えることなく、さりとて伝統のスケールダウンにも終わらず、テクニカルな方面への進歩もみせながらオリジナルの音楽性を活かし且つ拡大し続けることができたのは、ラトリッジとホッパーが70年代の半ば頃までバンドに関わり続けていたのに加え、カール・ジェンキンスという彼らと親和性の高いミュージシャンの参加を得るという幸運も手伝ってのことだが、結局それらも、オリジナルの素地があってこそにちがいない。

ワイアットのマッチング・モウルやエアーズの初期ソロ作品、あるいはエッグ、ハットフィールド&ザ・ノース、ナショナル・ヘルスほどにも、オリジナル・ソフト・マシーンのスタイルを継承しているという印象が70年代のソフト・マシーンにないのはたしかだろう。ただしそれは、ソフト・マシーンの名を使い続けたことからくるギャップが印象を作り出していたところもある。いわゆる後期のソフト・マシーンがカンタベリー・ロックの範疇に入るかどうかには引き続き議論の余地があるものの、聴感上の連続性がまったく保たれていなかったというわけでは決してないのだ。精神的なことに関してなら、むしろもっと連続性が高いとすら私は思っている。

ソフト・マシーン（1971年11月7日、西ベルリン、フィルハーモニック・ホール）

ヒュー・ホッパー

エルトン・ディーン

Daevid Allen Trio
Live 1963

1993年：Voiceprint／VP122

1. Love Is A Careless Sea / 2. My Head Is A Nightclub / 3. Capacity Travel / 4. The Song Of The Jazzman / 5. Dear Olde Benny Green Is A-Turning In His Grave / 6. Ya Sunne WOT / 7. Frederique La Poisson Avec Frite Sur De Dos (Version: Tres Tres Rosbif)

　ヒュー・ホッパーの記憶が確かなら、63年2月ごろロンドンで結成されたデイヴィッド・アレン・トリオが行ったギグは6回。ソーホーのエスタブリッシュメント・クラブでの4日目にクビになり、その夜に参加したマイク・ラトリッジが部分的に加わるという形で、5月ごろマーキー・クラブで一回、夏にICAで行われた詩のイヴェントで一回プレイしただけで空中分解している。

　このCDに収録されているのはマーキーでのライヴ6曲に、ラジオ出演のためにスタジオ録音されたと思しき1曲（アセテート盤から起こしたもの）。ステージでは寓話に即興を加えたアレンのパフォーマンスに、ホッパーのベースとロバート・ワイアットのドラムがついている感じで、オチのない展開にわずかな観客が戸惑う場面もしばしば。アレンは、オーネット・コールマンの『サムシング・エルス』に触発されてトリオの結成を思い立ったとのたまっているが、とんだ噴飯もの、と思われても仕方のない、盛り上がりも着地点もない、衝動が空回りするパフォーマンスと言っていい。

　しかし、ラトリッジが加わった「ディア・オールド・グリーン・イズ・ア・ターニング・イン・ヒズ・グレイヴ」はアタマの硬いジャズ・ファンへの挑戦状のようだし、自ら〝バナナ・ギター〟と呼ぶひしゃげた即興プレイに、ラトリッジのピアノが呼応すると、オーネット・コールマンにぐぐっと接近するのだ。

　音楽の、いや〝表現のノン・ジャンル化〟が終生のテーマだったアレンは、最初からまったくブレていなかった、と言い切れるし、スタジオ録音の「フレデリック・ラ・ポワソン・アヴェク・フリット・スール・ル・ドゥ」はゴングの原型とも言える出色のナンバーである。

　アレンは『ブライヴェイト・アイ』のメイン・ライター・チーム〝ローズ・ノーム〟に憧れ、宇宙的なノームを自分の化身としたようで、このころすでにトンガリ帽のキャラクターをメンバーの私物にまで描いていたらしい。（**和久井**）

The Wilde Flowers
The Wilde Flowers

2015年：Floating World／FLOATD6250

［1］1. Impotence / 2. Those Words They Say / 3. Memories / 4. Don't Try To Change Me / 5. Parchman Farm / 6. Almost Grown / 7. She's Gone / 8. Slow Walkin' Talk / 9. He's Bad For You / 10. It's What I Feel (A Certain Kind) / 11. Memories (Instrumental) / 12. Never Leave Me / 13. Time After Time / 14. Just Where I Want / 15. No Game When You Lose / 16. Impotence (Alt. Version) / 17. Why Do You Care (With Zobe) / 18. The Pie Man Cometh (With Zobe) / 19. Summer Spirit (With Zobe) / 20. She Loves To Hurt / 21. The Big Show / 22. Memories (Alt. Version) ［2］1. The Pieman Cometh / 2. Mummie / 3. That's Alright Mama / 4. Orientasian / 5. Frenetica / 6. 3/4 Blues Thing In F / 7. Slow Walkin' Talk / 8. Man In A Deaf Corner / 9. Summertime / 10. Belsize Parked / 11. Where But For Caravan Would I / 12. Hope For Happiness

2018 LP：Tiger Bay／TB6348

［A］1. Impotence / 2. Those Words They Say / 3. Don't Try To Change Me / 4. Parchman Farm / 5. Almost Grown / 6. She's Gone / 7. He's Bad For You / 8. It's What I Feel / 9. Never Leave Me / 10. Just Where I Want / 11. Time After Time ［B］1. No Game When You Lose / 2. Slow Walkin' Talk / 3. She Loves To Hurt / 4. The Big Show / 5. Memories / 6. The Pieman Cometh / 7. Summertime

　この音源は95年にヴォイスプリントが初めてCD化したものだが、15年にフローティング・ワールドが2枚組の拡大版としたので、本書ではそれを採用していることを最初にお断りしておく。

　しかし、もともと違和感のあったゾーブ（Zobe）――ブライアン・ホッパー、ジョンとデイヴのローレンス兄弟を中心とするバンドで、のちにHibou, Anemone and The Bearと改名――に加えて、63～64年に録音されたブライアン・ホッパーとロバート・ワイアットによるデモや、ふたりによる03年の再録音まで収録した拡大版は〝水増し〟の感が拭えない。ヴォイスプリント版はジャケが酷かったことも拡大版採用の要因にもなっているのだが、音は最初の1枚もので充分こと足りていると思う。

　私は、ワイルド・フラワーズのいいところが味わえる65～66年のデモ16曲に、69年8月6日にブライアンを中心に録音された「シー・ラヴズ・トゥ・ハート」と「メモリーズ」と、03年の再録音2曲、ラトリッジとワイアットによる64年の「サマータイム」（もちろんガーシュウィンのあれだ）を加えて丁度よくまとめたアナログ盤が、クレジットも見やすいダブル・ジャケットも含めて大のお気に入りである（「サマータイム」と「メロモーズ」の関係は重要な〝指摘〟になっていると思うし）。

　カンタベリー・シーンの資料としては拡大版CDに勝るものはないけれど、これは持っていてもまず聴かない。読者の皆さんがどれを選ぶかはお任せしたいが、私のオススメはLPだ。

（**和久井**）

The Soft Machine
The Soft Machine

1968年12月：米 Probe／CPLP 4500

［A］1. Hope For Happiness / 2. Joy Of A Toy / 3. Hope For Happiness (Reprise) / 4. Why Am I So Short? / 5. So Boot If At All / 6. A Certain Kind ［B］1. Save Yourself / 2. Priscilla / 3. Lullabye Letter / 4. We Did It Again / 5. Plus Belle Qu'une Poubelle / 6. Why Are We Sleeping? / 7. Box 25/4 Lid

デイヴィッド・アレン、ケヴィン・エアーズ、マイク・ラトリッジ、ロバート・ワイアットによって結成され、ウィリアム・バロウズの小説から〝ザ・ソフト・マシーン〟と命名された。67年4月にポリドールからシングル「ラヴ・メイクス・スウィート・ミュージック」を発表したが話題にならず、アレンがフランスからの帰国途中に麻薬問題で入国できなくなり、バンドは3人で継続されることになった。

　本作は、68年4月から同行したジミ・ヘンドリクス・エクスペリエンスの米国ツアーの途中で、わずか4日間で録音されたものだ。プロデュースは、ボブ・ディラン、フランク・ザッパ、ヴェルヴェット・アンダーグラウンドらを手掛けたことで知られるトム・ウィルソンが担当した。この段階ではジャズ・ロック風味のサイケデリック・ポップと言ったほうがよく、のちのソフツとはかなり違う。けれども、ラトリッジの歪んだオルガンはカンタベリー・ロックを象徴する音色と言えるし、歯切れのいいドラムや、太いベース、そして何より曲とヴォーカルがいい。

　You Tubeで当時のスタジオ・ライヴをいくつか観ることができるが、10分強の熱演となったフランスでの「セイヴ・ユアセルフ」などはスタジオ・ヴァージョンを凌いでいる。観客がゴー・ゴーを踊り出したりするのもこの時代らしいが、インプロヴィゼーションに重きを置いたパフォーマンスは一見の価値がある。

　9月まで続いたツアーが終わるとエアーズはベースをミッチ・ミッチェルに売ってイビサ島に渡り、そのまま脱退を表明。ラトリッジは英国に戻り、ワイアットはアメリカに残ることになる。グループは一旦解散してしまうのだが、68年12月にリリースされた本作の評判が思いのほか良かったため、プローブはすぐにセカンド・アルバムの制作を要請したのだ。

　アメリカ初期盤は歯車の回転を模したギミック・カヴァー。レッド・ツェッペリンの『3』はこれの真似か。（**真下部**）

The Soft Machine
Volume Two

1969年4月：米 Probe／CPLP 4505

［A］**Rivmic Melodies**: 1. Pataphysical Introduction - Pt. I / 2. A Concise British Alphabet - Pt. I / 3. Hibou, Anemone And Bear / 4. A Concise British Alphabet - Pt. II / 5. Hulloder / 6. Dada Was Here / 7. Thank You Pierrot Lunaire / 8. Have You Ever Bean Green? / 9. Pataphysical Introduction - Pt. II / 10. Out Of Tunes ［B］**Esther's Nose Job**: 1. As Long As He Lies Perfectly Still / 2. Dedicated To You But You Weren't Listening / 3. Fire Engine Passing With Bells Clanging / 4. Pig / 5. Orange Skin Food / 6. A Door Opens And Closes / 7. 10:30 Returns To The Bedroom

ワイアットとラトリッジは、ソフト・マシーンのロード・マネージャーをしていたヒュー・ホッパーを新ベーシストとしてグループを再編した。ファースト・アルバムで「ア・サートゥン・カインド」などを他のメンバーと共作していたホッパーの加入に違和感はなく、サックスで参加した兄ブライアンの存在もアクセントになっている。

ジャズ志向の強いホッパーの加入でインストゥルメンタル重視の方向に舵を切っていくわけだが、ファーストと比較してテクニックが飛躍的に向上しているのには驚かされる。ラトリッジのオルガンはジミー・スミスを思わせるし、ワイアットのドラミングにはツアーで鍛えらたタフさも見える。

アルバムはふたつのパートからなり、曲間を廃して組曲のように繋いでいる。変拍子を用いたテクニカルなプレイが曲の展開にスリルを与え、多くの聴きどころがつくられたのもいい。

このアルバムのハイライトは、のちに「エスターズ・ノウズ・ジョブ」に発展した「ファイン・エンジン・パッシング・ウィズ・ベルズ・クランギング」から始まる一連の組曲だ。次作で築かれるソフツのイメージにぐっと近くなっている。

ワイアットのヴォーカルは素晴らしいけれど、ドラマーとしてのテクニックもかなりのものだった。73年の転落事故がなければ……と考えてしまうのは私だけではないはずだが、事故の前にソフツを抜けるわけだから、ドラムを諦めざるをえなくなるのも運命だったのかもしれない。

このままジャズ・ロックの道を行くのはワイアットにとってはストレスだったらしく、69年4月には（のちにワイルド・フラワーズのアルバムに収録される）ブライアンとの名なしのセッションも行われている。マッチング・モウルの路線も中途半端な印象があるから、おそらく試行錯誤していたのだろうが、プレイヤー体質ではないのにこのドラミングというのがとても興味深い。

（真下部）

Soft Machine
Third

1970年6月6日：CBS／66246

[A] Facelift [B] Slightly All The Time [C] The Moon In June [D] Out-Bloody-Rageous

2007 Remaster CD
Sony BMG Music／82876872932

Bonus Disc: 1. Out-Bloody-Rageus / 2.Fecelift / 3.Esher's Nose Job

69年10月までにキース・ティペット・グループから、エルトン・ディーン（サックス）、マーク・チャリグ（コルネット）、ニック・エヴァンス（トロンボーン）、リン・ドブソン（フルート）などを加え、ソフツは音楽性を拡大、プログレッシヴなジャズ・ロック・バンドへと変貌を遂げるのだ。

英CBS移籍第一弾となった本作は、またも組曲形式を採用した2枚組の大作で、アナログ盤の片面に1曲ずつ、計4曲しか入っていない。ソフツ最後のヴォーカル曲となったワイアット作の「ムーン・イン・ジューン」は、彼のソロといってもいい曲で、メンバー間の軋轢はここで決定的になったらしい。

ほかの3曲ではフリー・ジャズや現代音楽の要素を取り入れた緊張感あふれるパフォーマンスが繰り広げられていて、アルバムとしての印象は非常にタフ。ソフツの最高傑作と称されるのも納得だが、これをロックと呼べるのだろうか。カテゴリーは必要ないと思いつつも、考えさせられる。（**真下部**）

Soft Machine
Fourth

1971年2月28日：CBS／S 64280

[A] 1. Teeth / 2. Kings And Queens / 3. Fletcher's Blemish [B] 1. Virtually Part 1 / 2. Virtually Part 2 / 3. Virtually Part 3 / 4. Virtually Part 4

フリー・ジャズ、現代音楽、ロックを独自の感覚で融合させることに関しては誰も異論のないソフト・マシーンだったが、そこに言葉遊びも交えたユーモア・センスを持ち込むことについてはロバート・ワイアットとその他のメンバーとの間にズレがあった。微妙な緊張感と絶妙な編集の結果、『サード』は奇跡的なまでの傑作となったものの、続く本作にその要素が入り込むスキはあまりなかったのだ。

とはいえ、ドラマーとしてのワイアットはこのときまだノリにノッており、エルトン・ディーンをはじめとするキース・ティペット・グループからの移籍組とも、自身と同じコアなソフト・マシーン組とも違和感なく刺激的なアンサンブルを構築した。ここでのハイライトはヒュー・ホッパーの作になる4部構成の組曲「ヴァーチャリー」だが、マイク・ラトリッジ、ホッパー、ディーンがそれぞれ作曲した前半のトラックを含め、どの曲もこの時期のラインナップでなければ出せない魅力にあふれている。（**松井**）

Soft Machine
Fifth

1972年6月：CBS／S 64806

［A］1. All White / 2. Drop / 3. M C［B］1. As If / 2. L B O / 3. Pigling Bland / 4. Bone

2007 Remaster CD

Sony BMG／82876872902

Bonus Track: 8. All White (Take Two)

メンバーとの溝を感じたワイアットが離れていくのを誰も止めることはなく、バンドは新たなドラマーとしてオーストラリア出身のフィル・ハワードを迎え入れた。それはエルトン・ディーンのバンドにおける発言力の強さを物語るものだが、今度はそれにヒュー・ホッパーとマイク・ラトリッジが反発するなど事態は二転三転。録音後半にはジョン・マーシャルがハワードに代わって参加している。

そんなすったもんだがあったにもかかわらず、『フィフス』もまた、『サード』から『フォース』へという変化の流れに乗った良質の作品といえるだろう。それは、4〜6曲目にダブル・ベースで（ホッパーのエレクトリック・ベースとは別の意図で）参加し存在感をみせているロイ・バビントン含め、英国ジャズ／ジャズ・ロック・シーンにしっかりと残してきた、それぞれの足跡が凝縮されたような演奏に仕上がっているからにほかならない。その中にあってラトリッジのオルガンの個性は、ここでも格別であった。（**松井**）

Soft Machine
Six

1973年2月：CBS／68214

Live Record:［A］1. Fanfare / 2. All White / 3. Between / 4. Riff / 5. 37½［B］1. Gesolreut / 2. E.P.V. / 3. Lefty / 4. Stumble / 5. 5 From 13 (For Phil Seamen With Love & Thanks) / 6. Riff II **Studio Record:**［C］1. The Soft Weed Factor / 2. Stanley Stamps Gibbon Album (For B.O.)［D］1. Chloe And The Pirates / 2. 1983

フリーなインプロヴィゼーションをきわめたいと考えたエルトン・ディーンがバンドを抜け、代わりに入ったのがカール・ジェンキンス。ジャズと同じくらい現代音楽とクラシックに精通する作曲家であり、サックス、キーボード、オーボエを演奏するマルチ奏者でもあった。

その影響は彼が加入して以降の最初のアルバムとなった本作ですぐに露わとなる。LPのディスク1は72年の夏〜秋にかけて行われたイギリス・ツアーからのライヴ、同2は同年の冬のロンドンにおけるスタジオ・テイクだが、前者ではソフツとニュークリアスの折衷的なジャズ・ロック、後者ではミニマル・ミュージック風のリフレインとインプロヴィゼーションが交錯する幻想的な音響空間が描き出されている。総じてラトリッジとジェンキンスの作曲家としての顔が大きくクローズアップされているわけだが、最後のトラックでヒュー・ホッパーがすべてを上書きするかのように実験的な怪演でアルバムを結んでいるのも面白い。（**松井**）

Soft Machine
Seven

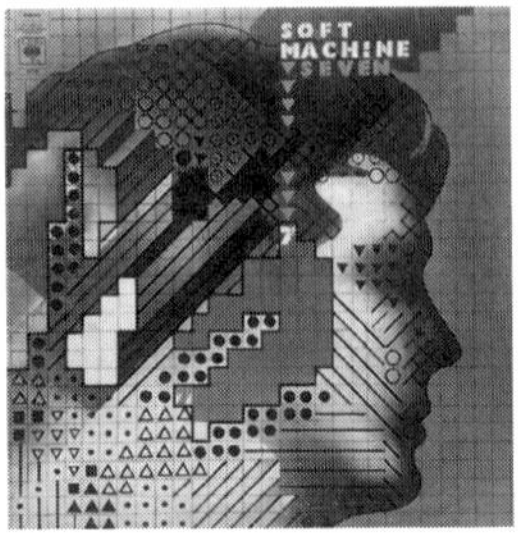

1973年10月：CBS／S 65799

[A] 1. Nettle Bed / 2. Carol Ann / 3. Day's Eye / 4. Bone Fire / 5. Tarabos / 6. D.I.S. [B] 1. Snodland / 2. Penny Hitch / 3. Block / 4. Down The Road / 5. The German Lesson / 6. The French Lesson

マイク・ラトリッジはともかくカール・ジェンキンスの作曲面での存在感の大きさはヒュー・ホッパーの立場を曖昧なものにしてしまった、と本人が感じてしまった以上、脱退は既定路線。しかしそれはホッパーのその後の活動の幕開けでもあり、かならずしもネガティヴなだけの話ではなかった。同時にそれがソフト・マシーンにとっても新たな可能性を開くきっかけになったのだから、両者にとって幸いだったと思いたい。

　ジェンキンス作曲のトラックは後期ニュークリアスにも近いシリアスなジャズ・ロックにニューエイジ的な幻想美を加えた曲調だ。ラトリッジ作曲のトラックは、浮遊感のあるリフの上でファズとエコーを効かせたオルガンのシングル・ノートが飛び交うスタイルが印象的。ラトリッジ以外はすべてニュークリアスからの移籍組にもかかわらず、実に味わい深い演奏を繰り広げていることを考えれば、いかに彼の個性がきわだっているかということも改めて実感させるアルバムだ。（**松井**）

Soft Machine
Bundles

1975年3月22日：Harvest／4044

[A] 1. Hazard Profile / 2. Gone Sailing [B] 1. Bundles / 2. Land Of The Bag Snake / 3. The Man Who Waved At Trains / 4. Peff / 5. Four Gongs Two Drums / 6. The Floating World

ソフト・マシーンとしてはデイヴィッド・アレン以来のレギュラー・ギタリストとなるアラン・ホールズワース加入後に発売されたスタジオ作。ハーヴェスト移籍後初のアルバムだった。

　メンバーが一人増えたぶん、ニュークリアス関係者の割合も増えた。ここまでくると、さすがにマイク・ラトリッジは後退せざるを得なかったのか、作曲も2曲にとどまり、カール・ジェンキンスが5部構成の組曲「ハザード・プロフィール」を含む8曲を書くなど、彼の存在感がますます強くなっている。ホールズワースの切れ味鋭いプレイも非常にきわだつものだ。ただ、ニュークリアスの変種に留まらない、ソフト・マシーンの個性と思わせる部分がこのアルバムにあるのもたしか。陶酔感のあるアルペジオのリフレインや大胆な電気的処理を加えた音を緻密に配したアンサンブルと、ヘヴィなトーンや閃きに満ちたギターのユニークな対照は、本作を平均的なフュージョン・アルバムとは一線を画すのに十分といえるだろう。（**松井**）

Soft Machine
Softs

1976年6月25日：Harvest／SHSP 4056

[A] 1. Aubade / 2. The Tale Of Taliesin / 3. Ban-Ban Caliban / 4. Song Of Aeolus [B] 1. Out Of Season / 2. Second Bundle / 3. Kayoo / 4. The Camden Tandem / 5. Nexus / 6. One Over The Eight / 7. Etika

アラン・ホールズワースがトニー・ウィリアムスのグループに加入するため脱退を表明、後任として推薦したのがジョン・エサリッジだった。

ホールズワース自身はエサリッジの演奏をほとんど聴いたことがなかったというからいい加減な話だが、元ダリル・ウェイズ・ウルフの彼は期待を裏切らなかった。マイク・ラトリッジが正式メンバーから外れ、主だった曲のほとんどをカール・ジェンキンスが手掛ける状況も手伝ってか、エサリッジのテクニカルなギターは前任者以上の多彩な個性を炸裂させている。ホールズワースとの違いは、ロック的なニュアンスとアコースティック・ギターに対するこだわりがより強いところだ。「バン・バン・キャリバン」等でのアラン・ウェイクマンの好演も光っている。だからこそ、たとえそれが客演の形かつ2曲でシンセサイザーを演奏するのみであっても、ラトリッジの個性が加えられているのとそうでないのとでは、やはり全体の印象が違ってくるはずなのだ。（松井）

Soft Machine
Alive & Well Recorded in Paris

1978年3月：Harvest／SHSP 4083

[A] 1. White Kite / 2. Eos / 3. Odds Bullets And Blades Pt I / 4. Odds Bullets And Blades Pt II / 5. Song Of The Sunbird / 6. Puffin / 7. Huffin [B] 1. Number Three / 2. The Nodder / 3. Surrounding Silence / 4. Soft Space

『ソフツ』発表後のグループは2度の編成替えを行った後、76年12月にカール・ジェンキンス、スティーヴ・クック、ジョン・マーシャル、リック・サンダース、ジョン・エサリッジの5人に落ち着く。『アライヴ・アンド・ウェル』は、そのラインナップで77年7月6〜9日に録音したフランス公演からピックアップしたトラックに、後からスタジオの音を加えたり差し替えたりしながら完成させたアルバムだ。

ジェンキンスが作曲で主導権を握るのはそれまで通り。だが、エサリッジとサンダースがギターとヴァイオリンでそれぞれソロを取るパートでは彼らの書いた曲が採用されている。また、ジェンキンスが書いた中にもシーケンサーとリズム・マシンを使って構築したテクノ・ポップ風の曲（7インチ・シングルとしても発売された）が含まれていることなどから、従来とも違う多彩さが目につくが、ジャズ・ロックをミニマルな楽曲で挟み込む構成はやはりマシーンと思わせる。（松井）

Soft Machine
Land of Cockayne

1981年：EMI／EMC 3348

［A］1. Over 'N' Above / 2. Lotus Groves / 3. Isle Of The Blessed / 4. Panoramania / 5. Behind The Crystal Curtain ［B］1. Palace Of Glass / 2. Hot-Biscuit Slim / 3. (Black) Velvet Mountain / 4. Sly Monkey / 5. "A Lot Of What You Fancy..."

78年に活動を停止していたソフト・マシーンは81年に突如本作を発表。カール・ジェンキンスのソロ・プロジェクトとして企画されたアルバムではあったが、ジョン・マーシャル、アラン・ホールズワース、レイ・ウォーレイが彼の誘いに応じた時点でソフト・マシーン名義となった。レコーディングに呼ばれなかったジョン・エサリッジは今でも〝ジェンキンスのセッション・アルバム〟と位置づけている。

アルバムは中世の伝説にある理想郷をテーマにしたコンセプト作品で、シュールなカヴァーはそれを視覚化したもの。コケインはロンドンの異名でもあり、ベースにジャック・ブルース、サックスにディック・モリッシー、ピアノにジョン・テイラーといった具合に英国ジャズ・ロックの錚々たる顔ぶれが並ぶことからも本作にふさわしいテーマといえる。かつての作品ほどには構成面に堅牢さが感じられないが、プレイヤー一人一人の演奏からはさすがに個性と技量の高さが伺える。**（松井）**

Soft Machine
Hidden Details

2018年9月8日：米 Moonjune／MJR093

1. Hidden Details / 2. The Man Who Waved At Trains / 3. Ground Lift / 4. Heart Off Guard / 5. Broken Hill / 6. Flight Of The Jett / 7. One Glove / 8. Out Bloody Intro / 9. Out Bloody Rageous (Part 1) / 10. Drifting White / 11. Life On Bridges / 12. Fourteen Hour Dream / 13. Breathe

2015年にバンド名から〝レガシー〟を外すことを宣言、晴れてソフト・マシーンの名前を復活させたグループが発表した最初のスタジオ盤が本作だ。宣言から本作のレコーディングまでにも多くのステージをこなしていた彼らは、わずか3日間（2017年12月20〜22日）という短い制作期間ながら、濃密な音を作り上げている。

ジョン・エサリッジ、ロイ・バビントン、ジョン・マーシャルの志向を強くしたジャズ・フュージョン寄りの新曲と、『サード』や『バンドルズ』にオリジナルが収録されているマイク・ラトリッジのナンバーやそれと近い路線の新曲を組み合わせた構成は、レガシー名義の前作『バーデン・オブ・プルーフ』をさらに一歩進めたものといえるだろう。曲作りでも音作りでもトラヴィスの発言力が増していることが要因の一つなのは間違いない。レコード・デビュー50周年記念のワールド・ツアー販売用に制作された限定2枚組LPにはCDに未収録のトラックが追加されている。**（松井）**

Soft Machine
Live at the Baked Potato

2020年3月20日：Tonefloat／TF 195

［**A**］1. Out-Bloody-Intro / 2. Out-Bloody-Rageous (Pt1) / 3. Sideburn / 4. Hazard Profile (Pt1) / 5. Kings And Queens ［**B**］1. The Tale Of Taliesin / 2. Heart Off Guard / 3. Broken Hill / 4. Fourteen Hour Dream ［**C**］1. The Man Who Waved At Trains / 2. Life On Bridges / 3. Hidden Details

ソフト・マシーン名義としては37年ぶりのオリジナル・スタジオ・アルバム『ヒドゥン・ディーテイルズ』を発表したグループは、直後に50周年記念ツアーを行った。本作は、それらの中から2019年2月1日にロサンゼルス・ベイクド・ポテトで開催されたステージの模様をピックアップした実況録音盤である。

　収録されているのは『ヒドゥン〜』からの曲が中心。同作で取り上げられていた「アウト・ブラッディ・レイジャス」の他に「テイル・オブ・タリエシン」「ハザード・プロフィール・パート1」「キングズ・アンド・クイーンズ」なども演奏されている。エサリッジのギターが力を発揮しやすい曲が多く選ばれているのは当然だが、同時にラトリッジやジェンキンスと共通する立場を取ったトラヴィスの存在感が強く出ているのも『ヒドゥン〜』中心の内容ならば当然だろう。

　本作は限定生産の2枚組LPでリリースされたあと、同じ曲数のCDも発売された。（**松井**）

Soft Machine
Spaced

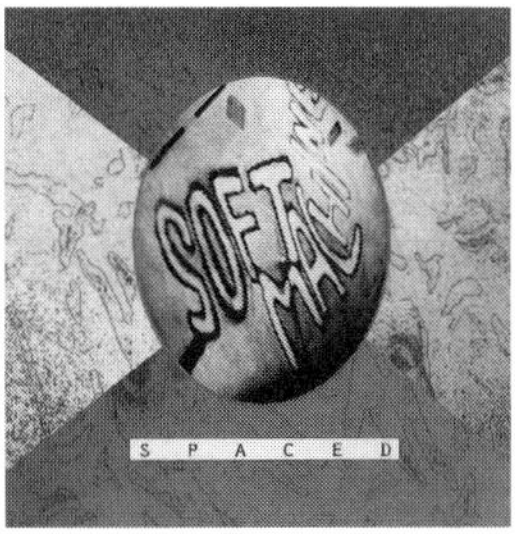

1996年10月23日：米 Cuneiform／Rune 90

1. Spaced One / 2. Spaced Two / 3. Spaced Three / 4. Spaced Four / 5. Spaced Five / 6. Spaced Six / 7. Spaced Seven

　69年5月、ピーター・ドックリーが企画しラウンドハウスで上演されるマルティ・メディア・ショウのためのサウンドトラックをロバート・ワイアット、マイク・ラトリッジ、ヒュー・ホッパー、ブライアン・ホッパーの4人で録音・編集。これに新たなマスタリングを施してディスク化したのが96年リリースの本作だ。ミニマル音楽風の実験的なリフレイン、フィードバック・ノイズ、即興演奏を紡いだインストゥルメンタルには、一部で『サード』収録曲と共通するアイデアが使われている。

　本来なら40〜43ページのところで紹介すべき本作だが、正式なバンド名義でスタジオ録音されたオリジナル作ゆえに一枠を設けた。これと似た背景を持つ作品に76年録音のライブラリー音楽集『ラバー・リフ』（94年CD化）があるが、そちらはカール・ジェンキンスが中心、バンドのメンバーはジェンキンスの妻キャロル・バラットとともにセッション参加の形をとっているため、正式なソフト・マシーン名義とは言い難い。（**松井**）

ソフト・マシーンその他のリリース（発掘ライヴ、デモ音源など）

松井巧

ここでは、ソフト・マシーンのシングル曲や発掘ライヴ音源、デモ・トラックなど、オリジナル・アルバム未収録曲関連の編集盤について概観する。

1967年2月5日にレコーディングされたシングル曲「ラヴ・メイクス・スウィート・ミュージック／フィーリン・リーリン・スクイーリン」を収録した編集盤は、77年発売の3枚組『トリプル・エコー』。同コンピにはシングル発表の2か月後に録音されたデモ・トラックの「メモリーズ」と、同じく4か月後に録音された「シーズ・ゴーン」も収録されている。前者はフランスのBYGを通じて発売されたオムニバス盤『ロック・ジェネレーション』の第8集が初出となるトラックのうちの1つだった。第7集にも同様のデモが収録されており、さらにそれらは、『フェイセス・アンド・プレイセスVOL．7』のタイトルで1枚にまとめられ、その後も『ソフト・マシーン』『アット・ザ・ビギニング』『メモリーズ』『ジェット・プロペルド・フォトグラフス』と名前を変えてリリースされ続けている。元々はジョルジオ・ゴメルスキーが独断で発売に踏み切ったものながら、ファースト・アルバムからはみ出た楽曲やアイデアがそれなりの形をなしていることを考えると、決して無視することのできない作品である。

67年のデモは、2001年にヴォイスプリントから発売された『ソフト・マシーン・ターンズ・オン・VOL．1』でも聴くことができるが、こちらはスタジオ・セッションの他に、ロンドンでのライヴ6曲も収録。アレン参加のトラックは4曲のみ、それ以外は彼が脱退して以降の録音である。音質は良くないが、ここでのエネルギッシュな演奏を聴けば、彼らが当時のライヴをスタジオ作以上のものと捉えていたのも頷けなくはない。同時発売された『ターンズ・オン・VOL．2』に収録されているのはすべてライヴの発掘音

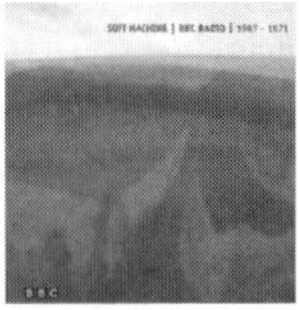

Soft Machine
BBC Radio
1967–1971
2003年：Hux／037

Soft Machine
Soft Machine Turns On Volume 1
2001年：Voiceprint／VP231

Soft Machine
Faces And Places Vol. 7 (Jet-Propelled Photographs)
1972年：仏 BYG／529 907

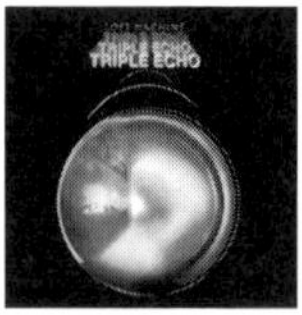

Soft Machine
Triple Echo
1977年3月：Harvest／SHTW 800

源。後に「ムーン・イン・ジューン」へと発展していく「ザッツ・ハウ・マッチ・アイ・ニード・ユー・ノウ」がデモの段階から少し完成形の方へ近づいているのが興味深い。

67年9月16日のミドル・アース公演を中心に、68年5月や67年秋のライヴも収録しているのは『ミドル・アース・マスターズ』。ケヴィン・エアーズのソロ曲に発展していくナンバーを含む楽曲の多彩さと、他のテイクとは異なる演奏の仕上がり具合に多くの発見がある。

67年12月5日から71年6月26日までにラジオ放送用として演奏されたトラックを収録した2枚組CDは『BBCラジオ　1967-1971』。演奏は比較的おとなしいが、音質は良好でとくにヴォーカルが聴き取りやすい。約4年の間に急激な変化を遂げていく様子がこの1タイトルだけでも感じとれる（そこには69年10～12月のわずかな期間しか活動しなかったセプテットの演奏が含まれている）のも特徴だ。そうした変化は同時発売の『BBCラジオ　1971-1974』にもいえる。「ムーン・イン・ジューン」の演奏日が異なるなど、『トリプル・エコー』に収録されている同様のラジオ・セッションと重複したテイクがないことにも注意しておきたい。なお、90年に発売された『ザ・ピール・セッションズ』に収録されている12曲（69年6月～71年11月にかけての出演分）は、すべて上記2タイトルの中に収録されている。

『ライヴ・アット・ザ・パラディソ1969』は、70年代に出回っていたブートレグをヴォイスプリントが95年に正規盤化したもの。69年3月29日のアムステルダム・パラディソ公演ライヴは『ヴォリューム・2』録音直後のため、取り上げられているのはすべてそこからの曲だが、トリオのみの演奏はスタジオ・ヴァージョンと大きな違いがある。

名盤『サード』の成立過程を知るうえできわめて重要なデモ・トラックを収録しているのは『バックワーズ』。希少なセプテット編成による69年11月のフランス公演や、クァルテット編成による70年5月のロンドン公演など、併せて収録されているトラックも『サー

Soft Machine
Somewhere In Soho
2004年：Voiceprint／VP262

Soft Machine
Noisette
2000年1月18日：米
Cuneiform／Rune 130

Soft Machine
Backwards
2002年5月7日：米
Cuneiform／Rune 170

Soft Machine
Live At The Paradiso 1969
1995年：Voiceprint／VP193

ド』の成立とそこからの発展をめぐる諸相に焦点を当てる意図が明確に伺えるものだ。これと、『サード』収録の「フェイスリフト」にもその一部が使用されている70年1月4日クロイドン・フェアフィールド・ホールの全貌を明らかにした『ノイゼット』を合わせて聴けば、さらに『サード』の味わいが深みを増すだろう。同作と前後するライヴが聴けるのは、クロイドン公演から約4週間後のオランダ公演を収めた『ブレダ・リアクター』、バンドが『サード』をレコーディング中の70年4月に行われたライヴをそれぞれ収録している『サムウェア・イン・ソーホー』と『フェイスリフト』、70年8月13日に出演したロイヤル・アルバート・ホールにおける名高いプロムナード・コンサートを収録した『ライヴ・アット・ザ・プロムス1970』など。98年にヴォイスプリントから発売された『ライヴ1970』は、『～プロムス』と同じ音源に70年1月13～14日のロンドンで演奏された「フェイスリフト」「ムーン・イン・ジューン」を加えたものだ。『グライズ』は、70年10月25日コンセルトヘボウ公演をアンコールまで余さず収録。ワイアット、ラトリッジ、ホッパー、ディーンが『サード』に続く『フォース』をロンドンで録音する合間を縫ってのコンサートであり、両アルバムの収録曲に加え、ディーンが72年に発表したリーダー作で取り上げた曲も演奏していることなどから、『サード』以後の新たな変化の様子がリアルに伝わってくる。このCDにボーナス・ディスクとして追加されたDVDは、71年3月23日にドイツの放送局ラジオ・ブレーメンで演奏された『ビート・クラブ』のためのスタジオ・ライヴの模様。98年に発売されていた『ヴァーチャリー』が、同じ演奏を含むライヴの全貌だが、誰がどの音をどのように出していたのかがこの目ではっきりと確認できるのは映像版の強みだ。ワイアットのヴォーカル・インプロヴィゼーションはとくに映像で見ておきたいもののうちの一つである。それと時期が近く、同様のインプロヴィゼーションが聴けるのは71年2月28日におけるノルウェー公演の模様を収めた『ライヴ・アット・ヘニ

Soft Machine
Live In Paris May 2nd, 1972
2004年5月4日：米
Cuneiform／Rune 195/196

Soft Machine
BBC In Concert 1971
2005年：Hux／067

Soft Machine
Live At Henie Onstad Art Centre 1971
2009年：米 Reel／RR014/015

Soft Machine
Virtually
1998年1月27日：米
Cuneiform／Rune 100

ー・オンスタッド・アート・センター1971』。上記2作と71年秋のドイツ・ツアーからセレクトされた『ドロップ』との印象の違いに、ドラマーが交代したという以上のものがあるのは当然だろう。

　マシーンのドラマーはワイアット一択、という人にこそ興味深いと思われるのは、彼がフィル・ハワードとツイン・ドラムを叩いている演奏が聴ける『BBCラジオ1・イン・コンサート』(96年)だ。録音は71年3月11日パリス・シアター。05年にHUXから発売されたソフト・マシーン&ヘヴィ・フレンズ名義の『BBCイン・コンサート1971』とソースは一緒だが、後者はジョン・ピールによるバンド紹介と「スライトリー・オール・ザ・タイム～ノイゼット」を追加した完全版である。

　話がワイアット在籍時の音源に偏ったが、むろんそれ以外の音源に光が当てられていないわけではない。『ライヴ・イン・フランス』(95年発売、04年に『ライヴ・イン・パリ』と改題して音質も向上した)は、72年5月2日のパリ公演を記録した2枚組。ディーンがバンドを脱退する直前のライヴで、『サード』からの曲もずいぶん変化している。94年発表の『BBCラジオ1・ライヴ・イン・コンサート』は72年7月20日録音の放送用ライヴ。その後発表される『シックス』からの曲が中心で、それ以外の曲にも移行期ならではの雰囲気が感じられる。『NDRジャズ・ワークショップ』はゲイリー・ボイル、アート・シーメン、脱退したヒュー・ホッパーをゲストに迎えたワークショップ・ライヴの様子を伝えるCDとDVDの2枚組。モントルー・ジャズ・フェスティヴァル出演時のライヴをCDとDVDにパッケージした『スウィッツァランド1974』、1975年のラジオ・ブレーメン放送用音源を収録した『フローティング・ワールド・ライヴ』はアラン・ホールズワース、『ブリティッシュ・ツアー'75』はジョン・エサリッジがそれぞれ在籍していた頃の好調ぶりを伝える発掘ライヴとなっている。(94年発売の編集盤『ラバー・リフ』は39ページ『スペイスド』の項を参照)

Soft Machine
BBC Radio 1 Live In Concert
1994年：Windsong／WINCD056

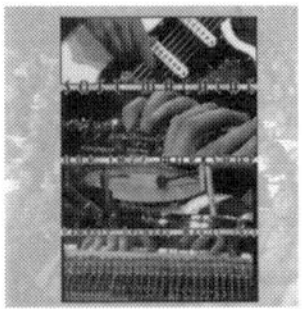

Soft Machine
NDR Jazz Workshop
2010年：米 Cuneiform／Rune 305/306

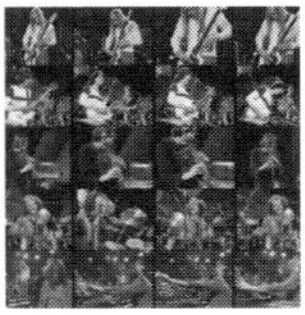

Soft Machine
Switzerland 1974
2015年2月6日：米 Cuneiform／Rune 395/396

Soft Machine
British Tour '75
2005年：Major League／MLP10

ヒュー・ホッパーのアルバム（リーダー作を中心に）

松井巧

ロバート・ワイアットをして「ソフト・マシーンの中で不思議な力を持った存在。俺のイマジネーションを本当に捕らえたのはヒューだった」（マイケル・キング著『ロング・ムーヴメンツ』p66）といわしめたヒュー・ホッパー。最初のソロ・アルバム『1984』は、彼がグループから脱退する直前に録音された。ミニマルな構成とファズ・ベースを軸に、ジョン・マーシャルを含む英国ジャズ／ロック系のプレイヤーのサポートを受けながら彼がマシーンで担ってきた部分をデフォルメさせたようなトラックが並ぶ興味深いコンセプト・アルバムである。

ツトム・ヤマシタズ・イースト・ウインドやアイソトープを経たホッパーが2作目のソロを発表したのは77年のことだ。『ホッパー・チュニティ・ボックス』と題されたアルバムは、デイヴ・ステュアートの参加を得て、前作の系統に連なるトラックと軽快なビートの効いたクロスオーヴァー寄りの曲が共存する内容となっている。

77年には同作のほかにエルトン・ディーン、キース・ティペット、ジョー・ギャリヴァンとのクァルテットによる『クルーエル・バット・フェア』もノルウェーで録音。こちらはフリー・フォーム中心の演奏だが、その中に実験的なエレクトロニクスが含まれている点が面白い。同じ編成によって77年6月にロンドンで録音されたトラックは、85年に『マーシー・ダッシュ』のタイトルで発売。ハットフィールド&ザ・ノース「カリクス」の個性的なカヴァーが含まれている。

70年代後半から80年代初頭にかけては別掲の通り、ソフト・ヘッドやソフト・ヒープに注力していたホッパーだが、パンク／ニューウェイヴ隆盛の余波を受けて彼のような音楽家は商業的には厳しい状況に置かれていた。79年に発表された『モンスター・バンド』のA面が73年録音のプライベート録音で、その

Hugh Hopper
1984
1973年：CBS／S 65466

Hugh Hopper
Hopper Tunity Box
1977年：Compendium／FIDARDO 7

Hopper / Dean / Tippett / Gallivan
Cruel But Fair
1977年・那 Compendium／FIDARDO 4

Hugh Hopper
Monster Band
1979年：IRI／IRI 5003

B面がエルトン・ディーン、マイク・トラヴィス（ギルガメッシュやイースト・ウインドのドラマーだった）とフランスのミュージシャンとで74年に行ったライヴ（ボルドー）という変則的な内容なのも、そのことと関係があるのかもしれない。80年にアラン・ガウエンと録音した『トゥー・レインボウ・デイリー』は経済的に困窮したホッパーにガウエンが救いの手を差し伸べる形で実現したものだった。バンド活動に幻滅したホッパーが、ベースとキーボードだけで自由に音を連ねるうちに創造意欲を取り戻していくプロセスが記録されていると思えば感慨深い。

それと関連して、96年にCD化された『ブラックネル・ブレス・インプロヴィゼーションズ』もここに挙げておこう。同作はそのタイトルが示す通り、イングランドのブラックネルとフランスのブレスで録音された作品集。前者がナイジェル・モリス（アイソトープ、イースト・ウインド）を加えたトリオによる80年のライヴ、後者がホッパーとガウエンのデュオによる78年の録音である。

とはいえ、これらのことがきっかけですぐにホッパーが持ち直すほど80年代は甘くなかった。デュオの形式がよほど気に入ったのか、83年にはリチャード・シンクレアとフランスで録音を行う（このときかなりの苦労を味わったことが歌の中にも出てくる）も、それが『サムウェア・イン・フランス』として陽の目を見るのは96年だった。

本格的なシーンへの復帰は85年にヒュー・ホッパー・バンドを結成してからである。同バンドはソフト・マシーンを熱烈に支持するオランダのミュージシャンたちがホッパーを担ぎ出す格好で結成されている。ただし、ここでも最初のアルバムが出るまでには5年以上の歳月を要した。しかもそのうちの1つ『アライヴ！』のオリジナルは自主製作のカセット・テープだった。だが、カンタベリー・ジャズ・ロックを継承するグループとして、イン・カフーツとともに果たした役割は決して小さなものではなかったし、世界中にネットワークを広げるカンタベリーの新たな可能性の一端を示したという意味でも重要といえ

Hugh Hopper Band
Meccano Pelorus
1991年：米 Wayside／WMAS 6

Hugh Hopper Band
Alive!
2018年9月8日：米 1991年：レーベルなし／HHOP 1［Cass］

Alan Gowen & Hugh Hopper with Nigel Morris
Bracknell - Bresse / Improvisations
1996年：Blueprint／BP186

Hugh Hopper / Alan Gowen
Two Rainbows Daily
1980年：Red／Rouge 1

るだろう。ヒュー・ホッパー・バンド名義のアルバムは上記のほかに、87年と89年のライヴを収めた『メカノ・ペロラス』(91年)、93年のライヴと94年のスタジオ録音を収めた『カルーセル』(95年)が発売された。また、同バンドのキーボード奏者ディオニス・ブロイカーズが参加しているラジオ・セッション集『ヒュー・ホッパー・アンド・オッド・フレンズ』(93年)、同バンドの別名であるヒュー・ホッパーズ・フラングロ・ダッチ・バンド名義のライヴやブロイカーズがサポートするソロ名義のスタジオ録音を含む『フーリガン・ロマンティクス』(94年)などが関連作として挙げられる。

　こうした活動を地道に続けた先に待ち受けていたのが、ホッパーより若い世代たちとのさらに多様な交流の広がりだ。そのうちの一つは、後にソフト・ヒープにも参加する異能のギター奏者マーク・ヒューウィンズと互いの特性を活かし合った即興演奏を主体とするデュオ作『アドリーマー』。この二人にシャイマル・マイトラを加えたエレクトリック即興ユニットのマーシュでも『エレファンツ・イン・ユア・ヘッド?』を発表している。そしてもう一つは、ニューヨークのアヴァンギャルド・シーンを仕切る人物の一人にしてシミー・ディスクの創設者クレイマーとの共演である。共同名義作には『ア・リマーク・ヒュー・メイド』(94年)、『ヒュージ』(97年)があり、前者ではロバート・ワイアットやゲイリー・ウインドと共演、いずれのアルバムもホッパーの個性的なメロディとサウンド・メイキングが今聴いても十分に先鋭的である。

　一時はパンク/ニューウェイヴによって居場所を失いかけた人物が、聴感的な分布図の上だと実はそうしたシーンとそれほど遠くないところにいる音楽家でもあったという認識は、誰よりホッパー自身に勇気を与えたに違いない。95年に発表された『ケイヴマン・ヒュースコア』は、ジョン・ゾーンやウェイン・ホーヴィッツの人脈にも連なるフレッド・シャルナーを中心とするオレゴン出身のグループ、ケイヴマン・シューストアとの共演盤。これに手ごたえを感じた両者は、改めてバン

Caveman Hughscore
Caveman Hughscore
1995年：Tim/Kerr／TK95CD093

Hugh Hopper & Kramer
A Remark Hugh Made
1994年：米 Shimmy／Sh-076

Hugh Hopper / Mark Hewins
Adreamor
1995年：Impetus／IMP CD 19423

Hugh Hopper
Hooligan Romantics
1994年：米 PONK／Fot9 HH1

ド名義としてのヒュースコアのアルバム『ハイスポットパラドックス』(97年)と『デルタ・フローラ』(99年)を制作している。

　詩人/パフォーマーでリンゼイ・クーパーやサリー・ポッターと交流のあるリーザ・S・クロスナーとのアルバム『ディファレント』(99年)、『クリプディッズ』(00年)も同じ流れを汲む作品とみていいだろう。このときの演奏にはエルトン・ディーンやピップ・パイル等も参加。晩年まで日本を含む世界のさまざまな地域に拡散し続けたホッパーの音楽だが、決して原点を疎かにしていなかったことは、カンタベリー在住のキーボード奏者フランシス・ナイトや彼女との共演経験が豊富な歌手ヤン・ポンスフォードとのコラボ作品、ノー・マンのティム・バウネスが代表に名を連ねるバーニング・シェッドからリリースされた作品などからも伺える。

　もちろんそれは、老境に差しかかった彼が懐古趣味に走ることを意味しない。どの時代を切り取っても、ホッパーの音楽から感じとれるのは未来に開かれた豊かな創造性だ。生前最後のリーダー作でチャールズ・ヘイワード等が参加している『NUMERO D'VOL』(07年)や、亡くなる前年に発表されたユミ・ハラ・コークウェルとのデュオ、HUMI名義による『デューン』(08年)においても事情はまるで変わらなかった。

　死後に発表された『ギフト・オブ・パーパス』は、彼の遺族の支援を目的とする追悼盤。03年に『ユースィズ・リスト・グラブ』を発表したニック・ディドコフスキー(ドクター・ナーヴ)とのグループ、ボーンでの08年復活ライヴに、デイヴィッド・アレンがヴォーカルでゲスト参加した未発表曲が追加されている。

　ヒュー・ホッパーの足跡について十分に語れたとはいえないが、紙数が尽きた。さらに詳しいことを知りたい方には、大量の未発表トラックと貴重な証言や写真をマイケル・キングのプロデュースでまとめたコンピレーション・シリーズ全10タイトルがゴンゾー・マルチメディアから発売されていることを、最後にお伝えしておこう。

Hopper / S.Klossner
Cryptids
2000年:Blueprint/BP337

Hugh Hopper, Simon Picard, Steve Franklin, Charles Hayward
Numero D'Vol
2007年:米MoonJune/MJR014

Humi (Hugh Hopper, Yumi Hara Cawkwell)
Dune
2008年:米Moonjunehu/MJR019

Bone (Nick Didkovsky / Hugh Hopper / John Roulat)
The Gift of Purpose [Hopper Family Benefit Album] 1970
2010年:米Cuneiform/Rune 3334

ブライアン・ホッパーのリーダー作

松井巧

ファースト・アルバムに収録の「ホープ・フォー・ハピネス」を共作したり、『ヴォリューム・2』にサックス奏者として貢献したりしながらもついにソフト・マシーンの正式メンバーになることはなかったブライアン・ホッパーだが、その立場で長年カンタベリー・シーンと関わり続けたのは、ヒュー・ホッパーの実兄であることはもちろん、それ以上に彼自身がワイルド・フラワーズで重要な役割を担っていたからに他ならない。ソフツがロンドンで頭角を表した頃にはゾーベやベガーズ・ファームといったグループで世に出ることを目論んでいた。

その夢が潰えたのは相次ぐバンド仲間の死という悲劇に見舞われたからで、その後の音楽活動は本業の合間のわずかな時間と地域に限られた。しかし、当時の録音を丁寧に保管する几帳面な性格はカンタベリー・ファンにとってその無念さを補って余りあるものだ。97年にはベガーズ・ファームによるアルバム1枚ぶんの未発表音源を収録した『ブライアン・ホッパー・ウィズ・ベガーズ・ファーム』が、98年には『カンタベリード・サウンズ』シリーズ計4タイトルがヴォイス・プリントから発売されている。

さらに重要なのは、それらの制作に関わることで再び彼の創作意欲に火が付いたことである。03年にはニューエイジ・デュオのルーンストーンでも知られるギター奏者ロバート・フェナーとの共同名義作『ヴァーチャリティ』を発表、06年にも同じ名義による『ジャスト・デザーツ』をバーニングシェッドから発表している。04年には初のソロ・アルバム『イフ・アイ・エヴァー・アイ・アム』を発表、ロバート・ワイアットと共演した「ホープ・フォー・ハピネス」の大胆なニュー・アレンジからは、彼なりの尖った感性でカンタベリー・サウンドを発展させようとする意欲的な姿が垣間見える。

Brian Hopper
If Ever I Am
2004年：Voiceprint／VP338

Hopper & Fenner (Brian Hopper & Robert Fenner)
Just Desserts
2006年：Burning Shed／none［CD-R］

エルトン・ディーンの作品（リーダー作を中心に）

犬伏 功

エルトン・ディーンは70年発売のソフト・マシーン『3』、71年の同『4』、72年の同『5』に参加したが、ソフツ在籍中の71年にキース・ティペット・グループのアルバムに客演し、2作目の"Dedicated To You, But You Weren't Listening"（Vertigo／6360 024）制作時にアルバム参加メンバーのコロネット奏者マーク・チャリグ、ベーシストのネヴィル・ホワイトヘッド、ドラマーのフィル・ハワードと71年発売の初ソロ作『エルトン・ディーン』を録音。ソフツとは対照的なインプロヴィゼーション中心のフリー・ジャズ・スタイルを披露している。このバンドは〈ジャスト・アス〉と名付けられたが、ディーンにとって初のリーダー・バンドとなった。

『5』発売後にソフツを脱退したディーンは、ジャスト・アスとの活動を経た75年にチャリグ、ホーン・プレイヤーの3人、アラン・スキッドモア、ハリー・ベケット、ニック・エヴァンス、ベーシストのハリー・ミラーにティペットを加えた新バンド〈エルトン・ディーンズ・ナインセンス〉を結成、このメンツで76年発売の『オー！フォー・ザ・エッジ』が録音された。同年発売の『ゼイ・オール・ビー・オン・ディス・オールド・ロード』はディーン、ティペットに新しいリズム隊、クリス・ローレンスとルイス・モホロを加えたＥＤＱ（エルトン・ディン・カルテット）によりロンドンのセブン・ダイアルで収録されたライヴ・アルバムで、南アフリカ出身のドラマー、モホロはその後のディーン作品に欠かせない存在となった。77年発売の『ハッピー・デイズ』は再びナインセンスにより録音されたアルバムで、先のメンバーにトロンボーン奏者のラデュ・マルファッティを加え、ここでもモホロがドラマーの座についたが、インタープレイで鍛えられた顔ぶれが並ぶも、アルバム自体はストレートでコンテンポラリーな香りすら漂う正統派のジャズ・アルバム

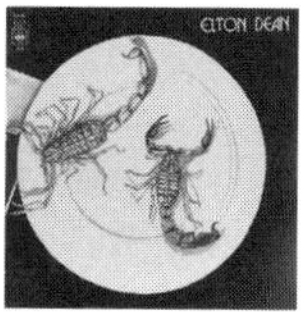

Elton Dean
Same
1971年：CBS／S 64539

Elton Dean's Ninesense
Oh! For The Edge
1976年：Ogun／OG 900

EDQ
They All Be On This Old Road
1977年：Ogun／OG 410

Elton Dean's Ninesense
Happy Daze
1977年：Ogun／OG 910

となった。ナインセンスはプロパーなアルバムを2枚しか残していないが、この時期の録音では75年および78年のラジオ出演音源を集めた“Live At BBC”（Hux/046）が03年に、79年3月5日にロンドンのワン・ハンドレッド・クラブで行われたライヴを収めた“The 100 Club Concert 1979”（加Reel Recordings/RR024/025）が12年にそれぞれ発掘リリースされている。

80年の『バウンダリーズ』はティペット、チャリグ、モホロにブラジル出身のベーシスト、マルシオ・マットスを加えたクインテット名義のアルバムで、再びインプロヴィゼーション主体の作品となった。ディーンはその後もクインテットでの活動を継続、ボローニャで収録された85年の“The Bologna Tape”（Ogun/OG 530）とサン・パウロで収録された87年の“Welcomet”（Impetus/IMP 18612）を残したが、これらのライヴ・アルバムから、この時期のディーンが充実した活動を行っていたことを窺い知ることができる。88年の“Duos”（Elton Dean Tapes/ETD 01）、89年の“Trios”（同／ED02）はいずれもディーンの自主レーベルによるカセットのみの作品で、前者にはティペット、マットス、ハワード・ライリー、有名ロック・シンガーとは同姓同名のベーシスト、ポール・ロジャーズ、デイヴ・シンクレアとの共演歴もあるジャズ・ギタリスト、マイク・ヒウィンズ、後者はティペット、マットス、ライリー、後にイン・カフーツのメンバーとなるベーシスト、フレッド・T・ベイカー、そして仏でも活躍したギタリスト、ジョン・エサリッジが参加、89年にはロジャーズ、ポール・ダンモール、ベーシストのレヴィンと同姓同名のドラマー、トニー・レヴィンによるEDQ名義のカセット“Live”（同／ED03）もリリースされている。

90年発売の『エルトン・ディーンズ・アンリミテッド・サキソフォン・カンパニー』はダンモール、ロジャーズ、レヴィン、サックス奏者のサイモン・ピッカードとトレヴァー・ワッツと89年のコヴェント・ガーデン・ジャズ・サキソフォン・フェスティヴァルに出演

Elton Dean Quintet
Boundaries
1980年：独Japo／JAPO 60033

Elton Dean's Unlimited Saxophone Company
Same
1990年：Ogun／OGCD 002

Elton Dean Quintet
Silent Knowledge
1996年：米Cuneiform／RUNE 83

Elton Dean
Three's Company Two's A Crowd
1997年：仏Culture Pres／CP 1005

した際のライヴ録音、同年発売の"The Vortex Tapes"（Slam Productions/SLAMCD 203）にはロンドンのヴォルテックス・ジャズ・バーで開催された5日間に渡るライヴの模様が収められており、ディーンと交流があるプレイヤーが日替わりで登場する豪華なアルバムとなった。96年発売の『サイレント・ナレッジ』は久々のクインテット名義作品だが、ダンモール、ロジャーズ、レヴィンに仏のピアニスト、ソフィア・ドミニクを加えた新編制での録音で、インタープレイの応酬という点では従来の作品に近いものの、気品溢れるドミニクのピアノとの対比が興味深い作品だった。97年発売の『スリーズ・カンパニー・トゥース・ア・クラウド』はマットス、ピップ・パイル、英ジャズ・ロック界でお馴染みのイヴァン・ザグニが参加、70年代後半に収録された未発表作品で、彼らのとびきりアヴァンギャルドな演奏が捉えられた貴重なもの。

98年の『ヘッドレス・カルテット』は伊のベーシスト、ロベルト・ベーラターラに米国人ドラマーのトニー・ビアンコ、英国人ピアノストのアレックス・マグワイアと組んだ作品で、このカルテットはその後3人のトロンボーン奏者、マットス、ベッラターラにアニー・ホワイトヘッド、ポール・ラザフォード、ロズウェル・ラッド、トランペット奏者のジム・ドゥヴォラックを加えたユニットへと発展、同年発売の『エルトン・ディーンズ・ニューセンス』を完成させている。01年発売の『ムーアソング』は99年にベイカー、マグワイア、ヒウィンズ、ドラマーのリアム・ジェノッキーによって録音されたスタジオ作品で、マグワイアのハモンド・オルガンが前面に出たディーン作品の中でも異色の仕上がりだったが、00年のスタジオ録音とレッド・ローズ・クラブでのライヴを収めた"QED"（Blue-print/BP339）でもマグワイアが活躍する'Hammond X'を聴くことができる。04年の『シー・オブ・インフィニティ』は旧知のマットス、ヒウィンズ、ビアンコによるユニットによるアルバムで、衰えを知らないインタープレイの応酬に圧倒される。

Elton Dean
Sea Of Infinity
2004年：HUX／050

Elton Dean
Moorsong
2001年：米Cuneiform／RUNE 143

Elton Dean's Newsense
Same
1998年：Slam Productions／SLAMCD 229

Elton Dean
Headless Quartet
1998年：仏Culture Pres／CP 1006

マイク・ラトリッジのリーダー作

犬伏 功

ソフト・マシーンを経て共同作業をスタートさせたカール・ジェンキンスとマイク・ラトリッジにとって最初の作品となったのが、81年の『カッツ・フォー・コマーシャルズ・ヴォリューム3』だ。発売元のミュージック・デ・ウルフはKPMと並び英国を代表するライブラリー・ミュージック制作会社で、ロック・ファンには“Electric Banana”（Music De Wolfe/DW/LP3040）から始まるプリティ・シングスの一連の変名作をリリースしたレーベルとしても有名だが、いずれも使用料を払えば映画やCM等コマーシャルな場面で使用できる音楽素材集であり、鑑賞を目的にしたものではない。『カッツ～』もCM使用を想定した30秒のトラックが80曲収められていた業界用の素材集だが、〈ヴォリューム8〉まで続いた『カッツ～』シリーズ中、ジェンキンスとラトリッジが関わったのはこの〈ヴォリューム3〉のみ。他はすべて別の音楽家によるものだ。

『カッツ～』と同じく81年にリリースされた“For Christmas, For Children”（Music De Wolfee/DWS/LP 3464）も同様のライブラリー・ミュージックで、クリスマス期の様々な用途に使える短いトラックが33曲収められている。この時期、ラトリッジは映画音楽にも積極的に関わっていたようだが、82年の“Crystal Gazing”や83年のテレビ・ドラマ“The Bad Sister”などのラトリッジ作品は残念ながら今も音盤化の予定はない。つまり、先の〈ライブラリー〉系作品が当時の彼らの活動を捉えた唯一の作品というわけだ。

ジェンキンスとラトリッジはその後も創作活動をともにしたが、キャリア最大の成功作となったのが〈アディエマス〉名義の作品だ。これはクラシックと欧州の伝統的音楽様式の融合を軸に、南アフリカ出身の歌手ミリアム・ストックリーの歌、多層的なコーラスとフル・オーケストラを組み合わせ、さらにジ

Karl Jenkins & Mike Ratledge
Cuts For Commercials Volume 3
1981年：Music De Wolfe／DWS/LP 3450

Adiemus
Songs Of Sanctuary
1995年：Venture／CDVE 925

Adiemus
Adiemus II – Cantata Mundi
1996年：Venture／CDVE 932

Adiemus
Adiemus III – Dances Of Time
1998年：Venture／CDVE 940

エンキンスが考案した〈アディエマス語〉により言葉すら楽器が奏でる音のように扱い、究極の〈ヒーリング・ミュージック〉を実現したもの。ジェンキンスとラトリッジが94年にデルタ航空のCM曲として制作した“Adiemus”が絶賛されたことからアルバムに発展、95年の『ソングル・オブ・サンクチュアリ』(ラトリッジが参加したのはこのアルバムのみ)、97年の『カンタータ・ムンディ』、98年の『ダンシズ・オブ・タイム』、00年の『ジ・エターナル・ノット』、01年の“Adiemus - Live”(Venturee/CDVE960)がリリースされいずれも世界的ヒットとなった。“Adiemus - Live”を最後にストックリーはプロジェクトを離脱したが、03年の『ヴォカリーズ』では男性ヴォーカルも加わったコーラス主体の新たなスタイルを確立、そこから派生しジェンキンスはNHKによる全45回のドキュメンタリー・シリーズ『世紀を超えて』のテーマ曲もアディエマス名義で作られており、3度の来日公演も果たしている。

　アディエマスからラトリッジは離れたものの、その後もジェンキンスとラトリッジによる共作は続いており、10年には映画『ムーヴメント』と“Some Shufflin'”(Voiceprinte/VP515)のサウンドトラックも担当。これらはいずれもプログレッシヴ・ロックのカタログでおなじみの英ヴォイスプリントが音盤化、サウンドトラック盤のリリースが実現している。

　13年にリリースされた『アディエマス・コローレス』はジェンキンスと独グラモフォンとの新たな契約締結により実現したアルバムで、ジェンキンス名義ながら久々のアディエマス作品となった。ここでジェンキンスはラテン・アメリカ的要素を大胆に取り入れることで新しいスタイルを生み出したが、メキシコ出身のテノール歌手、ローランド・ビリャソンとモンテネグロ出身のギタリスト、ミロシュ・カラダグリッチの客演も発売当時大きな話題となった。“Riddles Of The Sphinx”(Mordant Musice/MM066)は77年公開の同名映画のサウンドトラック盤だが、13年にようやく音盤化が実現したものだ。

Karl Jenkins
Adiemus Colores
2013年：
独Deutsche Grammophon
／479 1067

Karl Jenkins & Mike Ratledge
Movement
2010年：Voiceprint／
VP516

Adiemus / Karl Jenkins
Vocalise
2003年：EMI／
7243 5 57650 2 4

Adiemus
Adiemus IV –
The Eternal Knot
2000年：Venture／
CDVE 952

Hugh Hopper / Elton Dean / Alan Gowen / Dave Sheen
Rogue Element

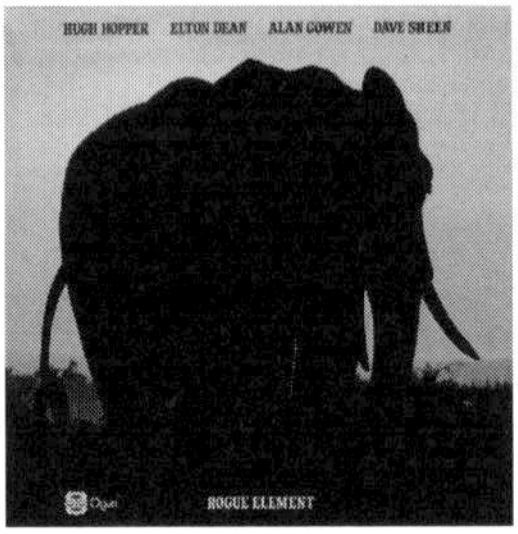

1978年：Ogun／OG 527

［A］1. Seven For Lee / 2. Seven Drones / 3. Remain So［B］1. C.R.R.C. / 2. One Three Nine

ヒュー・ホッパー、エルトン・ディーン、アラン・ガウエン、ピップ・パイルの頭文字を取ってソフト・ヒープと命名されたバンドは、パイルがナショナル・ヘルスで忙しくなったためにデイヴ・シーンを代役に立て、名称も一時的にソフト・ヘッドとした。本作は同グループによる78年発表アルバム。同年5月のフランス公演から採られたライヴ録音となっている。

シーンは臨時参加とあって作曲には関与しないが、ベン、ミラージュといった英国ジャズ・ロックの興味深いグループに参加してきた経験があるだけにソフト・ヘッドでも積極的なドラミングで貢献している。積極的過ぎて、ときに他のメンバーのクールな空気感を読まない演奏に走るところはソフト・マシーンでのフィル・ハワードにも似ている。ホッパー、ディーン、ガウエンそれぞれの作曲とサウンドの個性は十分に発揮されており、後に続くソフト・ヒープはもちろんソフト・ワークス以降の作品にも多くの要素が継承されていった。（**松井**）

Soft Heap
Soft Heap

1979年：Charly／CRL 5014

［A］1. Circle Line / 2. A.W.O.L. / 3. Petit 3'S［B］1. Terra Nova / 2. Fara / 3. Short Hand

ピップ・パイルが復帰し、ソフト・ヒープに名前を戻したグループによる改めての78年スタジオ録音作。

ソフト・ヘッドに参加のデイヴ・シーンもカンタベリー派のミュージシャンとの共演経験がなかったわけではないが、ハットフィールド&ザ・ノースやゴング、ナショナル・ヘルス等での経験が豊富なパイルと比べると、ホッパー、ディーン、ガウエンの作り出す世界への馴染み方には差があることがわかる。どちらもジャズ・ロックに精通していて、インプロヴィゼーションにも変則的なリズムにも豊かな発想を持っているものの、ソフト・マシーンの流れを汲むエレクトリック・ピアノのメロウな音色やミニマルなリフレインを軸にした構成重視のトラックには、やはりパイルの繊細なドラミングがふさわしい。ディーンの作曲でとりわけ伝統的なジャズの色が濃い「ファラ」にはナインセンスのマークチャリグ（トランペット）とラドゥ・マルファティ（トロンボーン）がゲスト参加している。（**松井**）

Soft Heap
A Veritable Centaur

1995年：Impetus／IMP CD 18219

1. Dying Dolphins / 2. A Veritable Centaur / 3. Space Funk / 4. Tunnel Vision / 5. Nutty Dread / 6. Bossa Nochance / 7. Jackie's Acrylic Coat / 8. Thaid Up / 9. A Flap / 10. Day The Thirst Stood Still / 11. Toot De Sweet

ピップ・パイルとアラン・ガウエンが参加していることからもわかるように、ソフト・ヒープはナショナル・ヘルスとも非常に近しい関係にあった。ソフト・ヒープからホッパーが79年に脱退したときは後期ナショナル・ヘルスに参加していたジョン・グリーヴスが加入している。バンドはそのまま活動を継続、81年にガウエンが白血病で亡くなった後は55年生まれのカンタベリー・フリークであるマーク・ヒューウィンズがその後任となった。

本作は上記のラインナップで80年代に行ったライヴから、82年3月のフランス公演と88年のBBCライヴをまとめた95年発売の編集盤である。バンド名が変わらないことに違和感がないでもない。とくにキーボードがギターに代わったのは大きかったが、エレクトロニクスを多用するヒューウィンズの変則的なギター自体はカンタベリー・ロックの核心を突いている。ゲストでナショナル・ヘルスのギタリストでもあったアラン・エカートが参加。

（松井）

Soft Heap
Al Dente

2008年：加 Reel／RR 008

1. Fara / 2. Sleeping House / 3. Circle Line / 4. Remain So / 5. C.R.R.C. / 6. Seven For Lee

78年11月22日ロンドン・フェニックス・クラブで行われたオリジナル・メンバーによるライヴを、マイケル・キングが運営するレーベル、リール・レコーディングスが08年にCD化したもの。同作の内カヴァーにガウエン、ディーン、パイルへの追悼文を寄せていたヒュー・ホッパーも、その翌年に亡くなってしまった。

時期的にはパイルがグループに復帰し、ソフト・ヒープのスタジオ盤を録音した直後のライヴとなる。曲の構成は、ソフト・ヘッドを初出とするものが2曲、ソフト・ヒープが2曲、エルトン・ディーンズ・ナイン・センスを初出とする曲が1曲、他にガウエン作曲のオリジナル・アルバム未収録曲「スリーピング・ハウス」というバランスになっている。パイルのドラムはスタジオ・ヴァージョン以上の熱さを感じさせる一方で、柔和なパートではその雰囲気に合わせるなどプレイの柔軟さが持ち味。必要なピースがピタリとはまったバンド特有の聴き心地の良さが耳に残る。

（松井）

Soft Works
Abracadabra

2003年：Tone Center／TC-4029 2

1. Seven Formerly / 2. First Trane / 3. Elsewhere / 4. K Licks / 5. Baker's Treat / 6. Willie's Knee / 7. Abracadabra / 8. Madame Vintage

　ムーン・ジューン・レコードの提案で実現したグループの1作目。メンバーはエルトン・ディーン、アラン・ホールズワース、ヒュー・ホッパー、ジョン・マーシャルの4人で、当初はソフト・マシーンを名乗ることも検討されたが過去のメンバーが横槍を入れたために、紆余曲折を経てこの名前に落ち着いた。

　サックスやギターがインプロを回し合う展開はディーンやホールズワースのリーダー作にも近い雰囲気だ。逆にそこが過去のソフト・マシーンを俯瞰的に見た場合の違いであり、あくまで同バンドのサイド・プロジェクトと見なすのも間違いではないだろう。しかし、曲によっては過去のレパートリーのリメイクの具合や、エレクトロニクスの無機的なリフの配置の仕方などから、ソフト・ヘッドやソフト・ヒープ以上にマシーンを彷彿させるところがあるのも事実。シンセサイザーのパートをホールズワース（シンタックス・ギター）が担当し、それがもっともマシーンのテイストを色濃くしていたりもする。（松井）

Soft Machine Legacy
Live In Zaandam

2005年：仏 Musea／FGBG 4617.AR

　05年5月10日オランダ・ザーンダムで行われたライヴの実況録音盤。このアルバムから名義が代わり、ギターもジョン・エサリッジに交替している。彼のソロ・アルバムのタイトル・トラックが開幕ナンバーに選ばれるなど、フロント・マンとしての存在感は早くも十分。ギターとサックス主体のクロスオーヴァー路線はワークスと一緒だが、クールなベースに先導された「キングズ&クイーンズ」はマシーンの遺産（レガシー）そのものだ。（松井）

Soft Machine Legacy
Soft Machine Legacy

2006年：米 Moonjune／MJR008

　ジョン・エサリッジが加入し、ソフト・マシーン・レガシー名義となってからは初となるスタジオ・アルバム。冒頭のブルージーなロック・インスト「カイト・ランナー」はエサリッジが主導権を握った曲で、彼が在籍していた時期のマシーンですらあり得なかった方向性だ。一方、続く「ラットリフト」にはマイク・ラトリッジが作曲したパートなども取り入れられている。アルバムの統一感よりも幅広い音楽性を盛り込むことに力が注がれている印象だ。（松井）

Soft Machine Legacy
Live At The New Morning

2006年4月28日：独 in-akustik／INAK 9076 2CD

05年12月のパリ・ニュー・モーニング公演の模様を収めたライヴは、エルトン・ディーンが亡くなる約2か月前の録音となる。ジョン・エサリッジ作の「アッシュ」から幕開ける構成はすっかりお馴染みのものに。「ハズ・リフ」「キングズ&クイーンズ」といったソフト・マシーン時代からのレパートリーもこのラインアップならではの感覚で意欲的にこなしている。

　2枚組のCDヴァージョンのほかにDVDの映像版も同年発売された。（松井）

Soft Machine Legacy
Steam

2007年：米 Moonjune／MJR016

ソフト・マシーンの遺産からそれ以上の領域まで幅広くバンドの音を牽引していたエルトン・ディーンが06年2月7日に亡くなると、バンドはテオ・トラヴィスを新たな管楽器奏者として迎え入れた。本作は同年12月に録音された～レガシー名義による2枚目のスタジオ作。アルバム・タイトルと関連付けられた「スティーマー」が示すようにトラヴィスの立場は代役以上のものがある。ハイライトは「クロエ&ザ・パイレーツ」の再演だろう。（松井）

Soft Machine Legacy
Live Adventures

2011年1月7日：米 Moonjune／MJR036

09年10月のオーストリアとドイツで行われた公演を収めるライヴ・アルバム。同年の6月7日にヒュー・ホッパーが病気で亡くなり、代わって入ったのがロイ・バビントンだったのには誰もが納得したはず。マイク・ラトリッジ作「ゲゾルロイト」（『6』）、ホッパー作「フェイスリフト」（『サード』）を取り上げているのは嬉しいしテクニックにも文句のつけようがないが、やや軽快さに傾きすぎたり、触りだけで終わったりしているのが惜しまれる。（松井）

Soft Machine Legacy
Burden Of Proof

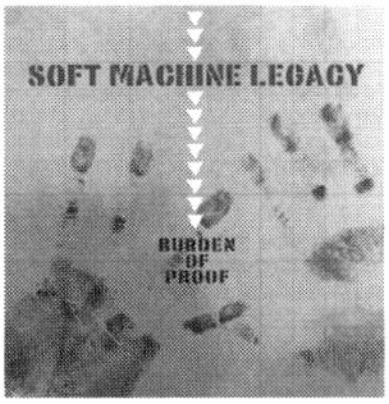

2013年：米 Moonjune／MJR052

ヴェッペ・クロヴェッラ（元アルティ・エ・メスティエリ）が運営するイタリアのエレクトロマチック・シナジー・スタジオで12年8月に録音が行われたレガシー名義のオリジナル3作目。「キングズ&クイーンズ」は過去のヴァージョンのムードを踏襲すると同時に独自のスタイルをも完成させている点がすぐれている。フリーな演奏とスタイリッシュな感覚の曲が混在する全体を通じても、これまでのレガシーにはない緊張感に溢れた充実の一枚だ。（松井）

Soft Works
Abracadabra In Osaka

2020年12月5日：米 Moonjune／MJR 112

［1］1. Seven Formerly / 2. Alphrazallan / 3. Elsewhere / 4. Baker's Treat / 5. Calyx / 6. Kings & Queens ［2］1. Abracadabra / 2. Madame Vintage Suite / 3. Has Riff / 4. First Trane / 5. Facelift

ソフト・ワークスは03年8月の8日と9日に東京公演（恵比寿ザ・ガーデン・ホール）、同11日に大阪公演（なんばハッチ）を行った。その中から11日の公演をピックアップしてCD化したのが本作。

リリースまでに十数年の歳月がかかったのは、アラン・ホールズワースが音の出来に不満でディスク化を承諾しなかったためだが、17年に彼が亡くなって状況が変化した。

2枚組のディスクに収録されているのは、当日演奏されたすべての曲目。スタジオ・アルバムに収録されていた曲のうち、「ウィリーズ・ニー」は取り上げていないが、逆に「キングズ&クイーンズ」や「フェイスリフト」といったソフト・マシーン時代からの曲は演奏されている（東京公演を生で聴いた記憶ではそうした曲に対する歓声がひときわ大きかった）。

完璧主義のホールズワースなら難色を示すレベルなのかもしれないが、躍動感はスタジオの音を上回り、ミックスにも丁寧な仕事のあとが伺える。（**松井**）

Soft Machine
Soft Mountain

2007年：Hux／084

1. Soft Mountain Suite Pt. 1 / 2. Soft Mountain Suite Pt. 2

03年8月、東京および大阪で行うソフト・ワークスのライヴのために来日したエルトン・ディーンとヒュー・ホッパーは、それらの公演の合間を縫って日本人ミュージシャンのホッピー神山、吉田達也と合流。東京のスタジオで完成させた同年8月10日の録音は、07年にイギリスのHUXを通じ、ソフト・マウンテンの名義でCD化された。

収録されているのは「ソフト・マウンテン・スイート・パート1」「同パート2」と題された2曲。いずれも30分前後の大作で、そのほとんどが即興演奏と思われるが、ホッパーのファズ・ベース、ホッピーのエレクトリック・ピアノなどカンタベリー・ジャズ・ロックを特徴づける音を絶妙に配置した演奏は、ソフト〜を冠したグループであることを納得させるものだ。

そしてなにより素晴らしいのは、長尺の演奏を些かのだれもみせずに持続させる集中力と、互いの音楽を深いところまで理解しあった者同士でなければ実現しえないであろう結束の強さである。（**松井**）

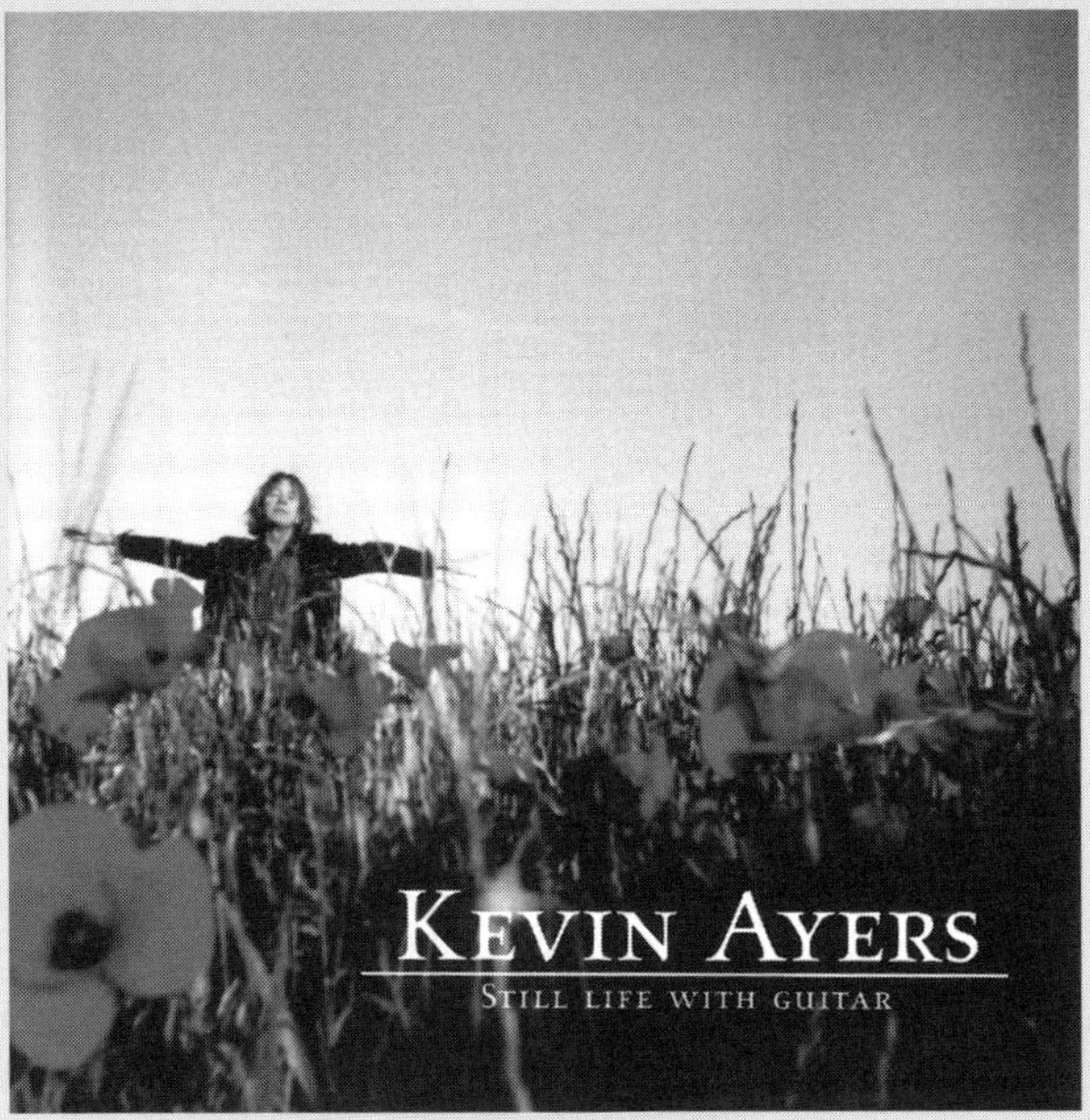

Chapter 3

Kevin Ayers / Robert Wyatt

Koji Wakui / Jiro Mori

多くのミュージシャンが憧れた永遠のボヘミアン

和久井光司

ケヴィン・エアーズは6歳から12歳まで父の赴任先であったマレーシアで過ごしている。ワイルド・フラワーズに在籍していた65年にデイヴィッド・アレンとスペインのイビサ島を訪れたエアーズは、陽光と碧い海、素晴らしい食事とワインに魅せられ、島の虜となった。イビサで出会ったアメリカ人の富豪ウェス・ブランソンにかわいがられたこともあって、若きボヘミアンたちは「楽しくやっていても何とかなる」と思ったのかもしれない。エアーズがアレンが持ってきた〝ソフト・マシーン〟のコンセプトに乗ったのは、音楽で成功して気楽にやっていきたいと思ったからだろう。

68年11月、アメリカでのレコーディングやツアーに追われたソフツからあっさり脱退したエアーズはイビサ島で鋭気を養い、英国に戻ってデモ・テープづくりに励んだ。これがピンク・フロイドの最初のマネージャーだったピーター・ジェナーとアンドリュウ・キングの目にとまり、ふたりの会社ブラックヒル・エンタープライズがEMI傘下で設立を計画していた〝プログレッシヴ・ロック・レーベル〟ハーヴェストに誘われるのだ。

シド・バレットにシンパシーを感じていたエアーズはジェナーの紹介でバレットと親しくなり、カンタベリーの仲間たちやデイヴィッド・ベドフォードの協力で『ジョイ・オブ・ア・トイ』を制作する。69年12月にリリースされたこのアルバムで、基本的にはシンガー・ソングライターでありながらプログレッシヴなサウンドを追求する姿勢を高く評価されたエアーズは、ベドフォード、コックスヒル、若きマイク・オールドフィールドらとザ・ホール・ワールドを結成。機知に富んだショウを展開し

ながら『シューティング・アット・ザ・ムーン』を録音した。しかし、プログレの一翼を荷わなければならないことに疲れたのか、続く『ホワットエヴァーシーブリングスウィシング』でカンタベリー系のサウンドに回帰したあとは、レゲエや、のちのニュー・ウェイヴ風のオルタナ感を採り入れ、ノン・ジャンルな音楽性にエスニックなスパイスを振りかけた唯一無二のポップ・ミュージックを追求していくようになるのだ。

80年代以降はイビサ島でのレストラン経営を生業にするようになったらしく、音楽活動のペースは落ちたが、ボヘミアンを絵に描いたような佇まいに磨きがかかったことで、多くのミュージシャンの憧れの存在となった。

元パトゥ〜ボクサーの名ギタリスト、オリー・ハルソールを伴った初来日公演（東京・九段会館）が私は忘れられないのだが、盟友が亡くなった92年以降もエアーズの音楽に対する姿勢は変わることがなかった。

90年代半ばにいったん英国に戻った彼は、その後フランス南部に移り住み、13年2月18日に当地で亡くなった。枕元に残されていたメモには、「燃えないと、輝くことはできない」と記されていたそうである。

Kevin Ayers
Joy Of A Toy

1969年11月：Harvest／SHVL 763

［A］1. Joy Of A Toy Continued / 2. Town Feeling / 3. The Clarietta Rag / 4. Girl On A Swing / 5. Song For Insane Times ［B］6. Stop This Train (Again Doing It) / 7. Eleanor's Cake (Which Ate Her) / 8. The Lady Rachel / 9. Oleh Oleh Bandu Bandong / 10. All This Crazy Gift Of Time

2003 Remaster CD
Harvest／07243-584352-2-1

Bonus Tracks: 11. Religious Experience (Singing A Song In The Morning) / 12. The Lady Rachel (Extended First Mix) / 13. Soon Soon Soon / 14. Religious Experience (Singing A Song In The Morning) / 15. The Lady Rachel (Single Version) / 16. Singing A Song In The Morning (Single Version)

69年7月から8週間かけてアビイ・ロード・スタジオで録音。スーパーヴァイザーとしてピーター・ジェナーがついてはいるが、実質的にはセルフ・プロデュースで、右腕となったのデイヴィッド・ベドフォードと言っていい。ソフト・マシーン時代の持ち歌をタイトルにしていることからも、「ソフツでも本当はこれがやりたかったんだ」と思わせる、サイケ・ポップの集大成的な佇まいがある。ここにワイアット、ラトリッジ、ヒュー・ホッパーが参加していることも、バンドという枠では語れないカンタベリーのシーンを思わせた名作だ。自身で多くの楽器をプレイしているから技術的に未消化な部分もあるが、コンテンポラリーな要素として残ったジャズの要素に、ベドフォードのクラシカルなオーケストレーションが加えられているうえ、この時代らしい（スティーム・パンク的な）スタジオ・テクニックで遊んでいるから、〝おもちゃの歓び〟は然りである。

　セッションで多くの実験が試みられた片鱗が76年の『オッド・ディティーズ』で知らしめられたため伝説的に語られ、それに想像力を掻き立てられたリスナーも多いアルバムだが、03年のリマスターCDでは、シド・バレットがギターを弾き、リチャード・シンクレア、リチャード・コフランも参加した「レリジアス・エクスペリエンス」のオリジナル・ヴァージョン（69年11月28日録音）や、テープ探索の際に見つかった同曲のテイク10（12月18日）、アルバムの目玉だった「レディ・レイチェル」のフルレングス・ヴァージョンが蔵出しされている。

　それらはザ・ホール・ワールド結成への布石となった貴重なものだから、ボートラで小出しにするのではなく、『ジョイ・オブ・ア・トイ』〜『シューティング・アット・ザ・ムーン』のコンプリート・セッション集みたいな編纂がベストだと思う。こういうのこそ「箱で出してくれよ」だが、さすがに商売にはならないか（笑）。いずれにしてもアルバム単位では語れない録音である。（**和久井**）

Kevin Ayers & The Whole World
Shooting At The Moon

1970年10月：Harvest／SHSP 4005

［A］1. May I? / 2.Rheinhardt & Geraldine / 3.Colores Para Dolores / 4.Lunatics Lament / 5.Pisser Dans Un Violon ［B］1. The Oyster And The Flying Fish / 2. Underwater / 3.Clarence In Wonderland / 4. Red Green And You Blue / 5.Shooting At The Moon

2003 Remaster CD
Harvest／07243-582777-2-2

Bonus Tracks: 10. Gemini Child / 11. Puis Je? / 12. Butterfly Dance / 13. Jolie Madame / 14. Hat

　アルバムを出したもののバンドがなかったため、「より多くのファンを獲得していくためにはライヴを」ということになった。ハーヴェストの一方の母体であるブラックヒル・エンタープライズはもともマネージメント会社であったし、ピーター・ジェナーはライヴが好きな人だ。私はエディ・リーダーと飲んだことがあるのだが、彼女についてきたマネージャーがなんとジェナーだったのには驚かされた。当然シド・バレットの話などで盛り上がったのだが、エディは「過去の栄光」と一蹴。「いちいちついてこなくていいのに、この人は現場が好きなのよ」と笑っていたのが忘れられない。

　であるから、ジェナーはエアーズにもバンド結成を勧め、70年4月、デイヴィッド・ベドフォード（キーボード）、ロル・コックスヒル（サックス）、マイク・オールドフィールド（ベース）、ミック・フィンチャー（ドラムス）から成るザ・ホール・ワールドが生まれた（ドラムはワイアットの場合もあった）。

　71年夏まで活動を続けたこのバンドが残したアルバムは本作だけだが、ＢＢＣセッションをはじめ多くのライヴ音源が残されたこともあって、〝エアーズ全盛期のバンド〟の印象をあとから補強するような格好になった。ジャスト・プログレなのはこれだけだから人気が高いのはわかるけれど、エアーズのアルバムとしては特殊なので、これから体験する人は次作以降のポップな変化を知ってから聴いた方がいいように思う。ベドフォードとコックスヒルがいる面白さなら発掘ライヴ盤の方がオススメだし。

　03年リマスター版にはボーナス・トラック5曲が追加されているが、うち4曲は『オッド・ディティーズ』に収録されていたので、未発表ヴァージョンは「ハット」のテイク4のみ。日本盤の紙ジャケはよくできていたから探す価値はあるが（ライナーは優秀なアーカイヴァーのマーク・パウエルと俺だし）、プラケの外盤では魅力に欠ける。オリジナル盤の高騰が激しい一枚だ。

（和久井）

Kevin Ayers
Whatevershebringswesing

1971年11月：Harvest／SHVL 800

［A］1. There Is Loving / 2. Margaret / 3. Oh My / 4. Song From The Bottom Of A Well ［B］1. Whatevershebringswesing / 2. Stranger In Blue Suede Shoes / 3. Champagne Cowboy Blues / 4. Lullaby

2003 Remaster CD
Harvest／07243-582778-2-1

Bonus Tracks: 9. Stars / 10. Don't Sing No More Sad Songs / 11. Fake Mexican Tourist Blues / 12. Stranger In Blue Suede Shoes (Early Mix)

30年以上も前のことだから憶えている人は少ないと思うのだが、ビートルズの『アビイ・ロード』、キング・クリムゾンの『アイランズ』、そして本作のB面は「ロック・アルバム史上に輝く三大傑作だ」と書いたら、読者の皆さんから思いのほかの支持をいただいた。『アビイ・ロード』や『アイランズ』と並ぶほどなら、とその記事をきっかけに本作を聴いてくれた人もいて、「良いものを紹介してもらった」というお手紙まで頂戴した。書き手としてはそういう反応がいちばん嬉しい。本気で推しても聴いてくれなきゃ意味がないからね。

ベドフォードのオーケストレイションがメインの「ゼアー・イズ・ラヴィング」は、オリジナル盤ではヴォーカル・パート「アモング・イズ」（インストに終わるのが忍びないと思ったベドフォードが追加したらしい）が分けて表記されている組曲で、ホール・ワールドからの繋がりが見えるオープニング。

美しいバラード「マーガレット」から、チャールストン風の「オー・マイ」、そして詩をそのまま音像化してアヴァン・ポップに仕上げた「ソングス・フロム・ザ・ボトル・オブ・ア・ウェル」でリスナーを煙に巻き、それを唐突にカットアウトしてA面が終了。

裏返すと、女性コーラスとマイク・オールドフィールドの瑞々しいギターに導かれてスロウなタイトル曲が始まるのだが、ロバート・ワイアットとのヴォーカル・ハーモニーが極上なのだ。ちょっとコミカルな「ストレンジャー・イン・ブルー・スウェード・シューズ」から、ツイン・ギターとカントリーの対比が面白い「シャンペイン・カウボーイ・ブルース」をゆったりと聴かせると、水辺に誘われ、ディディエ・マレーブのフルートに任せたインスト「ララバイ」へ。天使の楽団が帰っていくように演奏が終わっても、川の水は流れ続けるのだから優れた演劇を観たかのようなのだ。

私にとってカンタベリー・ロックの最高の瞬間は、揺らがずにこれ。（**和久井**）

Kevin Ayers
Bananamour

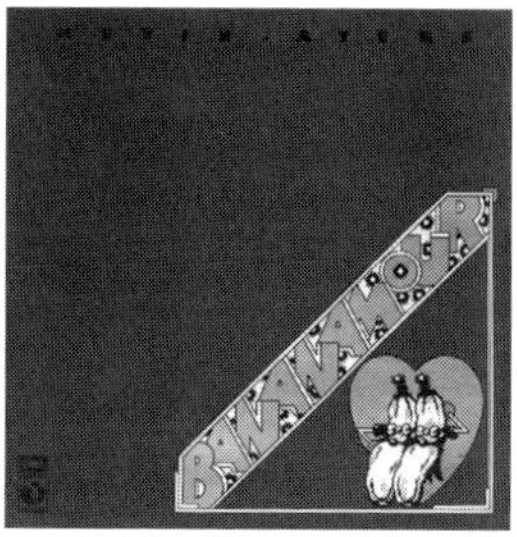

1973年5月：Harvest／SHVL 807

[A] 1. Don't Let It Get You Down / 2. Shouting In A Bucket Blues / 3. When Your Parents Go To Sleep / 4. Interview / 5. Internotional Anthem [B] 1. Decadence / 2. Oh! Wot A Dream / 3. Hymn / 4. Beware Of The Dog

2003 Remaster CD
Harvest／07243-582780-2-6

Bonus Tracks: 10. Connie On A Rubber Band / 11. Decadence (Early Mix - Previously Unreleased) / 12. Take Me To Tahiti / 13. Caribbean Moon

　前作の路線に自信を持ったのか、エアーズは演劇的なヴァラエティ・ショウに対応した新バンド、アーチボールドに多彩なゲストを迎える形でエンタテインメント化を試みたこのアルバムで新たな地平に踏み込んだ。タイトルからも、改めてデイヴィッド・アレンと歩調を合わせているのが明白だが、（ゴング加入前の）スティーヴ・ヒレッジの起用も効いて、プログレを通過したレイ・デイヴィスが考えたようなヴォードウィル・ショウが立ち現れたのだ。

　のちのギター・ポップみたいな「シューティング・イン・ア・バケット・ブルース」、マイク・ラトリッジのオルガンもいい「インタヴュー」、ニコの生き方にインスパイアされて書いたという「デカダンス」、フォーキーな「オー・ホワット・ア・ドリーム」など聴きどころは多いが、プログレ・ファンにはポップすぎるからか、前3作の高い評価が下降していくのだ。03年版CDのボートラは気が利いていたが、現行盤はストレート・リイシュー。　（和久井）

Kevin Ayers
The Confessions Of Dr. Dream And Other Stories

1974年5月：Island／ILPS 92631974

[A] 1. Day By Day / 2. See You Later / 3. Didn't Feel Lonely Till I Thought Of You / 4. Everybody's Sometime And Some People's All The Time Blues / 5. It Begins With A Blessing / Once I Awakened / But It Ends With A Curse / 6. Ballbearing Blues [B] 1. The Confessions Of Dr. Dream / 2. Two Goes Into Four

2009 Remaster CD
Harvest／268 2952

Bonus Tracks: 12. Another Whimsical Song / 13. Lady Rachel / 14. Stop This Train / 15. Didn't Feel Lonely Till I Thought Of You / 16. The Up Song / 17. After The Show / 18. Thank You Very Much

　アイランド移籍第一弾は、まだ知る人ぞ知る存在だったルパート・ハインにプロデュースを、サイモン・ジェフスにブラスのアレンジを任せた意欲作で、ラトリッジ、コックスヒル、オールドフィールドといった旧友に、マイク・ジャイルズ、ジョン・ペリー、レイ・クーパーらを加えて実現したミュージカルだ。中でも注目はオリー・ハルソールの初参加だが、ここでは1曲のみ。エンジニアはスティーヴ・ナイとジョン・パンター、オリジナル・アナログ盤はポーキー（ジョージ・ベッカム）・カットという、裏方にまでこだわった作品だ。

　A面は〝デイ・バイ・デイ〟、B面は〝ザ・コンフェッション・オブ・ドクター・ドリーム〟というストーリーなのだが、それが日本人にはわかりにくい。英語の問題というより、演劇は演劇、映画は映画として語りたがる、文化の違いだろう。音楽として聴いているだけでは面白さ半減だが、〝意味〟を摑もうとしない方が核心に迫れるはずである。　（和久井）

Kevin Ayers
Sweet Deceiver

1975年3月：Island／ILPS 9322

[A] 1. Observations / 2. Guru Banana / 3. City Waltz / 4. Toujours La Voyage [B] 1. Sweet Deceiver / 2. Diminished But Not Finished / 3. Circular Letter / 4. Once Upon An Ocean / 5. Farewell Again

2009 Remaster CD
EMI／268 2962

Bonus Tracks: 10. Didn't Feel Lonely 'til I Thought Of You / 11. Observations / 12. Strangers In Blue Suede Shoes / 13. Interview / 14. Farewell Again

ジョン・ケイル、ニコ、イーノとの歴史的なライヴ盤を挟んでの新作は、オリー・ハルソールの全面参加／共同プロデュースによって、一曲一曲をコンパクトにまとめた快作になった。簡単に言えば、ポップ路線への移行ということにもなるけれど、そこはエアーズ、一筋縄ではいかず、すでにオルタナなムードが醸し出され、ジョン・ケイルとの邂逅がもたらした新境地も窺わせる（ケイルの傑作『フィア』と並べて語られるべきアルバムだと強く思う）。加えてエルトン・ジョンがピアノで参加しているから、もう滅茶苦茶。落としどころをどこと考えていたのかが見えにくいのだが、英国的なユーモアを含みながらアヴァン・ポップに向けて歩を進めているのはフツーの音楽ファンにもわかるだろう。エアーズのセンスについていけるかどうかは別だが。

　過渡期のアルバムがこれというのは、黄金時代のトッド・ラングレンや、のちのXTCにも通じる面白さ。もっと評価されていいはずだ。

（和久井）

Kevin Ayers
Yes We Have No Mañanas, So Get Your Mañanas Today

1976年6月：Harvest／SHSP 4057

[A] 1. Star / 2. Mr. Cool / 3. The Owl / 4. Love's Gonna Turn You Round / 5. Falling In Love Again [B] 1. Help Me / 2. Ballad Of Mr. Snake / 3. Everyone Knows The Song / 4. Yes I Do / 5. Blue

2009 Remaster CD
EMI／268 2972

Bonus Tracks: 11. Mr. Cool / 12. Love's Gonna Turn You Round / 13. Star / 14. Ballad Of Mr. Snake / 15. Shouting In A Bucket Blues / 16. Star / 17. Mr. Cool / 18. Ballad Of Mr. Snake / 19. Blue

ハーヴェスト復帰作はマフ・ウィンウッドがプロデュース。前作まではあったプログレ風味がすっかりなくなり、イビサ島の陽光を感じさせるエキゾチックなポップに転じてみせた浮世離れしたアルバムだが、〝普通〟にすればするほど特異な面が浮き彫りにされるものだ。オリー・ハルソールは全面参加しているものの、リズム・セクションに差したる個性がないせいで演奏はシンプルで当たり障りがない。スペインのAORみたいでもあるのだが、ソフト・マシーン脱退直後にアストラッド・ジルベルトに嵌まり、早々とブラジル音楽を研究したというだけあって、衆参でエスニック党とロック党の議席が逆転した〝ねじれ国会〟のような歪さが出ているのが興味深い。

　ゆえにアルバムは「スター」のストレートさのままには終わらず、「フォーリング・イン・ラヴ・アゲイン」ではマレーネ・ディートリッヒをイビサの海岸に誘い出す。これはエアーズ版『太陽がいっぱい』とも言えるミステリー？

（和久井）

Kevin Ayers
Rainbow Takeaway

1978年：Harvest／SHSP 4085

［A］1. Blaming It All On Love / 2. Ballad Of A Salesman Who Sold Himself / 3. A View From The Mountain / 4. Rainbow Takeaway ［B］1. Waltz For You / 2. Beware Of The Dog II / 3. Strange Song / 4. Goodnight Goodnight / 5. Hat Song

　前作からのリズム・セクション（チャーリー・マクラッケン、ロブ・タウンゼンド）なのにまったく違って聴こえるのは、共同プロデューサーとして参画したアンソニー・ムーアが、エアーズが提示したエスノ・ポップを額面通りには受け取らなかったからかもしれない。「あんた、カンタベリーの人でしょ？」と（笑）。それは、ストーリーテラーぶりが出た「バラッド・オブ・ア・セールスマン～」に加えられたシンセや現代音楽的な展開に顕著で、ホーンが高らかに鳴り響くタイトル曲まで繋がったミュージカルとも解釈できる。「ホワットエヴァーシーブリングスウィシング」を改作した「ワルツ・フォー・シー」からのB面でも、レゲエやオーケストレイションが効いて、ニュー・ウェイヴとの接点が理想的な形で立ち上がっている。アンソニー・ムーア、恐るべしだ。

　14年の日本盤CD（次作にも分けて）に追加された73年のBBCライヴは余計なお世話だと思う。時代が違うから違和感しか残らない。（**和久井**）

Kevin Ayers
That's What You Get Babe

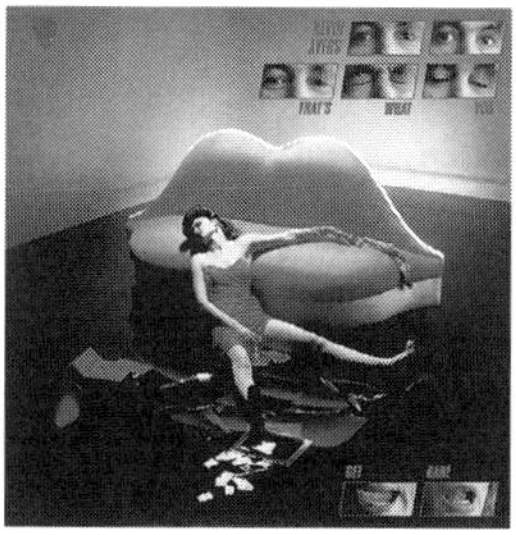

1980年2月：Harvest／SHSP 4106

［A］1. That's What You Get / 2. Where Do I Go From Here / 3. You Never Outrun Your Heart / 4. Given And Taken / 5. Idiots ［B］1. Super Salesman / 2. Money, Money, Money / 3. Miss Hanaga / 4. I'm So Tired / 5. Where Do The Stars End

　オリー・ハルソール、モー・フォスター（ベース）、リアム・ジェノッキー（ドラムス）、ロイ・ジョーンズ（パーカッション）を基本メンバーとしながら、プロデュースを任されたグレアム・プレスケットが抜群のキーボードを加えた、究極のポップ・アルバム。この直前にマヨルカ島の小さな町に引越したのも心境の変化となったのか、はたまたニュー・ウェイヴ勢の越境ぶりに我が意を得たりと思ったのか、かつてないほどストレートに自身のポップ観を音像化している。曲が粒揃いなうえに、サウンドもシャープだから、拍子抜けするほど普通に聴けてしまうのだが、どこを切っても文句のつけようのない完成度を誇っているのだ。

　もはやプログレでもカンタベリーでもないと言わんばかりのまともなポップさは、ジョン・レノンが『ダブル・ファンタジー』でたどり着いた地点にも似ている（かろうじて同じ年のリリースだし）。こんな大傑作を聴かずに生きてきた人は、人生損してますよ。（**和久井**）

Kevin Ayers
Diamond Jack And The Queen Of Pain

1983年6月：Charly／CR 30224

[A] 1. Madame Butterfly / 2. Lay Lady Lay / 3. Who's Still Crazy / 4. You Keep Me Hangin' On / 5. You Are A Big Girl [B] 1. Steppin' Out / 2. My Speeding Heart / 3. Howling Man / 4. Give A Little Bit / 5. Champagne And Valium

英国のレーベルとの契約に興味を失くしたのか、82年にスペインのコロムビアからシングル'Animals / Don't Fall In Love With Me'をリリースしたエアーズは、スペインのDudua Production原盤の本作をチャーリーから発表した。

ハルソール以外はホーン・セクションも含めてスペイン人。サウンドはニュー・ウェイヴ以後のシンセ・ポップといった風情だが、記名性の乏しい演奏が逆にエアーズのヴォーカルとハルソールのギターの〝味〟を際立たせているのだから、キャリア組のクセはすごい。ボブ・ディラン「レイ・レディ・レイ」のカヴァー（実はエアーズの十八番）も新鮮味には欠けるものの、いいアクセントになっている。（和久井）

Kevin Ayers
Deià... Vu

1984年3月：西 Blau／A-014

[A] 1. Champagne And Valium / 2. Thank God For A Sense Of Humor / 3. Take It Easy / 4. Stop Playing With My Heart (You Are A Big Girl) [B] 1. My Speeding Heart / 2. Lay Lady Lay / 3. Stop Playing With My Heart II / 4. Be Aware Of The Dog

前作の元になったスペインでの録音で、オリジナル・レコーディングは80年。こっちの方がはるかにバンドっぽく、演奏はアグレッシヴだ。スタジオ・ライヴのような音像だから、FMかテレビ番組のために制作されたのかもしれない。重複する曲もあり、この形にまとめられたのは84年だから、二作の関係がどうもはっきりしないのだが、88年の初来日公演（というか80年以降のライヴ）に近い感じなので、懐かしく聴ける人も少なくないのではないかと思う。すでにリリースがあるだけで嬉しい幻の人になりかけていたから、好事家のあいだでは「聴いた？　スペイン盤のよくわからないヤツ」という会話が頻繁だった。98年のCDはジャケ違い。（和久井）

Kevin Ayers
As Close As You Think

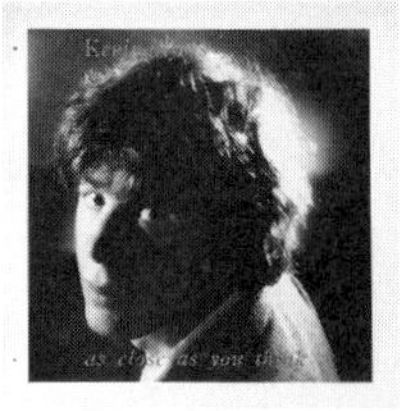

1986年6月：Illuminated／AMA 25

[A] 1. Stepping Out / 2. Fool After Midnight / 3. Wish I Could Fall / 4. Only Heaven Knows / 5. Too Old To Die Young [B] 1. The Howlin' Man / 2. Never My Baby / 3. Budget Tours (Part One) / 4. Budget Tours (Part Two)

ロンドンのボズ・バレルのスタジオで録音された新作は、オリー・ハルソールがプロデュース。リリースは400ブロウズや（元セイラーの）ゲオログ・カヤナスのデータなどを出していイルミネイテッドからだった。ハルソールのアレンジを、ポリ・パーマーがフェアライトに打ち込んでいるのだが、人が演奏してナンボのアレンジだからフランク・ザッパのようにはいかない。曲の良さとギターやコーラスで聴けるが、ドラムのボロさは最後まで気になるのだ。79年に制作したソロ作"Lover Leaping"（21年に音盤化）がお蔵入りとなり、CMの音楽制作などで細々と食っていたハルソールは必死だったらしく、「ネヴァー・マイ・ベイビー」は彼が歌っている。（和久井）

Kevin Ayers
Falling Up

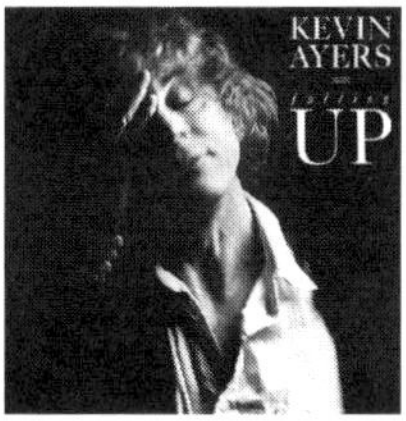

1988年2月：Virgin／V 2510

1. Saturday Night (In Deya) / 2. Flying Start / 3. The Best We Have / 4. Another Rolling Stone / 5. Do You Believe? / 6. That's What We Did / 7. Night Fighters / 8. Am I Really Marcel?

前作が〝腐っても鯛〟と思わせたのか、ワン・ショットながらヴァージンとの契約に成功。久々に喝采をもって迎えられたのが本作だった。プロデューサーは元ストリング・ドリヴン・シングのコリン・フェアリー（このころはエルヴィス・コステロを手掛けていた）。ハルソール以外はスペイン人のバンドだが、演奏も録音もしっかりしているから（ドラムは打ち込みだったりするのだが）聴き応えがあるし、ジャンルや時代を超えた〝ポップ・ミュージック〟が鮮やか。ところどころにプログレ風味が残っていることもオールド・ファンを喜ばせた。マイク・オールドフィールド作「フライング・スタート」の再演も。この年の暮れには初来日公演が実現した。（**和久井**）

Kevin Ayers
Still Life With Guitar

1992年：Permanent／PERM CD5

1. Feeling This Way / 2. Some-thing In Between / 3. Thank You Very Much / 4. There Goes Johnny / 5. Ghost Train / 6. I Don't Depend On You / 7. When Your Parents Go To Sleep / 8. M 16 / 9. Don't Blame Them / 10. Irene Good Night

予想していたことだが、前作を機に前線復帰とはならず、また4年も待たされることになった。ハルソールはいるが、共同プロデューサーはデイヴィッド・ヴァッチ。方向を変えたのはアタリで、ケヴィン・アームストロング、BJコール、ダニー・トンプソン、マーク・ネヴィンに、アンソニー・ムーアとマイク・オールドフィールドも参加してのセッションは素晴らしいアルバムを生んだ。あんまり言われていないけれど、81年以降ではこれがベストでしょ。ジャケもいい02年版リマスターCD（英Market Square）には、未発表だった「ランニング・イン・ザ・ヒューマン・レース」と、2曲のオルタナ・ヴァージョンがボーナス収録された。（**和久井**）

Kevin Ayers
The Unfairground

2007年：Lo-Max／LO-MAX 024

1. Only Heaven Knows / 2. Cold Shoulder / 3. Baby Come Home / 4. Wide Awake / 5. Walk On Water / 6. Friends And Strangers / 7. Shine A Light / 8. Brainstorm / 9. Unfairground / 10. Run, Run, Run

15年ぶりのスタジオ盤は、知る人ぞ知るシンガー・ソングライター、ゲイリー・オルソンと、エアー・スタジオにいたエンジニア、ピーター・ヘンダーソンがプロデュースしたもので、ヒュー・ホッパー、フィル・マンザネラ、ロビー・マッキントッシュらに加えて、ブリジット・セイント・ジョンまで参加してのキャリア集大成。スタジオ盤は最後という覚悟があったのかもしれないが、世界各地でのレコーディングをエアーズが楽しんだのは、肩の力の抜けたサウンドやヴォーカルからも窺える。永年のファンとしては、遺作がこれという〝らしさ〟には大満足だ。余計な未発表アルバムとか、今後は出さないでほしいと切に願っている。（**和久井**）

Kevin Ayers - John Cale - Eno - Nico
June 1, 1974

1974年6月28日：Island／ILPS 9291

ロック界でも指折りの鬼才がアイランド・レコーズに集結したのを記念してロンドンのレインボウ・シアターで開催された一夜かぎりのコンサートのライヴ盤。エアーズの新作発表に合わせていたため、27日後には店頭に並ぶという高速リリースだった。ケイルとニコから影響を受けたのはのちのアルバムからも判るが、イーノとは気が合わなかったのか、とくに発言もないようだ。B面はエアーズの独壇場。このアルバムだけは完全版が聴きたい。（和久井）

Kevin Ayers
Odd Ditties

1976年2月：Harvest／SHSM 2005

ハーヴェストとの契約切れに伴って編まれたレア・トラック集。シングルとして計画されながら未発表に終わった69年9月の「スーン・スーン・スーン」、キャラヴァンが参加した「シンギング・ア・ソング・イン・ザ・モーニング」、ホール・ワールド時代の未発表曲「ジェミニ・チャイルド」、「メイ・アイ」の仏語版「ピュイ・ジェ」、ブリジット・セイント・ジョンが参加のアウトテイク「ジョリー・マダム」といったナンバーは一聴の価値あり。（和久井）

Kevin Ayers
Singing The Bruise (The BBC Sessions 1970–72)

1996年：Band Of Joy／BOJCD 019

1. Why Are We Sleeping? / 2. You Say You Like My Hat / 3. Gemini Chile / 4. Lady Rachel / 5. Derby Day / 6. The Interview / 7. We Did It Again / 8. Oyster And The Flying Fish / 9. Butterfly Dance / 10. Whatevershe bringswesing / 11. Falling In Love Again / 12. Queen Thing

BBCセッションの第一弾は70～72年の録音。1、2は70年2月10日の「トップ・ギア」のためのライヴで、当時のソフト・マシーン（ヒュー・ホッパー、エルトン・ディーン、ロバート・ワイアット、マイク・ラトリッジ）とロル・コックスビル、ニック・エヴァンス（トロンボーン）がバック。3、4は70年5月7日の「アラン・ブラック・ショウ」、5～7は70年6月9日の「トップ・ギア」のために録音されたもので、いずれもコックスヒル、デイヴィッド・ベドフォード、マイク・オールドフィールド、ミック・フィンチャーから成る第1期ホール・ワールドがバックを務めている。8～12は72年5月17日の「ボブ・ハリス・ショウ」のための録音で、ベースのアーチー・リジォットとのデュオという珍しいものだ。

歴史的なのはもちろんソフト・マシーンがバックの2曲で、カンタベリー・ロックの特徴がよく表れている。ジャズ・ロックとは一線を画しているのが最大のポイントだろう。（和久井）

Kevin Ayers
First Show In The Appearance Business

1996年：Band Of Joy／BOJCD 020

1. Interview / 2. O Wot A Dream / 3. Shouting In A Bucket Blues / 4. Another Whimsical Song / 5. Lady Rachel / 6. Stop This Train / 7. Didn't Feel Lonely Till I Thought Of You / 8. Mr. Cool / 9. Love's Gonna Turn You Round / 10. Star / 11. Ballad Of Mr. Snake

BBCセッションを集めたアルバムの第2弾。マイク・ラトリッジ、アーチー・リジェット、エディ・スパロウがバックの1～3は73年4月11日の「ボブ・ハリス・ショウ」、リジェット、オリー・ハルソール、ラビット、フレディ・スミスがバックの4～7、アンディ・サマーズ、ズート・マニー、チャーリー・マクラッケン、ロブ・タウンゼントがバックの8～11は「ジョン・ピール・ショウ」のためのライヴで、前者は74年7月9日、後者は76年7月13日に事前収録された。

思いのほかBBCセッションが多いのは、ジョン・ピールがエアーズのファンだったから。バンドのメンバーの変遷によってサウンドも変わっていったことが克明に記録されているから、オリジナル・アルバムを補う録音としての価値が高い。ここではオリー・ハルソールとアンディ・サマーズのギターを聴き比べるのも面白いが、バックが誰だろうとエアーズのたたずまいは一貫しているのが最大の強みという気もする。（**和久井**）

Ayers & Archibald
Banana Follies

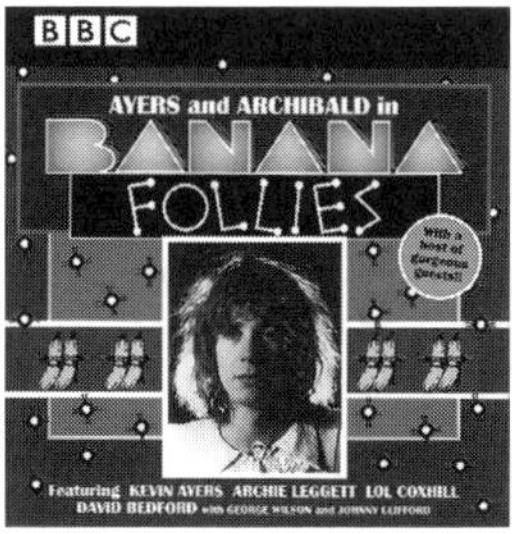

1998年：Hux／007

1. Introduction / 2. (Don't Sing No More) Sad Songs / 3. Pretty Little Girl / 4. Two Little Pigeons / 5. Murder In The Air / 6. Orrible Orange / 7. Whatevershe bringswesing / 8. Take Me To Tahiti / 9. O Wot A Dream / 10. Ball Bearing Blues / 11. Fake Mexican Tourist Blues / 12. Interview / 13. You Say You Like My Hat / 14. Falling In Love Again / 15. The End

BBCラジオ1の「イン・コンサート」のために72年9月20日に収録され、10月10日にオンエアされたフル・ライヴ。

デイヴィッド・ベドフォード、ロル・コックスヒル、アーチー・リジェット、ジョージ・ウィルソン、ジョニー・クリフォードから成るアーチボルドは、ホール・ワールドでは果たせなかったミュージカルを実現したバンドだったと知らされていた。しかしオリジナル・アルバムでは実体が窺い知れなかったから、ショウの全貌が判る録音がこうして陽の目を見たことは画期的だった。

『ホワットエヴァーシーブリングスウィシング』にまとめられたのは〝部分〟であり、エアーズの頭の中にはミュージカルがあった。当時のアルバムには収まりきらなかったことをライヴで見せていたという事実、それがデイヴィッド・アレンの思想と呼応していたのは資料から想像できたが、まさか音を突きつけられることになるとは……。オリジナル・アルバムとして数えたい一枚だ。（**和久井**）

Kevin Ayers
Too Old To Die Young

1998年：Hux／006

［1］1. Lady Rachel / 2. May I / 3. Clarence In Wonderland / 4. Whatevershebringswesing / 5. There Is Loving / 6. Margaret / 7. Colores Para Dolores / 8. Crazy Gift Of Time / 9. Why Are We Sleeping? ［2］1. Didn't Feel Lonely / 2. Observations / 3. Stranger In Blue Suede Shoes / 4. Interview / 5. Farewell Again / 6. Shouting In A Bucket Blues / 7. If You Want To Be A Star / 8. Love's Gonna Turn You Around / 9. Mr. Cool / 10. Ballad Of Mr Snake / 11. Blue

BBC音源の第4弾はCD2枚組。ディスク1には72年1月6日に「イン・コンサート」のために収録されたホール・ワールド（ベドフォード、コックスヒル、オールドフィールドに、ドラムのデイヴ・ダフォード）の9曲が入っている。ホール・ワールドも『シューティング・アット・ザ・ムーン』以後の展開は想像するしかなかったから、この音源はありがたい。

ディスク2の1〜5は75年3月27日、6〜11は76年9月30日の録音で、前者はハルソール、ズート・マニー（キーボード）に、リック・ウィリス（ベース）、トニー・ニューマン（ドラムス）、後者はマニー、アンディ・サマーズ（ギター）に、チャーリー・マクラッケン（ベース）、ロブ・タウンゼンド（ドラムス）という布陣である。

個人的にはディスク2の〝洒落た歌もの〟が好みだが、いわゆるプログレ的な方向からの切り替えにあまり違和感がないのがエアーズの面白さだと思う。彼の低音ヴォーカルはいつだってたまらないのだ。（**和久井**）

Kevin Ayers & The Wizards Of Twiddly
Turn The Lights Down!

1999年：Market Square／MSMCD105

1. There Goes Johnny / 2. See You Later / 3. Didn't Feel Lonely 'Till I Thought Of You / 4. When Your Parents Go To Sleep / 5. Lady Rachel / 6. Super Salesman / 7. Am I Really Marcel? / 8. Everybody's Sometime And Some People's All The Time Blues / 9. Beware Of The Dog II / 10. Ballad Of Mr Snake / 11. May I? / 12. Why Are We Sleeping? / 13. Stranger In Blue Suede Shoes

95年3月10日にウエスト・ロンドンのウォーターマンズ・シアターで収録された13曲を収録したライヴ・アルバム。

バックは、サイモン・ジェイムズ（キーボード、フルート、サックス）、マーティン・スミス（トランペット）、カール・ボウリー（ギター）、アンディ・フリーゼル（ベース）、アンディ・デラメア（ドラムス）という6人。演奏は悪くないし、選曲も納得だけれど、発売当時はこういうライヴ盤を出すことにどれだけの意味があるのかと思ったもので、繰り返し聴くことはなかった。しかし『スティル・ライフ・ウィズ・ギター』から『ジ・アンフェアグラウンド』まで15年のあいだにリリースされたのが2枚のライヴ盤だけとなると、『アライヴ・イン・カリフォルニア』よりもはるかにまとまった本作は貴重ということにもなる。

こんなことなら88年の九段会館を録音しておけばよかったのに、と思っているのは私だけではないはずだ。隠し録りしてた人は連絡ください。（**和久井**）

Kevin Ayers
Alive In California

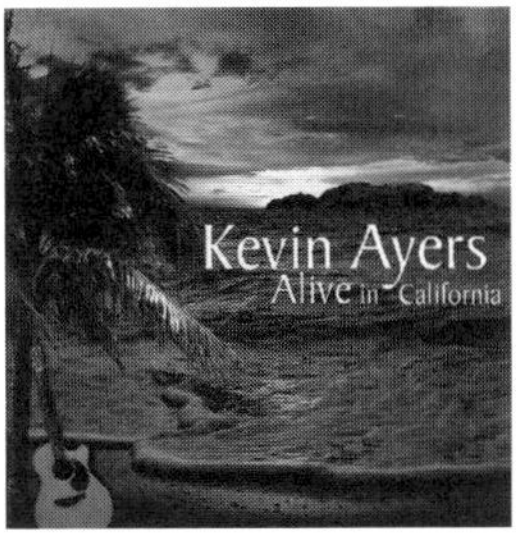

2004年：米 Box-O-Plenty／BOP CD 002

1. May I? / 2. Didn't Feel Lonely 'Til I Thought Of You / 3. Lady Rachel / 4. I Don't Depend On You / 5. When Your Parents Go To Sleep / 6. Shouting In A Bucket Blues / 7. Everybody's Sometimes And Some People's All The Time Blues / 8. See You Later / 9. Ghost Train / 10. Mr. Cool / 11. Stranger In Blue Suede Shoes / 12. Blaming It All On Love / 13. Why Are We Sleeping? / 14. Thank You Very Much / 15. Hat Song

93年12月4日にタイ・ビストロで収録された弾き語りの4と15、98年5月29日にザ・ギグで収録された7～14、00年9月8日にニッティング・ファクトリーで収録された1～3、9月9日にグレート・アメリカン・ミュージック・ホールで収録された5、6から成るライヴ・アルバム。98年は、ケン・ロッサー（ギター）、リチャード・デリック（ベース）、クリス・ワビッチ（ドラムス）、ヴィニー・ゴーリア（サックス、フルート）、ブラッド・ダッズ（パーカッション）に、ローレン・ガングル、ケヴィン・ケラー、ジョン・タリー・ジョーンズのコーラス隊、00年9月8日は、ロッサー、デリック、ワビッチ、ゴーリアに、ジョン・アルトマアン（アルト・サックス）、チャールズ・パガナ（パーカッション）、9月9日は、ヴィクター・マニング（ギター）、ピート・ノヴェンバー（ベース）、ブレット・ベイリー（ドラム）という布陣だが、いずれも二流のキャバレー・バンドの体。記録以上の価値は感じられない。（和久井）

Lady June
Linguistic Leprosy

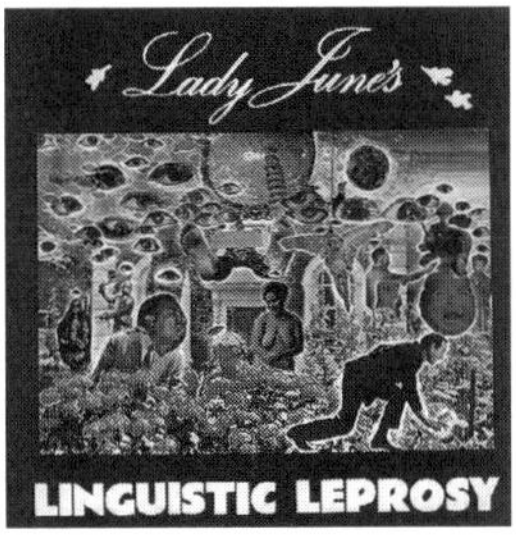

1974年：Caroline／C 1509

[A] Side Once Upon A Timing / 1. Some Day Silly Twenty Three / 2. Reflections / 3. Am I / 4. Everythings nothing / 5. Tunion / 6. The Tourist
[B] Side Time Upon A Second / 1. Bars / 2. The Letter / 3. Mangel / Wurzel / 4. To Whom It May Not Concern / 5. Optimism / 6. Touch-Downer

31年6月3日にプリマスで生まれたレディ・ジューンことジューン・キャンベル・クレイマーは、詩の朗読、大道芸のパフォーマンスと絵で生計を立てていたビートニク。アレンとエアーズがスペインを旅していたときに知り合い、カンタベリー人脈に加わった。ワイアットの転落事故が起こったのは、この人とジリ・スマイスのバースデイ・パーティーのとき。そういった縁からエアーズのプロデュースでアルバムが制作されることになり、43歳でレコード・デビューを果たしたのだ。ピップ・パイルやイーノも参加しているが、スポークン・ワード（非音楽）作品と言うべきだろう。

96年にまさかのセカンド・アルバム“Hit & Myth”（Gas/AGASCD10）がリリースされたが、エアーズはそこでもコンパイルに協力。ジューンは99年6月7日に他界したが、17年にはエアーズ、ジューン、ハルソールのアウトテイク（リ・ワーク）集“The Happening Combo”（Market Squuare/MSMCD193）が陽の目を見た。（和久井）

車椅子と共産党

森 次郎

ロバート・ワイアットの音楽人生において、最も大きな転機となったのは、やはり73年の〝事故〟だろう。ドラマーとしても、バンドのメンバーとしても活動がままならなくなったワイアットだが、それでも音楽を諦めることはなかった。幸いというべきか、73年の初頭、将来の妻であるアルフリーダ・ベンジ（アルフィー）が映画の仕事で滞在したヴェニスに同行し、そこで小さなキーボードを使って書き溜めていた曲があった。新生マッチング・モウルで試すつもりだったのだろうが、期せずしてソロ・アルバム『ロック・ボトム』に収録するマテリアルが揃っていたのだ。

ソフツ時代からレコーディングではドラム以外の楽器を演奏していたこともあって、自分でできることはやる、という姿勢になったのだろう。後年、彼はこんな発言をしている。〈ある意味で俺は自分のことをするのに技術的な面では自信がある。例えば、他のドラマーとかベーシストを入れずに、自分でやって済ませることにだ。それは俺が他の人達と同じくらい上手くできるからじゃない。自分でやるとその音楽にもっと俺の個性を持たせることができるからだ。〉

ワイアットと政治的な活動も切り離して語ることは難しい。『ルース・イズ・ストレンジャー・ザン・リチャード』をリリースしたあと、彼は音楽活動から離れていった。自分が演っている音楽が、完全に無力に思えたことがきっかけになったようだ。プロテスト・ソングを歌うだけで世界が変わる、などと考えることができず、真剣に政権を替えるための直接的な行動に関心を持ち始めていたらしい。

78年頃には高等教育を修了することに決め、アルフィーとともにテレビで大学の公開講座を受けるようになっていた。さらに第三世界の映画を何十本も観たり、短波放送を通じて各国の民族音楽に親しんだりする日々が続いていたという。

そして、79年には英国の共産党に入党する。当時住んでいたトゥイッケナム支部の文化委員として活動していたワイアットは、ヴィヴィアン・ゴールドマン（政治的見地からレゲエのことを書いたりしていた女性シンガー）と知り合い、彼女を通じてラフ・トレイド・レコードのオーナー、ジェフ・トラヴィスと出会ったのである。ジェフはワイアットに「レコーディングがしたくなったらいつでも連絡してくれ」と言い、無理に音楽活動に引き戻すことはしなかったそうだ。

ワイアットはラジオで耳にしていた世界のフォーク・ミュージックを自分なりに解釈して歌うことならできるかも知れない、と思い始める。音楽の力を信じられなくなっていたワイアットだが、政治的な活動を通じて、かなり遠回りにはなったが、ふたたび音楽に向き合うようになったのである。

Robert Wyatt
The End Of An Ear

1970年12月4日：CBS／64189

［A］1. Las Vegas Tango Part 1 (Repeat) / 2. To Mark Everywhere / 3. To Saintly Bridget / 4. To Oz Alien Daevyd And Gilly / 5. To Nick Everyone
［B］1. To Caravan And Brother Jim / 2. To The Old World (Thank You For The Use Of Your Body, Goodbye) / 3. To Carla Marsha And Caroline (For Making Everything Beautifuller) / 4. Las Vegas Tango - Part 1

ソフト・マシーンの『サード』がレコーディングされたのは、（ライヴ録音を除くと）70年の4月から5月にかけてのこと。発売は6月6日だ。続く『フォース』は同年10~11月に録音され、翌71年2月28日にリリースされている。

ロバート・ワイアット初のソロ・アルバム『ジ・エンド・オブ・アン・イヤー』は、その間隙を縫うように70年8月にレコーディングが行われ、12月4日に発売されているのだ。ソフト・マシーンのライヴやラジオ出演、ケヴィン・エアーズのレコーディングなどのスケジュールをこなした上でのことになる。

そもそもソフツが充実期にさしかかっていたこの時期に、なぜワイアットがソロ・アルバムに手を出したかといえば、『サード』収録の自作曲「ムーン・イン・ジューン」にヒュー・ホッパーとマイク・ラトリッジが乗り気ではなかったからだ。結局、前半部はワイアットがひとりで多重録音することになったのだから、〝バンド〟としてのソフツに失望したのも当然のことだろう。

レコーディングのメンバーは、キャラヴァンのデイヴ・シンクレアやソフツのエルトン・ディーンらカンタベリーを代表するミュージシャンに加えて、ワイアットの義兄であるマーク・エリッジといった、ワイアットに極めて近い面々ばかり。本作がいかにパーソナルなものであったのかを物語っている。

アルバムの最初と最後には長尺のギル・エヴァンスの「ラス・ヴェガス・タンゴ」が置かれているが、ほかの曲はワイアットのペンによる、コンパクトにまとまったものが多い。タイトルも「トゥ・〜」と、誰かに捧げた格好だ。

ワイアットは鍵盤やヴォイスも披露しているが、中心になっているのはやはり彼のドラムだ。ソフツでの演奏と比較するとシンプルに聴こえるが、『サード』で1曲がLPの片面を使い切るほど膨張したジャズ路線をふたたびポップな方向へ揺り戻したものがこのアルバムだと言ってもいいだろう。（森）

Matching Mole
Matching Mole

1972年4月14日：CBS／64850

[A] 1. O Caroline / 2. Instant Pussy / 3. Signed Curtain / 4. Part Of The Dance [B] 1. Instant Kitten / 2. Dedicated To Hugh, But You Weren't Listening / 3. Beer As In Braindeer 4. Immediate Curtain

2012 Expanded Edition
Esoteric／ECLEC 22311

Bonus Tracks: [1] 10. O Caroline (Single Version) / 11. Signed Curtain (Single Edit) / 12. Part Of The Dance Jam [2] 1. Signed Curtain (Take Two) / 2. Memories Membrane / 3. Part Of The Dance (Take One)...etc.

70年秋、ソフト・マシーン『フォース』のレコーディングと並行して、ワイアットはピアニストのキース・ティペットらとシンバイオシスという大所帯でメンバーも流動的なグループでの活動を始める。さらにケヴィン・エアーズのザ・ホール・ワールドにも参加していた彼は、ソフツ以外でプレイすることに惹かれていく。

当然の帰結として、71年7月のアメリカ・ツアーを最後にワイアットはソフト・マシーンを脱退する。セッションを続けながら新しいグループの結成を模索した彼のもとに集まったのは、キャラヴァンを脱退したばかりのデイヴ・シンクレア（キーボード）、フィル・ミラー（ギター）、ビル・マコーミック（ベース）というメンバーだった。〝マッチング・モウル〟と名づけられたバンドは、72年1月にはファースト・アルバムのレコーディングに突入する。ワイアットとシンクレアの〝シンプルな曲を演りたい〟という思いは冒頭の「オー・キャロライン」に結実する。（森）

Matching Mole
Matching Mole's Little Red Record

1972年10月27日：CBS／65260

[A] 1. Starting In The Middle Of The Day We Can Drink Our Politics Away / 2. Marchides / 3. Nan True's Hole / 4. Righteous Rhumba / 5. Brandy As In Benj [B] 1. Gloria Gloom / 2. God Song / 3. Flora Fidgit / 4. Smoke Signal

2012 Expanded Edition
Esoteric／ECLEC 22312
[2] 1. Instant Pussy / Lithing And Gracing / 2. Marchides / 3. Part Of The Dance / Brandy As In Benj...etc.

マッチング・モウルのファースト・アルバムは、ワイアット主導の作品となった。彼がほとんどの曲を書き、メロトロンをかぶせ、編集している。歌ものはシンプルな演奏も効果的で、ワイアットの繊細さが際立つ新機軸になっている反面、インスト曲では彼が盛り込んだアイディアがむしろ冗長さを生んでしまっているようにも感じられてしまうのだ。

バンドはプロモーションを兼ねたツアーに出たが、シンクレアが早々に脱退し、新たにデイヴ・マクレイが加入することになる。8月にはキング・クリムゾンのロバート・フリップをプロデューサーに迎えて、セカンド・アルバム『マッチング・モウルズ・リトル・レッド・レコード』を録音したが、ライヴで試していた即興性を盤に定着することに成功したとは言い難い結果となってしまった。

グループの運営に限界を感じたワイアットは、金銭的な問題もあり、解散を選択する。わずか1年に満たない活動期間であった。（森）

Robert Wyatt
Rock Bottom

1974年7月24日：Virgin／V 2017

［A］1. Sea Song / 2. A Last Straw / 3. Little Red Riding Hood Hit The Road［B］1. Alifib / 2. Alife / 3. Little Red Robin Hood Hit The Road

マッチング・モウルを解散させたワイアットは、73年に入るとしばらくレコーディングやライヴから遠ざかっていた。しかし、フライング気味に〝WMWM〟の活動が発表される。ギャリー・ウインド（サックス）、デイヴ・マクレイ（キーボード）、ワイアット（ドラム）、ロン・マシューソン（ベース）による、フリー・インプロヴィゼーションのグループだ。BBCへの録音と、何回かのギグを行った記録が残されている。

　次に、ビル・マコーミックがマッチング・モウルの復活をもちかける。ギャリー・ウインドとカーヴド・エアのフランシス・モンクマンを加えた4人での再始動となる予定だった。最初のリハーサルが予定されていたその前日、事故が起きる。頸椎を損傷したワイアットは数ヶ月の入院を余儀なくされ、病室の天井を見上げる日々を送ることになったのだ。

　ドラマーではなくなったこと、決まったグループでの活動が難しくなったこと、レコーディングがメインとなり、これまで以上に歌をうたうことになるだろう、といったことを時間をかけて受け入れたワイアットは、退院する頃にはソロ名義のアルバムに臨む体制を整えていた。車椅子に座ったまま叩くことができるドラム／パーカッションのセットがプレゼントされ、74年に入るとヴァージンが移動スタジオ車を手配した。ほかのミュージシャンから音源をとり寄せながら、『ロック・ボトム』のレコーディングは進んでいったのである。

　1曲目の「シー・ソング」は、リチャード・シンクレアのベース以外はすべてワイアットの演奏によるもの。ヴォーカルにやや不安定なところはあるものの、ソフツやモウルの時期よりも確信に満ちている。ワイアットの身に降りかかった〝悲劇〟を差し引いてみても、極めてパーソナルな作風を手に入れ、宅録の先駆けのような浮遊感溢れる音像とともに提示した本作の〝新規性〟が、多くのリスナーや仲間のミュージシャンの心をとらえたことに疑う余地はないだろう。（森）

Robert Wyatt
Ruth Is Stranger Than Richard

1975年：Virgin／V 2034
［A］Side Ruth / 1. Soup Song / 2. Sonia / 3. Team Spirit / 4. Song For Che［B］Side Richard / 1. Muddy Mouse (A) / 2. Solar Flares / 3. Muddy Mouse (B) / 4. 5 Black Notes And 1 White Note / 5. Muddy Mouse (C) / Muddy Mouth

『ロック・ボトム』のセッションからは、モンキーズの「アイム・ア・ビリーヴァー」や、クリス・アンドリュースの「イエスタデイ・マン」といった、カヴァー曲のシングルが発売された。のちにCD化されたアルバム発売記念のギグを終えると、ワイアットは新たなレコーディングの準備にとりかかったのだ。

ワイアット自らプロデュースした『ルース・イズ・ストレンジャー・ザン・リチャード』は、前作よりも多くのミュージシャンが参加し、いわゆるバンドらしい演奏の曲が多くなっている。「マディ・マウス」を共作したフレッド・フリスをはじめ、ブライアン・イーノ、フィル・マンザネラ、ローリー・アラン、ビル・マコーミック、ゲイリー・ウインド、モンゲジ・フェザなど、カンタベリーだけでない人脈の拡がりを見せている。

〝サイド・リチャード〟と名づけられたA面に繰り返し登場する「マディ・マウス」はフレッド・フリスのピアノとワイアットのヴォイスだけだが、メロディがいいだけに聴かせてくれる。ただ、ややしつこく感じられることもあるが。

カヴァー曲もポイントになっていて、ラストの「ソング・フォー・チェ」はチャーリー・ヘイデン作による、チェ・ゲバラに捧げられた曲だ。ホーンがテーマを繰り返す中でワイアットは淡々とピアノを叩き、ローリー・アランのドラムが暴れまくっている。こうしたジャズでもロックでもないアプローチも新機軸だ。

全体にホーンが効果的で、ワイアットのヴォーカルにもさらに自身が漲ってきているので、ギリギリのところでポップなアルバムに仕上がっている。ただ、やや散漫になっていることが残念だ。

ワイアットも本作には満足していないと発言していた。さらに政治的な考え方に囚われるようになってきた彼は、このあと数年間は音楽活動から距離をとるようになってくる。ライヴ会場よりも政治集会へ顔を出すことが多くなったワイアットは、社会主義活動へとのめり込んでいったのだ。（森）

ラフ・トレイド期のシングル

森 次郎

ラフ・トレイドでの最初のセッションは80年1月26日のこと。シングルA面になった「アラウコ」は、チリのフォーク・シンガーであるヴィオレッタ・パラが採譜した曲。〝ヌエバ・サンシオン（新しい歌）〟という運動の中で発掘されている。B面になった「カイマネラ」はキューバでは非公式に国家的な存在になっている「グァンタナメラ」をアレンジしたもの。いずれも、ワイアットとビル・マコーミックのふたりでレコーディングされている。

次に取り組んだのが「スターリン・ワズント・ストーリン」。ゴールデン・ゲイト・ジュビリー・クァルテットというグループの43年の曲で、ワイアットはひとりアカペラに挑戦している。B面の「スターリングラード」はピーター・ブラックマンという詩人による朗読で、ワイアットは参加していない。

「アット・ラスト・アイ・アム・フリー／ストレンジ・フルーツ」(RT 052)は、A面がシックのカヴァー、B面がビリー・ホリデイで有名なプロテスト・ソングだ。ワイアットのヴォーカルに説得力が増してきていることがよくわかる。

英国の詩人で俳優としても知られるアイヴァー・カトラーの75年作を取り上げたのが「グラス」。そのB面はワイアットがAARF（アーティスト・アゲインスト・レイシズム&ファシズム）で出会った、ロンドン在住のベンガル人グループ、デイシャリによる「トレイド・ユニオン」だ。

ここまでの4枚のシングルは、すべて80年に録音されている。ワイアットはふたたび自分名義の作品づくりから遠ざかるが、そこに送られてきたのが「シップビルディング」のデモ・テープだ。エルヴィス・コステロとクライヴ・ランガーのペンによるこの曲は、82年にシングルとして発売され、時間をかけてヒットに至ったのである。

Robert Wyatt
Arauco / Caimanera
1980年：Rough Trade／RT 037［7″］

Robert Wyatt / Peter Blackman
Stalin Wasn't Stalling / Stalingrad
1981年：Rough Trade／RT 046［7″］

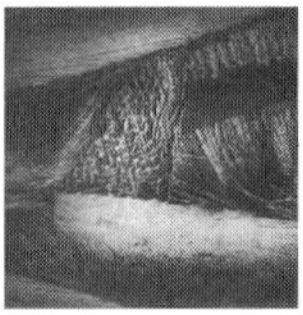

Robert Wyatt / Disharhi
Grass / Trade Union
1981年：Rough Trade／RT 081［7″］

Robert Wyatt
Shipbuilding / Memories Of You
1982年：Rough Trade／RT 115［7″］

Robert Wyatt
The Animals Film

1982年：Rough Trade／ROUGH 40
［A］The Animals Film (Part 1)［B］The Animals Film (Part 2)

ヴィクター・ションフェルドとミリアム・アローが監督し、女優のジュリー・クリスティがナレーションを担当したドキュメンタリー映画『ジ・アニマルズ・フィルム』（81年）のサウンド・トラック・アルバム。作中では、畜産やペット、科学、軍事研究、狩猟など、さまざまな場面で人間が動物を〝搾取〟するようすが描かれている。

映画ではトーキング・ヘッズやハワード・ワースの音楽も使用されたが、本作のためにワイアットがレコーディングした音源をふたつのトラックにまとめたものが翌年に発売された。すべてひとりで録音され、アナログ・シンセサイザーが全編にわたって鳴り響いている。

ワイアットのヴォーカルは使われず、わずかにハミングやヴォイスが使われているのみ。しかし、ローファイなシンセの音色とパーカッションの生音の組み合わせだけで、彼の個性がじゅうぶんに感じられる作品になっている。CD化に際しては短く編集され、ひとつのトラックにまとめられた。（森）

Robert Wyatt
Old Rottenhat

1985年11月：Rough Trade／ROUGH 69
［A］1. Alliance / 2. The U.S. Of Amnesia / 3. East Timor / 4. Speechless / 5. The Age Of Self / 6. Vandalusia［B］1. The British Road / 2. Mass Medium / 3. Gharbzadegi / 4. P.L.A.

実に10年ぶりに届けられた、ワイアットのオリジナル・アルバム。極めてシンプルなトラックは彼ひとりでつくりあげたものだ。妻・アルフィーが描いたジャケットも内容に呼応した簡素なもの。また、ラフ・トレイドでのシングルはカヴァーが多かったが、本作ではすべての曲をワイアット自身が書いている。

歌詞が政治的だと評されるアルバムだが、労働者階級の視点から英国や世界を描いている歌詞が多いのは「シップビルディング」の成功によるところが大きいのだろう。「イースト・ティモール」を除けば、直接的なアジテーションばかりではないので誤解のなきよう。アルバムがスパイ容疑で逮捕された英国の諜報員、マイケル・ベタニーに捧げられていることも、政治的なイメージがつきまとう要因のひとつなのかも知れない。

音楽が無力だと思えたワイアットが10年をかけてたどり着いたのは、人間として当たり前に感じた疑問や憤りを、表現として落とし込むことに成功した、本作の手法なのだろう。（森）

Robert Wyatt
Dondestan

1991年：Rough Trade／R2742

1. Costa / 2. The Sight Of The Wind / 3. Catholic Architecture / 4. Worship / 5. Shrinkrap / 6. CP Jeebies / 7. Left On Man / 8. Lisp Service / 9. N.I.O. (New Information Order) / 10. Dondestan

1998 Remaster CD: Dondestan (Revisited)
Hannibal／HNCD 1436

1. CP Jeebies / 2. N.I.O. / 3. Dondestan / 4. Sight Of The Wind / 5. Shrinkrap / 6. Catholic Architecture / 7. Worship / 8. Costa / 9. Left On Man / 10. Lisp Service

前作『オールド・ロットンハット』発表後のワイアットは、即興演奏と声を重ね合わせる実験などを繰り返していた。

ようやく6年ぶりのアルバム『ドンデスタン』にとりかかったきっかけは、妻であるアルフリーダ・ベンジが書いた詩に曲がつけられそうだ、と思ったことだという。80年代の半ば、スペイン滞在中に認められたものなので、ワイアットの中でもじゅうぶんに消化されていたせいもあるのだろう。

本作もほぼひとりで演奏したものだが、前作と比べると少しだけトーンが明るい。また実験の成果か、ヴォーカルにも自信を覗かせ始めている。アルバム・タイトルの『ドンデスタン』はスペイン語で〝彼らはどこにいる〟という意味で、ワイアットはユーラシア大陸のどこからか独立を宣言しようとしている国の名前のように聞こえることから採用したようだ。

98年にはワイアット自らリミックスをてがけ、曲順も変更した『ドンデスタン（リヴィジテッド）』が発売された。（森）

Robert Wyatt
A Short Break

1992年：Voiceprint／VP108

1. A Short Break / 2. Tubab / 3. Kutcha / 4. Venti Latir / 5. Unmasked

90年に設立された英国のレーベル、ヴォイスプリントのために、ワイアットが4トラックのテープレコーダーで宅録したミニ・アルバム。当初はワイアットの手書きのテキストとイラストを収めた、20ページのブックレットとセットで発売された。

5曲中4曲がスキャットで歌われていることもあって、本作は創作のごく初期段階を切り取ったような印象を受ける。キーボードのフレーズなどもワイアットの手癖がそのまま採用されているようで、まるで彼の作業部屋を覗いているような気分になってもおかしくない。

逆に言えば、彼にとってレコーディングというものは、自宅で何度も習作を繰り返し、練り上げられたものを完成させるプロセスの最後の作業に過ぎないかも知れない。そんなことを気づかせてくれる一枚だ。

ちなみにヴォイスプリントは、ソフツに近いロブ・エイリングによって人物が設立された。最初のリリースはデイヴィッド・アレンの『ジ・オーストラリアン・イヤーズ』である。（森）

Robert Wyatt
Shleep

1997年：Hannibal／HNCD 1418

1. Heaps Of Sheeps / 2. The Duchess / 3. Maryan / 4. Was A Friend / 5. Free Will And Testament / 6. September The Ninth / 7. Alien / 8. Out Of Season / 9. A Sunday In Madrid / 10. Blues In Bob Minor / 11. The Whole Point Of No Return

当時はライコディスクの傘下にあった、ハンニバルから出された6年ぶりのアルバム。ラフ・トレイド時代はほぼセルフ・レコーディング状態だったが、本作ではフィル・マンザネラのギャラリー・スタジオを舞台に、さまざまなミュージシャンの協力を仰いで制作された。

「ヒープス・オブ・シープス」のアレンジはブライアン・イーノ。いつになく明るいトーンのオープニングになっている。イーノは「ザ・ダッチス」「ア・サンデイ・イン・マドリッド」でもシンセサイザーを担当した。「フリー・ウィル・アンド・テスタメント」の繊細なギターとコーラスはポール・ウェラー。彼は「ブルース・イン・ボブ・マイナー」ではうって変わって実にロッキンなギターを披露した。マンザネラのギターは「エイリアン」で登場する。

楽曲もコラボレーションの割合が高い。今回もジャケットのイラストを描いたワイアットの妻、アルフレーダ・ベンジの詩に曲をつけた「ヒープス・オブ・シープス」「セプテンバー・ザ・ナインス」「エイリアン」「アウト・オブ・シーズン」「ア・サンデイ・イン・マドリッド」がアルバムの中心になっている。ほかにもヒュー・ホッパーと共作した「ウォズ・ア・フレンド」が収録された。

また、ポール・ウェラー作でスタイル・カウンシルの「ザ・ホール・ポイント・オブ・ノー・リターン」は、ワイアットのトランペットをフィーチャーしたインストゥルメンタルに変貌を遂げている。

しかし、なんといってもさらに説得力を増し、余裕さえ感じられるワイアットのヴォーカルが本作のキモ。「ヒープス・オブ・シープス」ではポップさが爆発し、「ア・サンデイ・イン・マドリッド」「ブルース・イン・ボブ・マイナー」では文字通り、ボブ・ディランのモノマネを血肉化してしまったような、トーキング・ブルースを披露しているのだ。

なお、日本盤にはボーナス・トラックとして、「セプテンバー・イン・ザ・レイン」が収録されている。

（森）

Robert Wyatt
Cuckooland

2003年10月：Hannibal／HNCD1468

(**Part One 'Neither Here...'**): 1. Just A Bit / 2. Old Europe / 3. Tom Hay's Fox / 4. Forest / 5. Beware / 6. Cuckoo Madame / 7. Raining In My Heart / 8. Lullaby For Hamza / - Silence - (**Part Two '.....Nor There'**): 9. Trickle Down / 10. Insensatez / 11. Mister E / 12. Lullaloop / 13. Life Is Sheep / 14. Foreign Accents / 15. Brian The Fox / 16. La Ahada Yalam (No-One Knows)

またもや6年ぶりとなったオリジナル・アルバム。ワイアットも58歳となり、声域が限られてきたという自覚があったようだ。そのせいか、前作『シュリープ』で完全に開眼したかに思われたツボを押さえたヴォーカルが、やや単調なものになっている。その点を補うためもあって、3曲をカヴァーしたカレン・マントラーの協力を仰いだことから、全体的にジャズのテイストが増しているのだ。

自作曲ではやはり妻であるアルフレーダ・ベンジとの共作が多いが、「ラルループ」ではついに彼女単独でのクレジットになっている。

日本のファンにとっては、〈ヒロシマ〉〈ナガサキ〉〈アリガト〉〈コニチハ〉と歌われる「フォーリン・アクセンツ」に目を惹かれるが、歌いこまれたテーマが重いだけに淡々としたヴォーカルとのコントラストにクラクラしてしまう。

初回版につけられたボーナス・ディスクには、98年録音の「ラ・カンシオン・デ・ジュリエッタ」が収録された。（森）

Robert Wyatt
Comicopera

2007年10月6日：Domino／WIGCD202

(Act One - Lost In Noise): 1. Stay Tuned / 2. Just As You Are / 3. You You / 4. A.W.O.L. / 5. Anachronist / (Act Two - The Here And The Now) : 6. A Beautiful Peace / 7. Be Serious / 8. On The Town Square / 9. Mob Rule / 10. A Beautiful War / 11. Out Of The Blue / (Act Three - Away With The Fairies): 12. Del Mondo / 13. Cancion De Julieta / 14. Pastafari / 15. Fragment / 16. Hasta Siempre Comandante

還暦を超えたワイアットの、現在のところ最新のオリジナル・アルバム。レーベルはドミノに移っている。

自分の声の衰えに自覚的だったのか、本作ではモニカ・ヴァスコンセロスを招集している。彼女はサンパウロ出身のシンガーで、ブラジリアン・ポップスとジャズのハイブリッドなサウンドが持ち味だ。

モニカの助けを借りながらも、年齢を重ねた声のコントロールが巧みになってきていて、抑揚が小さいメロディの中でも表情が豊かなヴォーカルを聴かせてくれる。

箸休め的に配されたインストゥルメンタル「アナクロニスト」「オン・ザ・タウン・スクエア」「パスタファリ」が効果的で、三つのパートに別れた本作のアクセントになっているのだ。

イーノとの共作「ア・ビューティフル・ピース」など、ルー・リードが軽くジャズを歌ったような風情で、とてもいい雰囲気だ。この路線でさらに年月を経たワイアットの作品を聴いてみたい。（森）

Robert Wyatt / Jean-Michel Marchetti
MW3

2000年：仏 AEncrages／IPS 0800

1. Untitled - Robert / 2. P.L.A. - Toupidek, Limonade et Jérôme Tagu / 3. Alifib - Richard Robert, Gilles Tordjman / 4. Toledo Texas - Jean-Marc Montera, Elio Martusciello, Fabiana-Yvonne Lugli-Martinez / 5. Dondestan - Look De Bouk / 6. Sea Song - Klimperei / 7. Born Again Cretin - Dominique Répécaud / 8. Little Red Robin Hood Hit The Road - Jaggernaut / 9. To The Old World - Dominique Grimaud...etc.

Various
MW Pour Robert Wyatt

2001年：仏 In-Poly-Sons／IPS0401

ワイアットの歌詞と、ジャン・ミシェル・マルケッティによるグラフィック作品を収めた書籍のシリーズがフランスで出版されている。マルケッティの企画によるもので、彼が詩のフランス語訳も手がけた。また、掲載された歌詞にはアルフレーダ・ベンジの作品も含まれている。

10年をかけて出版されたのが『MW』(97年)、『M2W』(98年)、『M3W』(00年)、『M4W』(03年)、『MBW』(08年)の5冊。このうち、『M2W』からの3冊に、ワイアット自身による朗読と、フランスのミュージシャンによるカヴァーが収録されたCDが付属していたのだ。

しかし、もともと300部程度の少部数だった上に、出版元である印刷所が火事に遭い、オリジナルの活版印刷での再版は叶わぬものになってしまったが、オフセット印刷に切り替えたアンソロジーが出版されている。

音源については、『M2W』と『M3W』などをもとに編集された『MW・ポア・ロバート・ワイアット』が発売されている。トイ・ミュージック・アーティストのクリンペライらのカヴァーが収録されたこちらのCDは、探せばまだ入手が可能だろう。

こうしたワイアット本人が参加したトリビュート作品には、ほかにフランス国立ジャズ・オーケストラ(音楽監督はダニエル・イヴィネック)による『アラウンド・ロバート・ワイアット』(09年：Bee Jazz/BEE 030)などがある。

(森)

Wyatt / Atzmon / Stephen
'..........For The Ghosts Within'

2010年：Domino／wigcd263

1. Laura / 2. Lullaby For Irena / 3. The Ghosts Within / 4. Where Are They Now? / 5. Maryan / 6. Round Midnight / 7. Lush Life / 8. What's New? / 9. In A Sentimental Mood / 10. At Last I Am Free / 11. What A Wonderful World

ワイアットとギルアド・アツモン(サックス)、ロス・スティーブン(ヴァイオリン)の連名によるジャズ・ヴォーカル・アルバム。

オリジナルの楽曲に加えて、セロニアス・モンクの「ラウンド・ミッドナイト」やデューク・エリントンの「イン・ア・センチメンタル・ムード」といったスタンダード・ナンバーが取り上げられている。

タイトル曲ではメイン・ヴォーカルをタリ・アツモンに譲り(詞はアルフィー)、「ホエア・アー・ゼイ・ナウ?」(〝ドンデスタン〟じゃないか)では途中からラップ化するなど、適度な逸脱を繰り返しながらも、崇高な「ホワット・ア・ワンダフル・ワールド」で締めくくられる。

(森)

Robert Wyatt
Nothing Can Stop Us

1982年：Rough Trade／ROUGH 35

［A］1. Born Again Cretin / 2. At Last I Am Free / 3. Caimanera / 4. Grass / 5. Stalin Wasn't Stallin'［B］1. Red Flag / 2. Strange Fruit / 3. Arauco / 4. Trade Union - Disharhi / 5. Stalingrad - Peter Blackman

ラフ・トレイドから80年から81年にかけてリリースされた4枚のシングル、「アラウコ」「アット・ラスト・アイ・アム・フリー」「スターリン・ワズント・ストーリン」「グラス」のAB面に、2曲を加えた編集盤。のちにヒットした「シップビルディング」を追加収録したヴァージョンもリリースされた。

シングル以外の曲のうち、「ボーン・アゲイン・クレチン」は本盤唯一となるワイアットのオリジナル。ただし、初出はオムニバスのカセット『NME／ラフ・トレイド・C81』（81年：Rough Tapes/Copy 001）になる。もう1曲の「レッド・フラッグ」はクリスマス・ソングの「もみの木」をアレンジしたもの。（森）

Robert Wyatt
1982–1984

1984年：米 Rough Trade／RTSP 25

［A］1. Shipbuilding / 2. Round Midnight / 3. (Everything Seems To Bring) Memories Of You / 4. Amber And The Amberines［B］1. Biko / 2. Te Recuerdo Amanda / 3. Yolanda / 4. You're Wondering Now (hidden track)

シングル「シップビルディング」とそのカップリング「メモリーズ・オブ・ユー」、同曲の12インチ・シングルに収録された「ラウンド・ミッドナイト」、さらに4曲入りEP『ワーク・イン・プログレス』の全曲をまとめた編集盤。いずれも英国中心のリリースだったため、米国市場を狙ったものと思われる。

『ワーク・イン〜』ではタイトルどおり、ふたたびワイアットの家内制手工業的なサウンドづくりに戻っている。この調子でアルバム『オールド・ロッテンハット』の制作に突入したわけだ。ちなみに「ユア・ワンダリング・ナウ」はシークレット・トラックで、スペシャルズのカヴァー。日本盤のライナーは友部正人だ。（森）

Robert Wyatt
Mid-Eighties

1993年：Rough Trade／R2952

1. Yolanda / 2. Te Recuerdo Amanda / 3. Biko / 4. Amber And The Amberines / 5. Memories Of You / 6. Round Midnight / 7. Pigs / 8. Chairman Mao / 9. Alliance / 10. The United States Of Amnesia / 11. East Timor / 12. Speechless / 13. The Age Of Self / 14. Vandalusia / 15. The British Road / 16. Mass Medium / 17. Gharbzadegi / 18. P.L.A. / 19. Alfie And Robert Sail Off Into The Sunset

CD時代になって『1982−1984』を再度編纂した拡大版のような格好だが（ジャケットのイラストも同じだし）、ヒットしたシングル「シップビルディング」はオミットされている。

「ピッグス…（イン・ゼア）」は、オムニバスのアルバム『ザ・リベレーター：アーティスツ・フォー・アニマルズ』（89年：Deltic/DELT CD3）に、「チェアマン・マオ」は“Rē Records Quarterly Vol.2 No.2”（87年：Rē 0202）に収録されていたものだ。

さらにはアルバム『オールド・ロットンハット』が全曲収録された。19曲目はシークレット・トラックで、『1982−1984』の「ユア・ワンダリング・ナウ」と同じテイク。（森）

Robert Wyatt
EPs

1999年：Hannibal／HNCD 1440

[1] Bits [2] Pieces [3] Work In Progress [4] Animals [5] Re-mixes

1枚あたり20分程度のCDを5枚組にしてリリースされたボックス・セット。オリジナルの〝EP〟をCD化したものは『ワーク・イン・プログレス』だけで、『アニマルズ』はサントラのCD版そのままで、それ以外は本作用に編集されている。『ビッツ』は74年のシングル2枚のAB面（ヴァージョン違いあり）に、同年のロイヤル・ドゥルーリィ・レインのライヴ音源「カリックス」が加えられている。『ピーセス』は「シップビルディング」12インチの3曲に『ミッド・エイティーズ』にも収録されたオムニバス提供の2曲がプラスされている。『リミックス』は、当時の最新アルバム『シュリープ』から4曲を選んでリミックスしたものだ。（森）

Robert Wyatt
Different Every Time

2014年：Domino／WIGCD347

[1] Ex Machina [2] Benign Dictatorships: 1. The River - Jeanette Lindstrom / 2. The Diver - Anja Garbarek / 3. We're Looking For A Lot Of Love - Hot Chip With Robert Wyatt / 4. Jellybabies - Epic Soundtracks / 5. Shipbuilding - Robert Wyatt / 6. Richardson Road - Grasscut...etc.

ワイアットの公式バイオグラフィ本が出版されるタイミングで編纂された、CD2枚組のコンピレーション。ディスク1はソフト・マシーンの「ムーン・イン・ジューン」から始まるオール・タイム・ベスト。ディスク2はさまざまなコラボレーションから選りすぐった〝アナザー・サイド・オブ・ロバート・ワイアット〟といった趣向になっている。

「シップビルディング」がディスク2に収録されているところが面白い。エルヴィス・コステロ側からアプローチされたので、ワイアットにとっては〝オリジナル〟という意識ではないのだろう。

なお、ディスク1と2をそれぞれ2枚組にしたアナログもリリースされた。（森）

Robert Wyatt
His Greatest Misses

2004年：日 Hannibal／VACK-1282

1. P.L.A. / 2. Worship / 3. Heaps Of Sheeps / 4. Free Will And Testament / 5. I'm A Believer (Extended Version) / 6. Sea Song / 7. Little Red Robin Hood Hit The Road / 8. Solar Flares / 9. At Last I Am Free / 10. Arauco / 11. The Age Of Self / 12. Alien / 13. Shipbuilding / 14. Memories Of You / 15. Muddy Mouse (b) / 16. Mister E / 17. Foreign Accents

日本独自に編集された、ワイアットのベスト盤。のちに同じ仕様で英国でも発売されている。

契約の関係からヴァージン、ラフ・トレイド、ライコの音源に限られているが、それがちょうど件の事故以降の、ヴォーカリストとしてのワイアットに焦点を当てた格好になっている。

ジャケットはいつもの妻・アルフィーによるイラストではなく、ワイアットが6歳の頃に描いた絵をデザインしたものだ。

曲順は年代を追ったものではなく、制作体制もさまざまだが、不思議と統一感がある。最後に〈ヒロシマ、ナガサキ〉と繰り返される「フォーリン・アクセンツ」が置かれたのはいかにもな編集だが。（森）

Robert Wyatt
'68

2013年10月8日：Cuneiform／Rune 375

1. Rivmic Melodies / 2. Chelsa / 3. Slow Walkin' Talk / 4. Moon In June

ソフト・マシーンが分裂し、ひとりアメリカに残ったワイアットが録音していたデモがまとめて発売された。

なによりこの時点で「ムーン・イン・ジューン」が完成の域に達していることに驚かされる。ヒュー・ホッパーとマイク・ラトリッジも手助けしているのだが、このセッションのことが頭に残っていたから、ふたりはソフツ『サード』のレコーディングに際してもこの曲はワイアットに任せようとしたのではないだろうか。

ほかにも『ボリューム・トゥー』のA面を埋めた「リヴミック・メロディーズ」がすでに試されているし、「スロウ・ウォーキング・トーク」ではジミ・ヘンドリクスがベースを弾いている。（森）

Robert Wyatt & Friends
Theatre Royal Drury Lane 8th September 1974

2005年：Hannibal／HNCD 1507

1. Introduction By John Peel / 2. Dedicated To You But You Weren't Listening / 3. Memories / 4. Sea Song / 5. A Last Straw / 6. Little Red Riding Hood Hit The Road / 7. Alife / 8. Alifib / 9. Mind Of A Child / 10. Instant Pussy / 11. Signed Curtain / 12. Calyx / 13. Little Red Robin Hood Hit The Road / 14. I'm A Believer / 15. (silence) / 16. Please Smile

『ロック・ボトム』リリース後の74年9月8日に、ロイヤル・ドゥルーリィ・レインで行われた発売記念コンサートの模様が30年以上の年月を経てリリースされた。

バンドのメンバーはデイヴ・ステュアート（キーボード）、ローリー・アレン（ドラム）、ヒュー・ホッパー（ベース）が中心で、マイク・オールドフィールド（ギター）やフレッド・フリス（ヴァイオリン）、モンゲジ・フェザ（トランペット）、ゲイリー・ウインド（サックス）らが参加している。さらにはジュリー・ティペッツが自分の曲を歌い、ライヴ後半にはアルバムのプロデュースを行ったピンク・フロイドのニック・メイスンも登場した。

ジョン・ピールのイントロダクションによって、コンサートは開始されている。『ロック・ボトム』の曲だけでは足りないので、ソフト・マシーンやマッチング・モウル時代のレパートリーも引っ張り出してきてるが、いずれもこの〝バンド〟ならではの演奏になっているところが素晴らしい。ワイアットもヴォーカルがメインとなるステージは初めてにも関わらず、堂々たるシンガーっぷりを発揮しているのだ。

まだバリア・フリーに対応した会場などなく、このバンドでのツアーは実現しなかったが、もしワイアットがライヴ・パフォーマーとして活動を続けることができていたならば、どんな成熟をみせていたのか、想像をふくらませてしまうほどの素晴らしさである。（森）

Matching Mole
On The Radio

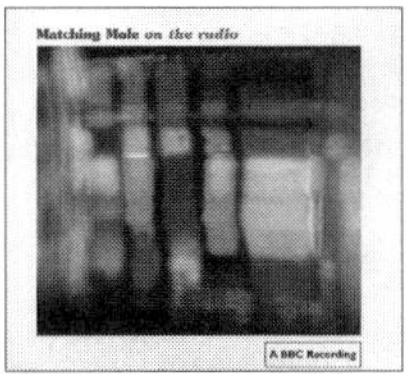

2006年：Hux／083

1. Marchides / Instant Pussy / Smoke Signal / 2. Part Of The Dance / 3. No 'Alf Measures / 4. Lithing And Gracing / 5. Immediate Kitten / 6. Instant Pussy / 7. Lithing And Gracing / 8. Marchides / 9. Part Of The Dance / 10. Brandy As In Benj

マッチング・モウルがファースト・アルバムのレコーディング直後の72年1月17日に初めてBBCのジョン・ピール・セッションに出演したときの音源に始まり（初回の放送は1月25日）、同年7月までの4回分の録音を集めたCDだ。

ちょうどデイヴ・シンクレアが脱退する時期と重なっているので、デイヴ・マクレイを加えた5人体制のものと、シンクレアが抜けたあとの4人での録音を聴き比べることができる。

長尺のセッションが中心で、ツボを心得た演奏はそれなりに面白いんだが、今となってはこれといったバンドの特徴が感じられないところが難点。お好きな方向けということで。（森）

Robert Wyatt
Solar Flares Burn For You

2003年：米 Cuneiform／Rune 175

1. Alifib / 2. Soup Song / 3. Sea Song / 4. I'm A Believer / 5. Blimey O'Riley / 6. Solar Flares Burn For You / 7. God Song / 8. Fol De Rol / 9. Little Child / 10. We Got An Arts Council Grant / 11. Righteous Rhumba / 12. Twas Brillig / 13. The Verb

ワイアット自らセレクトした未発表音源集。「シー・ソング」など冒頭の4曲は、74年9月10日にBBCで録音されたもの。『ロック・ボトム』のレコーディングと、ロイヤル・ドゥルーリィ・レインでのコンサートを終えて、自分のレパートリーをしっかりと消化した上でソロ・パフォーマンスに臨んだことがよくわかる。

タイトル曲は、同名の短編映画のためにニック・メイスンの自宅スタジオでレコーディングされたもの。「ゴッド・ソング」など4曲は、マッチング・モウルが解散したあとの72年12月にフランシス・モンクマンとBBCに出演した際の貴重な音源だ。ほかにヒュー・ホッパーとの02年、03年のセッションも収録された。（森）

Robert Wyatt
Radio Experiment Rome, February 1981

2009年：伊 Rai Trade／RTPJ 0014

1. Opium War / 2. Heathens Have No Souls / 3. L'albero Degli Zoccoli / 4. Holy War / 5. Revolution Without"R" / 6. Billie's Bounce / 7. Born Again Cretin / 8. Prove Sparse

81年2月に、ローマのラジオ局に1週間招かれたときの記録。『ウン・チェルト・ディスコルソ』という番組のために、音楽の制作過程を録音したものだ。プロデューサーのパスカーレ・サントーリいわく、「君は手紙を書くとき、いちばん最初に書いたものは破り捨てるかも知れないが、それは最後に書いたものと同じくらい興味をそそるものだ」というコンセプトのもと、番組を企画したらしい。

ワイアットは「もしみんなが本当に、俺が自分で何をやっているのかが分かる前にその仕事の様子を見たいというんだったら、見せてやろうじゃないか」とこの話にのった。まだ歌詞もないこの音源をどう捉えるかは、聴き手に委ねられている。（森）

梅村昇史
Shoji Umemura

まあとりあえず お茶を飲め。ビートニクとモダン・アートとフリージャズをぶちこんで〜〜

あと哲学と自由な精神を少々。

錬金術かい?

ギンズバーグの詩とチベットのマントラを聞かせること5分。

さあ、そいつを飲みほすんだ。

BOOOOM
何だ?! オレたち急にすごくクールになってない?

霊的な啓発がオレの創造性に火をつけてるぜ!!

BYOOON
意識の拡大は結構だがお茶をこぼすな。

POOOM
見ろ次の段階へのトビラが開いたぞ!!

OPEN!!

都会に行ってギグをするんだ!!

アーレンと3人の学生は
ソルト・ミシンという
バンド名で、朗読とアート
とフリーインプロヴィゼーション
のライヴを
くりひろげ……
これってジャズなのか?
これは上手いのか? 新しいのか?
このコたち ちょっとイケてるわ。
そして、魔女スミャイスのお気に入りになった。
でも、まだバラバラね。融合していないっぽい。ちょっと魔法をかけてあげましょ。
ファズの森へ行きなさ〜〜い。
ここはファズの森。あらゆるサウンドが変調し、言葉やリズム、さらにはアイデアや思想がエレクトリックに融合しあう場所だ。
いい感じ。
スミャイス お前の仕業か。これはちょっとおもしろいことになるぞ
何をたたいても変拍子になっちまうぜ ディレイとドローンでおかしくなりそうで最高だ!!
TO BE CONTINUED

Chapter 4
Caravan

Junichi Yamada / Yoshio Tachikawa /
/ Shoji Umemura / Rokuro Makabe
Koji Wakui / Isao Inubushi

パイ・ヘイスティングスが綴ったもう一つのカンタベリー物語

山田順一

カンタベリー・ロック第一世代のキャラヴァンの歩みは、そのままシーンの歴史に当てはまる。度重なるメンバーの交代とそれに伴うアプローチの変化もありながら、カンタベリーの香り漂う独特のサウンドは普遍のままで、今も前進し続けている。

68年1月の結成から50余年が過ぎた彼らのキャリアを大まかに区切るならば、デビューから2作目の『イフ・アイ・クッド・ドゥ・イット・オール・オーヴァー・アゲイン、アイド・ドゥ・イット・オール・オーヴァー・ユー』までがサイケデリック/アンダーグラウンド期、3作目の『イン・ザ・ランド・オブ・グレイ・アンド・ピンク』から6作目の『カニング・スタンツ』までがジャズ・ロック〜プログレッシヴ・ロック期、続く7作目の『ブラインド・ドッグ・アット・セント・ダンスタンス』から9作目の『ジ・アルバム』までがポップ期と分けられる。82年の10作目『バック・トゥ・フロント』を発表したあと、時代の波に押されて一旦、解散したものの、95年にリリースされた12作目『バトル・オブ・ヘイスティングス』でカムバックしたバンドは、00年から始まったリマスター盤によるリイシューで再評価され、レジェンドとして迎えられるようになった。13作目の『アンオーソライズド・ブレックファスト』以降はまさに円熟の時代だといえるだろう。冒頭にも記したように、その間、バンドは目まぐるしいほどに陣容を変えながらサヴァイヴしてきた。

パイ・ヘイスティングス、リチャード・シンクレア、デイヴ・シンクレア、リチャード・コフランというオリジナル・ラインナップが崩れたのは、71年8月7日のことだった。『イン・ザ・ランド・オブ・グレイ・アンド・ピンク』で結成当初の目的を達したと感じたデイヴはバンドを離脱。ジョン・マーフィーとのユニットを経て、ザ・ソフト・マシーンを抜けたロバート・ワイアットのマッチング・モウルに参加している。デイヴの代わりには元デリヴァリーのスティーヴ・ミラーが加入したが長続きせず、72年7月25日にミラーがデリヴァリー再編のため脱退。すぐにリチャード・シンクレアも追従し、デリヴァリーが発展する形でハットフィールド&ザ・ノースが結成された。

残されたパイとコフランは、元サンキューのステュアート・エヴァンスをリチャードの後釜に起用。さらに緊急オーディションで元ガス、キーフ・ハートリー・バンドのデレク・オースティン（キーボード）、元スパイロジャイロのジェフ・リチャードソン（ヴィオラ）を雇い、73年2月のオーストラリア公演までのスケジュールを乗り切った段階でエヴァンスとオースティンに解雇を告げる。今度は新たに元スプレッドイーグルのジョン・G・ペリーを迎え入れ、ハットフィールズにいたデイヴを復帰させたのだが、ペリーがルパート・ハインとクォンタム・ジャンプ結成のため74年7月3日のライヴを以て脱退。カーヴド・エア、キキ・ディー・バンドなどで活躍していたマイク・ウェッジウッドを引き入れた。メンバー・チェンジはさらに続き、デイヴがリチャード・シンクレアとバンドを組むために75年7月のヨーロッパ・ツアー後に2度目の離脱。後任には元ナショナル・ヘッド・バンドのヤン・シェルハースが採用された。

76年11月にはベスト盤『カンタベリー・テイルズ』のプロモーションのため一時的にデイヴが復帰し、ツイン・キーボード編成によるライヴも行なわれたが、今度はその年いっぱいでマイク・ウェッジウッドが抜け、元ダリル・ウェイズ・ウルフ、ゲイリー・ムーア・バンドのダグ・メセカーが加入する。ところがメセカーも1年余りでバンドを去ってしまったため、バンドはリチャード・シンクレアと呼び寄せてデモ・レコーディング（のちに『クール・ウォーター』として発売）を行なった。しかしレコード契約を失い、活動を休止せざるを得なくなってしまう。休止期間中にはリチャードソンも抜け、シェルハースはデイヴ・シンクレアとキャメルに加入。79年1月にはキャメルの一員として来日も果たしている。

パイはそれでもバンドを立て直すべく、79年10月にコフラン、リチャードソン、デイヴ、リチャード・シンクレアを集めたが、すぐにリチャードが脱落。ダグ・メセカーを呼び戻して『ジ・アルバム』を発表した。しかし、81年5月にリチャードソンとメセカーが再び抜けてしまったので、10年ぶりにオリジナル・ラインナップを復活させて『バック・トゥ・フロント』をリリースした。だが、彼らを受け入れるマーケットは最早なく、83年7月28日のマーキー・クラブ25周年記念ギグを最後に解散。パイは機械エンジニア、コフランはパブの経営、デイヴはピアノ・ショップの開業、リチャードは家具職人へとそれぞれの道に進んでいった。

そんな彼らが再び顔を合わせたのは90年のこと。テレビ番組の企画でオリジナル・メンバーによるライヴが開かれたのだ。その際、リチャード・シンクレアはこのままバンドを続けていこうと提案したものの、ほかのメンバーからの合意が得られず、彼は単独でキャラヴァン・オブ・ドリームスを名乗って活動を再開した。

とはいえ、各メンバーも音楽を忘れていたわけではなかった。94年にパイが決起したことでキャラヴァンは甦生。パイ、コフラン、デイヴ、リチャードソン、ジム・レヴァートンというメンバーで『バトル・オブ・ヘイスティングス』を世に送り出す。96年からはダグ・ボイル、サイモン・ベントオール、ジミー・ヘイスティングスを加えた7人編成となり、ライヴを中心に安定した活動を続けたのち、02年にデイヴが離れ、シェルハースが再加入。05年にコフランがリウマチの診断を受け、一線を退いたのに続き、07年のボイル脱退もありつつ、サポート・ドラマーにマーク・ウォーカーを据えて活動は続けられた。13年12月1日、長らく闘病を続けていたリチャード・コフランが死去。パイを始めメンバーが深い悲しみに暮れたことは想像に難くないが、彼らはキャラヴァンを続けることを誓い、21年に『イッツ・ナン・オブ・ユア・ビジネス』を発表して現在に至っている。

その時々によってパワー・バランスの違いがあったにせよ、息の長いバンドの原動力となっていたのはパイ・ヘイスティングスだ。彼がメンバーの個性を活かしながら育んできたキャラヴァン独自のアイデンティティは確固たるものになり、結果的にカンタベリー・ロックの本流と呼ぶに相応しい広大な流れとなったのだ。

1971年、『グレイとピンクの地』をリリースしたころ。

Caravan
Caravan

1968年10月：Verve Forecast／VLP 6011（Mono), SVLP 6011（Stereo）

［A］1. Place Of My Own / 2. Ride / 3. Policeman / 4. Love Song With Flute / 5. Cecil Rons
［B］1. Magic Man / 2. Grandma's Lawn / 3. Where But For Caravan Would I?

2002 Remaster CD
Verve Forecast／8829522
Bonus Track: 17. Hello Hello (Single Version)

キャラヴァンもワイルド・フラワーズを源流とするバンドだが、ソフト・マシーンがロンドンのサイケデリック・シーンで華々しく活動するのを横目に、デビュー直前まで老朽化した空き家やテントで暮らす窮乏状態に喘いでいたという。そういった苦労の甲斐もあって、英国のロック市場に参入しようとしていたアメリカの名門レーベル、ヴァーヴとの契約にこぎつけ、68年にシーンに登場したのだった。

パイ・ヘイスティングスとリチャード・シンクレアのヴォーカル、デイヴ・シンクレアのオルガンが売りであったのだろうが、それをまだ充分にアピールできていないという印象。ヘイスティングスはのちにこう語っている。

「プロデューサーのトニー・コックスがリヴァーブを加え過ぎたせいで、全体にぼんやりとしたサウンドになってしまったんだ」

それでも抒情的な「プレイス・オブ・マイ・オウン」や「ラヴ・ソング・ウィズ・フルート」といった佳曲もあり、バンドとしての個性は感じられる。「ホエア・バット・フォー・キャラヴァン・ウッド・アイ？」の作者はブライアン・ホッパー。ソフト・マシーンが歌詞に出てくる「マジック・マン」は彼らなりの（楽屋オチ的な？）ユーモアだったはずだが、50年経ってもニヤリとさせられる。

特徴的なジャケットは、リチャード・ベネット・ゼフによる写真のモンタージュによるもので、初版には高価なプレミアがついている。72年のMGM再発盤では、車のイラストのジャケに変わった。

69年初頭には西ドイツの番組「ビート・クラブ」に出演して、「プレイス・オブ・マイ・オウン」と「マジック・マン」を演奏したキャラヴァン。これが初めてのテレビ出演だった。69年3月には英国BBC2の「カラー・ミー・ポップ」にも登場して、注目を集めるかと思われたが、ヴァーヴが英国内における業務を停止してしまい、本作は市場から消えていくのだ。

（真下部）

Caravan
If I Could Do It All Over Again, I'd Do It All Over You

1970年9月4日：Decca／SKL5052

［A］1. If I Could Do It All Over Again, I'd Do It All Over You / 2. And I Wish I Were Stoned / 3. As I Feel I Die / 4. With An Ear To The Ground You Can Make It ［B］1. Hello Hello / 2. Asforteri 25 / 3. Can't Be Long Now

2001 Remaster CD
Decca／8829682

Bonus Tracks: 9. A Day In The Life Of Maurice Haylett / 10. Why? (And I Wish I Were Stoned) (Demo Version) / 11. Clipping The 8th (Hello Hello) (Demo Version) / 12. As I Feel I Die (Demo Version)

レーベルの閉鎖という憂き目にあったキャラヴァンだったが、マネージャー、テリー・キングの奔走によって69年暮れに英デッカとの契約に漕ぎつける。ロックのサブ・ジャンル化に伴って、プログレにも力を入れていこうとしていたデッカに移籍できたが、グループの大きな躍進に繋がったことは言うまでもない。

メンバー間でも「これが本当のデビュー作」という思いがあっただろうし、スタジオをどう使うかが見えている感じだ。加えて演奏のテクニックも上がっているから、成長著しいという印象。デイヴのファズ・オルガンが演奏のキモとなっていて、コフランのドラムも力強さを増している。パイとリチャードのブリティッシュ・ヴォイスが上品な佇まいの源だが、のちのブリット・ポップまで繋がる声の伝統は、この時代にイエスのジョン・アンダーソンやELPのグレッグ・レイクらと共に築かれたと言ってもいいだろう。

何とも不思議な味わいのポップ・ソング「イフ・アイ・クッド・ドゥ・イット〜」で幕を開ける本作は、懐かしさを感じさせるオルガンが耳に残る「アンド・アイ・ウィッシュ・アイ・ワー・ストーンド」へと続く。途中パイのギター・ソロを経て、エンディングではコフランのドラムが炸裂するのだが、この辺りまででツカミはOKという感じだ。ジミー・ヘイスティングスのフルートも美しい「ウィズ・アン・イヤー・トゥ・ザ・グラウンド・ユー・キャン・メイク・イット」では水滴のように響き渡るエンディングのピアノも印象的。

リチャードのヴォーカル曲「ハロー・ハロー」、幻想的な「アスフォテリ」から、ステージの定番曲となった「キャント・ビー・ロング・ナウ」へ。オールド・ファンには「リチャードのために」の邦題がなじみの14分を超える大作だが、3分30秒過ぎからの怒濤のインプロヴィゼーションは本作のハイライトだ。ここでのファズ・オルガン、サックスやフルートは、カンタベリー・ロックのひとつの特徴を示していると言っていい。（**真下部**）

Caravan
In The Land of Gray and Pink

1971年4月8日：Deram／SDL R1

［A］1. Golf Girl / 2. Winter Wine / 3. Love To Love You (And Tonight Pigs Will Fly) / 4. In The Land Of Grey And Pink ［B］1. Nine Feet Underground; a. Nigel Blows A Tune; b. Love's A Friend; c. Make It 76; d. Dance Of The Seven Paper Hankies; e. Hold Grandad By The Nose; f. Honest I Did!; g. Disassociation; h. 100% Proof

2011 Deluxe Edition
Deram／533 316-1

［1］1.〜5. Original Album / 6. Frozen Rose (I Don't Know Its Name Alias The Word) / 7. Love To Love You (And Tonight Pigs Will Fly) (First Version) / 8. Nine Feet Underground (Alternate Mix) ［2］Album Session Recordings, December 1970 / 1. Aristocracy / 2. It Doesn't Take A Lot / 3. Love To Love You (And Tonight Pigs Will Fly) (Extended Version) / 4. It's Likely To Have A Name Next Week ('Winter Wine' Instrumental Demo) / 5. Nigel Blows A Tune (First Version) / 6. Group Girl ('Golf Girl' First Version) / Recorded For The BBC's 'Sounds Of The Seventies', 11th March 1971 / 7. Love Song Without Flute / 8. In The Land Of Grey And Pink / 9. Love To Love You (And Tonight Pigs Will Fly) / Recorded For John Peel's Sunday Concert At The Paris Theatre, 6th May 1971 / 10. Nine Feet Underground / 11. Feelin', Reelin', Squealin' / ［DVD］Album 5.1 Surround Mix, New Stereo Mix By Steven Wilson / Visual Content - Beat Club TV Session 1971 / Golf Girl / Winter Wine

のちに再結集するが、オリジナル・ラインナップとしては一旦の最終作。バンド発祥の地であるケントをイメージしてつけられたタイトルは、リチャード・シンクレアの発案によるものだ。アン・マリー・アンダーソンが描いたジャケットのアートワークもJ.R.R.トールキンの『指輪物語』の世界を彷彿させる実に印象的なもので、結果的にキャラヴァンの長い歴史の中で最も有名なアルバムになっただけでなく、現在ではカンタベリー・ロックを象徴する1枚になっている。

1、2枚目まではワイルド・フラワーズ流のサイケ・ポップを展開していたバンドだったが、デラム期のキャラヴァンの魅力は、パイ・ヘイスティングスが志向するポップとリチャードが主導したジャズ・ロックの融合にあった。より親しみやすい小曲3曲と中編の4曲目「ウインター・ワイン」を一塊としたポップ・サイド（エンジニアリングを手がけたのは、のちにジャパンやブライアン・フェリーらのプロデュースで名を馳せるジョン・パンター）と、8つのパートからなる23分にも及ぶ長尺曲「ナイン・フィート・アンダーグラウンド」を収録したジャズ・ロック・サイドという本作の構成は、異なる音楽性が同居するキャラヴァン・サウンドの雛形となったのである。

5曲を追加した01年リマスター盤もあるが、さらなる発掘音源やBBCセッション、スティーヴン・ウィルソンによる5.1chサラウンド・ミックスおよび71年の『ビート・クラブ』の映像コンテンツなどを収めた2CD＋DVDの40周年記念エディションが強力だ。（山田）

Caravan
Waterloo Lily

1972年5月19日：Deram／SDL 8

［A］1. Waterloo Lily / 2. Nothing At All / 3. Songs And Signs ［B］1. Aristocracy / 2. The Love In Your Eye / 3. The World Is Yours

2001 Remaster CD
Deram／8829822

Bonus Tracks: 7. Pye's June Thing / 8. Ferdinand / 9. Looking Left, Looking Right / 10. Pye's Loop

前作『イン・ザ・ランド・オブ・グレイ・アンド・ピンク』の完成度が高まったのは、バンドの方向性が定まったことが大きいが、アンサンブルの充実も要因のひとつに挙げられるだろう。中でもオルガンのデイヴ・ステュアートは極めて重要な役割を果たしていたが、彼はアルバムのリリースに伴うツアーの最中にバンドを脱退してしまう。

このあと、キャラヴァンは目まぐるしくメンバー・チェンジを繰り返すことになるわけだが、まずステュアートの後任として迎えられたのは、元デリヴァリーのスティーヴ・ミラーである。ファズの利いたハモンド・オルガンを駆使するステュアートに対して、スティーヴは主にウーリッツァーのピアノを弾くジャズ系プレイヤーであり、バンドのサウンド・メイキングに大きな変化をもたらすことになった。かくして本作『ウォータルー・リリー』はジャズ・ロック色の強いアルバムとなったのだ。元々リチャード・シンクレアがジャズ・ロック志向が強い上に、スティーヴとはデリヴァリーで一緒だった実弟でギタリストのフィルと、サックス奏者のロル・コックスヒルがゲスト参加したことも、ジャズ・ロックへの傾倒に拍車をかけたと言えるだろう。

マイルス・デイヴィスの「ライト・オフ」にインスパイアされた「ナッシング・アット・オール」をはじめ、彼らの作品の中では最もジャズに接近したアルバムだが、ポップな曲やパイ・ヘイスティングスの兄ジミーがフルートで加わった「ラヴ・イン・ユア・アイズ」のようなプログレッシヴ・ナンバーもあり、メンバーの懐の深さを感じさせる内容にもなっている。なお、「ソングス・アンド・サインズ」は、のちにスティーヴとコックスヒルの連名作『コックスヒル／ミラー／ミラー／コックスヒル』で「チョコレート・フィールド」に改編された。

01年リマスター盤にはアルバム用のセッションから、「ルッキング・レフト、ルッキング・ライト」など未発表の4曲が追加されている。（山田）

Caravan
For Girls Who Grow Plump in the Night

1973年10月5日：Deram／SDL R12

[A] 1. Memory Lain, Hugh / 2. Hoedown / 3. Surprise, Surprise [B] 1. The Dog, The Dog, He's At It Again / 2. Be All Right / 3. L'Auberge Du Sanglier

2001 Remaster CD
Deram/Decca／8829802

Bonus Tracks: 8. Memory Lain, Hugh / Headloss (U.S. Mix) / 9. No! ("Be Alright") / Waffle ("Chance Of A Lifetime") / 10. He Who Smelt It Dealt It ("Memory Lain, Hugh") / 11. Surprise, Surprise / 12. Derek's Long Thing

前作『ウォータルー・リリー』の発表後、スティーヴ・ミラーがデリヴァリー再編のため離脱。ほどなくしてリチャード・シンクレアもミラーに追従し、ジャズ・ロック・バンドとしてのキャラヴァンは崩壊した。残されたパイ・ヘイスティングスとリチャード・コフランはメンバーを補充してバンドを立て直し、本作のレコーディングはヴィオラ奏者のジェフリー・リチャードソン、ベースのジョン・G・ペリー、復帰したデイヴ・シンクレアを加えた5人編成で臨んでいる。ミラーとリチャードというジャズ・ロック推進派がいなくなり、ポップ志向のヘイスティングスが主導権を握った作品だが、急激にポップ化したわけではなく、それまでのキャラヴァンの特長を活かしながら、さらに洗練されたサウンドを聴かせている。中でも組曲‘L'Auberge Du Sanglier’にオーケストラを導入して一大シンフォニック・ロックにするといった新機軸もあり、楽曲自体の良さも相俟って強力な作品に仕上がった。本作が『イン・ザ・ランド・オブ・グレイ・アンド・ピンク』と並んでバンドの代表作と言われるのも納得の出来映えである。ちなみに組曲の中の「バックワーズ」はマイク・ラトリッジ提供の楽曲で、ソフト・マシーンの『サード』に「スライトリー・オール・ザ・タイム」を構成するパートとして収められていたもの。全体のキーマンとなったのはリチャードソンだ。ときにカントリー・テイストも感じさせる彼のプレイは、どこか牧歌的だったキャラヴァンのサウンドに鋭い切れ味を加え、音楽的な可能性をさらに拡げる結果になっている。

01年版リマスターには「メモリー・レイン、ヒュー～ヘッドロス」のUSミックスや、ヘイスティングスとリチャードソンに加えて、ミラー&リチャード脱退直後に加入したベースのステュアート・エヴァンスとキーボードのデレク・オースティンが演奏している72年暮れから73年初頭のセッションからの4曲が加えられている。（山田）

Caravan
Caravan And The New Symphonia

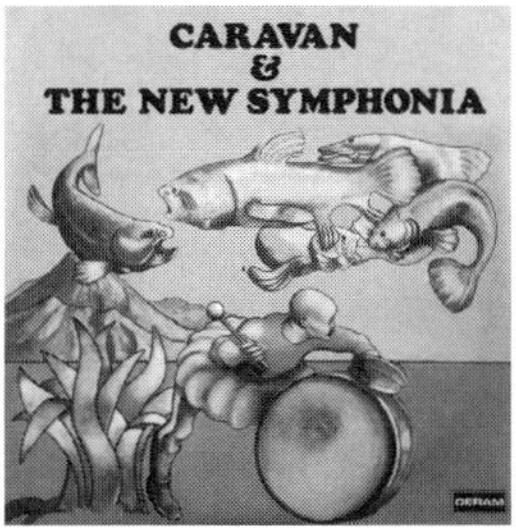

1974年4月19日：Deram／SML R1110

［A］1. Introduction / 2. Mirror For The Day / 3. The Love In Your Eye ［B］1. Virgin On The Ridiculous / 2. For Richard

2001 Remaster CD
Decca／8829692

Bonus Tracks: 2. Memory Lain, Hugh / Headloss / 3. The Dog, The Dog, He's At It Again / 4. Hoedown / 5. Introduction / 10. A Hunting We Shall Go

73年10月28日にロンドンのドゥルーリー・レイン・シアター・ロイヤルで開かれた、40人のオーケストラと共演したコンサートの模様を収めたライヴ盤。『フォー・ガールズ・グロウ・プランプ・イン・ザ・ナイト』で、オーケストラの導入に手応えを感じたパイ・ヘイスティングスが、ライヴでもやりたいと考えて実現したもの。指揮をとったのは『フォー・ガールズ～』と同じマーティン・フォードで、彼の下で編曲を勉強していたサイモン・ジェフスがアレンジを担当した。のちにペンギン・カフェ・オーケストラを結成する人物である。

01年に出た、当日の演奏順にすべての曲を収録した完全版をお薦めする。前半がバンド単独の演奏で、ジェフス作の「イントロダクション」からオーケストラが加わるという流れが確認できるとともに、この日のために新たに書き下ろされた「ミラー・フォー・ザ・デイ」と「ヴァージン・オン・ザ・リディキュラス」の〝意義〟が浮かび上がってくるのだ。（山田）

Caravan
Cunning Stunts

1975年：Decca／S SKL R 5210

［A］1. The Show Of Our Lives / 2. Stuck In A Hole / 3. Lover / 4. No Backstage Pass / 5. Welcome The Day ［B］1.The Dabsong Conshirtoe / 2. The Fear And Loathing In Tollington Park Rag

2001 Remaster CD
Decca／8829812

Bonus Tracks: 8. Stuck In A Hole (Single Version) / 9. Keeping Back My Love / 10. For Richard

ベースがジョン・G・ペリーからマイク・ウェッジウッドへ交代し、新マネージメントとなるBTMとの契約、初の米国ツアーを経て発表された6作目。当初は『トイズ・イン・ジ・アタック』というタイトルになる予定が、エアロスミスに先に使われたため変更された。

ツアー疲れのパイ・ヘイスティングスに代わり、デイヴ・シンクレア主導でポップ、ジャズ、プログレなどの音楽性をコンパクトに纏め、バンドの集大成のような仕上がりになっている。結果は英チャート50位／米124位というバンド最大のヒットを記録。ヒプノシスによるジャケットのアートワークも鮮烈な、中期の傑作となった。

01年版には「スタック・イン・ア・ホール」のシングル・ヴァージョンや76年のベスト盤『カンタベリー・テイルズ』で初出となった「フォー・リチャード」の74年ライヴ、77年の『ベター・バイ・ファー』で「ビハインド・ユー」へと生まれ変わる「キーピング・バック・マイ・ラヴ」が収録された。（山田）

Caravan
Blind Dog At St, Dunstans

1976年4月23日：BTM／1007

［A］1. Here Am I / 2. Chiefs And Indians / 3. A Very Smelly, Grubby Little Oik / 4. Bobbing Wide / 5. Come On Back / 6. Oik (Reprise)［B］1. Jack And Jill / 2. Can You Hear Me? / 3. All The Way (With John Wayne's Single-handed Liberation Of Paris)

カンタベリーのウエスト・ゲートに通じる道を進む盲犬（盲目の守護聖人を暗示している）をテーマにした、BTM移籍第一弾。『カニング・スタンツ』発表後の欧州ツアーをもって再び脱退したキーボードのデイヴ・シンクレアの後任には、ヤン・シェルハースが就いている。

インストゥルメンタルに重きを置いていたデイヴが抜けたこともあり、パイ・ヘイスティングスによるメロディアスでAOR的な小品が多く、プログレ・ファンには不評だ。しかし、3曲目の「ア・ヴェリー・スメリー、グルービー・リトル・オイク」から、元バーズ・オブ・フェザーのシャンター・シスターズがソウルフルなコーラスを披露している6曲目の「オイク（リプリーズ）」までは組曲形式になっていて、彼らの根幹に変わりがないことがよくわかる。

終焉に向かうプログレとパンク・ロック前夜という時代性も反映しつつ、どこかユーモアに満ちた独特のキャラヴァン・ミュージックを熟成させたアルバム。全英チャート53位。（山田）

Caravan
Better by Far

1977年7月26日：Arista／SPARTY 1008

［A］1. Feelin' Alright / 2. Behind You / 3. Better By Far / 4. Silver Strings / 5. The Last Unicorn［B］1. Give Me More / 2. Man In A Car / 3. Let It Shine / 4. Nightmare

アメリカ市場に活路を見出そうとアリスタへ移籍し、トニー・ヴィスコンティのプロデュースで制作された8作目。マイク・ウェッジウッドに代わり、デク・メセカーがベースを務めている。

ジェフリー・リチャードソンがソングライティングに関わるようになっただけでなく、マルチ・プレイヤーぶりを発揮してバンドへの貢献度を増している。まるでT・レックスのような「シルヴァー・ストリングス」はご愛敬としても、ヴィッキー・ブラウンがゲスト参加した「ギヴ・ミー・モア」やハイライトと言える「ナイトメア」など、聴きどころも多い。かつての重厚さこそ薄れたものの、独特の浮遊感を感じさせる彼らしさは失われていないと思う。当時、パンクが勃興した英国では黙殺され、CD化も遅れたため見過ごされがちだが、今ならもっと評価されていいはずだ。

このあと彼らは新作に着手するが、レーベルを失い、所属していたBTMも倒産。活動停止を余儀なくされる。（山田）

Caravan
The Album

1980年：Kingdom／KVL 9003

［A］1. Heartbreaker / 2. Corner Of Me Eye / 3. Watcha Gonna Tell Me / 4. Piano Player / 5. Make Yourself At Home ［B］1. Golden Mile / 2. Bright Shiny Day / 3. Clear Blue Sky / 4. Keepin' Up De Fences

デッカ／デラム時代をともに過ごしたマネージャーのテリー・キングを頼り、彼が興したキングダムからリリースした復活作。『ベター・バイ・ファー』のメンバーからヤン・シェルハースが抜け、デイヴ・シンクレアが三度復帰している。『ベター～』の延長線上にありながら、決して大甘になっていないところがポイント。フュージョンやレゲエなど新機軸のアプローチも目立つが、曲づくりにおいてもサウンド面でもデイヴの帰還が大きく、パイ・ヘイスティングス、ジェフリー・リチャードソンとの三枚看板を形成している。シンプルすぎるジャケットでかなり損をしていると思うが、キャラヴァンの新しいチャプターの始まりとして、聴き逃せない作品だ。（山田）

Caravan
The Best of Caravan "Live"

1980年：仏 Vogue／426002

［A］1. Introduction - Memory Lain Hugh / 2. Headloss / 3. Virgin On The Ridiculous / 4. Be All Right ［B］1. The Love In Your Eye / 2. Hoedown (Encore) ［C］1. Introduction - L'Auberge Du Sanglier / 2. A Hunting We Shall Go / 3. Backwards / 4. A Hunting We Shall Go (Reprise) / 5. Introduction: The Dog, The Dog Is At It Again ［D］1. For Richard

当時はフランスとドイツのみで発売されたライヴ盤。74年9月1日にクロイドンのフェアフィールド・ホールで行なわれたコンサートの模様を収録している。パイ・ヘイスティングス、リチャード・コフラン、ジェフリー・リチャードソン、デイヴ・シンクレア、マイク・ウェッジウッドという第5期のラインナップによるものだ。脂が乗っていた時期なので演奏に迫力があり、ライヴ・バンドとしてのキャラヴァンの実力がダイレクトに伝わってくる。ジャケットやタイトルを一新し、未発表だった「チャンス・オブ・アライフ・タイム」を加えるなど、再編集した02年の新装完全版『ライヴ・アット・ザ・フェアフィールド・ホールズ1974』がオススメ。（山田）

Caravan
Back To Front

1982年7月：Kingdom／KVS 5011

［Side A］1. Back To Herne Bay Front / 2. Bet You Wanna Take It All / Hold On Hold On / 3. A. A. Man / 4. Videos Of Hollywood ［Side B］1. Sally Don't Change It / 2. All Aboard / 3. Taken My Breath Away / 4. Proper Job / Back To Front

『ジ・アルバム』発売後のツアーを終えるとジェフリー・リチャードソンとデク・メセカーが脱退。リチャード・シンクレアが本格的に復帰し、『イン・ザ・ランド・オブ・グレイ・アンド・ピンク』以来となるオリジナル・ラインナップで発表された10作目だ。サックスのメル・コリンズが客演している。デイヴ・シンクレア、パイ・ヘイスティングス、リチャード・シンクレアによる3人のソング・ライティング体制が復活。リチャードの歌声も相まって、久々にカンタベリー・ロック色が強く感じられる。このころは彼らにとって厳しい時代だったはずだが、純粋に自分たちらしさを追求したことで、時代に左右されない作品が生み落とされたのだ。（山田）

Caravan
BBC Radio 1 Live In Concert

1991年3月21日：Windsong／WINCD 003

1. Untitled / 2. Love In Your Eye / 3. For Richard / 4. The Dab Song Concerto / 5. Hoedown

75年3月2日、ロンドンのパリス・シアターでBBCラジオ『ライヴ・イン・コンサート』用に収録された音源。『カニング・スタンツ』を発表した、第5期のメンバーによるものだ。アンタイトルドとクレジットされた、アナウンサーによるイントロダクションにつづいて、キャラヴァンのキャリアを代表する4つの大曲が収められている。「ラヴ・イン・ユア・アイズ」の前半では若干の機材の不調が見られるが、どの曲も各メンバーの個性が発揮された熱い演奏で、彼らのジャズ・ロック／プログレッシヴ・ロック的側面を満喫することができる。なお、放送用のトランスクリプション・ディスクには「メモリー・レイン、ヒュー〜ヘッドロス」が収録されていた。（山田）

Caravan
Live 1990

1993年：仏 Code 90／NINETY 2

1. Head Loss / 2. Videos Of Hollywood / 3. Nine Feet Underground / 4. If I Could Do It All Over Again / 5. Winter Wine / 6. In The Land Of Grey And Pink / 7. For Richard
2014 Reissue / Access All Areas

英国の制作会社であるセントラル・プロダクションが企画した《コード90》というイヴェントに、オリジナル・ラインナップに準メンバーともいえるジミー・ヘイスティングスを加えたメンバーで出演した際の音源。90年7月24日にノッティンガムのセントラル・テレビ・スタジオで収録され、テレビ番組『ベッドロック』としても放送された。ちなみにこのイヴェントにはゴングやハットフィールド&ザ・ノースも別の日に出演している。83年以降は活動を休止し、リチャード・シンクレア以外のメンバーは別の仕事に就いていたので、ひさしぶりのステージとなったのだが、ハッピーな空気の観客にも乗せられて、初期〜中期の曲を楽しそうにプレイしている。（山田）

Caravan
Cool Water

1994年10月17日：HTD／CD 18

1. Cool Water / 2. Just The Way You Are / 3. Tuesday Is Rock And Roll Nite / 4. The Crack Of The Willow / 5. Ansaphone / 6. Cold Fright / 7. By Side / 8. You Won't Get Me Up In One Of Those / 9. To The Land Of My Fathers / 10. Poor Molly / 11. Send Reinforcements

78年3月に『ベター・バイ・ファー』に続くアルバム用に録音されていた7曲に、93年にパイ・ヘイスティングスがゴードン・ギルトラップ・バンドとセッションしたときの4曲を加えた未発表曲集。前半のキャラヴァンのメンバーはパイ、リチャード・コフラン、ヤン・シェルハース、リチャード・シンクレアにジミー・ヘイスティングス。後半はボーナス・トラックとしてとらえるべきかも。活動を休止していたキャラヴァンが復活した挨拶代わりというよりも、一時は音楽から離れ、リチャード・シンクレアからのキャラヴァン再編も断っていたパイが音楽シーンへのカムバックを宣言した作品だ。プロデュースはパイの息子のジュリアンが担当している。（山田）

Caravan
Tha Battle of Hastings

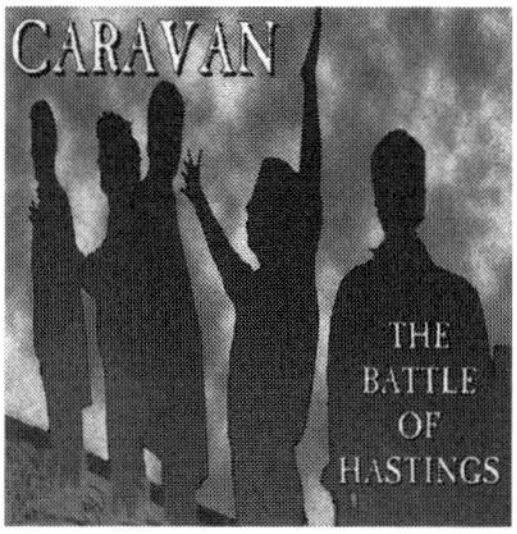

1995年9月28日：HTD／CD 41

1. It's A Sad, Sad, Affair / 2. Somewhere In Your Heart / 3. Cold As Ice / 4. Liar / 5. Don't Want Love / 6. Travelling Ways / 7. This Time / 8. If It Wasn't For Your Ego / 9. It's Not Real / 10. Wendy Wants Another 6″ Mole / 11. I Know Why You're Laughing / 12. Be Alright / Chance Of A Lifetime（日本盤ボーナス・トラック）

未発表曲集『クール・ウォーター』の制作と、キャラヴァンとキャメルの合同プロジェクトであるミラージュのライヴ活動でリハビリを終えたパイ・ヘイスティングスが、満を持してキャラヴァンの名を復活させたアルバム。古のノルマン・フランス軍とイングランド軍の戦いにかけたタイトルは〝本家〟を名乗るパイの決意の表われか。メンバーはパイをはじめデイヴ・シンクレア、リチャード・コフランという古参の面々に加えてジェフリー・リチャードソンが復帰。さらにリチャードソンの推薦でジム・レヴァートンが新ベーシストとして加わっている。

パイによるアコースティック・ギターの音色が印象的な温かみのある作品で、リチャードソンの弦楽器、ゲスト参加のジミー・ヘイスティングスが奏でる管楽器の響きも心地よい。彼らの特徴であるゆったりとした叙情性がきっちりと表現されている。マッドチェスター～ブリットポップの喧騒の中、ヴェテランらしい落ち着きのあるアルバムになった。（山田）

Caravan
Live From The Astoria: Canterbury Comes to London

1997年：HTD／CD 79

97年9月19日にロンドンの老舗ライヴ・ハウス、アストリアで開かれたコンサートの模様を収録したライヴ・アルバム。新たにギタリストのダグ・ボイルとパーカッションのサイモン・ベントオールが加入して7人体制になっている。過去のレパートリーが中心だが、最新作から「コールド・アズ・アイス」も披露して現在進行形のバンドであることも強調した。若き新メンバーの活躍もあり、アグレッシヴで溌剌とした演奏を聴くことができる。（山田）

Caravan
Songs For Oblivion Fisherman

1998年6月9日：Hux／002

70年の『トップ・オブ・ザ・ポップス』、71年の『アラン・ブラック・ショウ』、73年と74年の『ジョン・ピール・ショウ』というBBC音源を纏めた編集盤。前半6曲がオリジナル・ラインナップ、後半6曲が第4期メンバーによる演奏だ。時系列に沿ってトラックが進んでいくので、2作目から『キャラヴァン&ニュー・シンフォニア』までの間にバンドがどう変化していったのかがわかるようになっている。なお、8曲目まではモノラル録音。（山田）

Caravan
Ether Way

1998年11月24日：Hux／013

『ソングス・フォー・オブリヴィオン・フィッシャーマン』に続くBBC音源集第二弾。こちらには75年、76年、77年の『ジョン・ピール・ショウ』が収録されている。第5期から7期にかけてのメンバーによる演奏で、『カニング・スタンツ』から『ベター・バイ・ファー』までの変遷を辿ることができる。レーベルの移籍もあったが、売れていた時期のセッションでもあるので充実したプレイを聴かせている。中でも77年の音源は貴重だろう。（山田）

Caravan
Surprise Sopplies

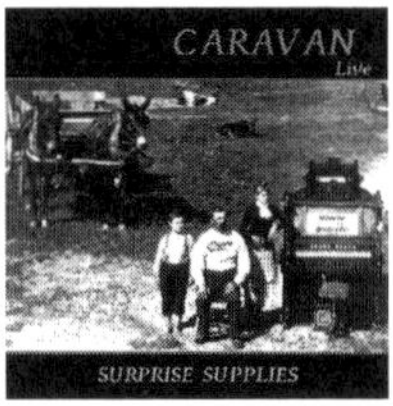

1999年：HTD／CD 96

『ブラインド・ドッグ・アット・セント・ダンスタンス』に伴うツアーから、76年5月4日にロンドンのニュー・ヴィクトリア・シアターで開かれたコンサートを収録したライヴ盤。サポートでジミー・ヘイスティングスが管楽器を演奏している。後半に「ア・ヴェリー・スメリー、グラビー・リトル・オイク」から「オイク（リプリーズ）」までの4曲を組曲形式で一気に聴かせたあと、さらに大曲の「ラヴ・イン・ユア・アイズ」で締める圧巻の流れだ。（山田）

Caravan
Green Bottles fir Marjorie: The Lost BBC Sessions

2002年10月11日：BBC Music／CARAV 001

1. Green Bottles For Marjorie / 2. Place Of My Own / 3. Feelin', Reelin', Squealin' / 4. Ride / 5. Nine Feet Underground / 6. In The Land Of Grey And Pink / 7. Feelin', Reelin', Squealin' / 8. The Love In Your Eye

デビュー直後にあたる68年末の『トップ・ギア』と、71年5月6日にロンドンのパリス・シアターで収録された『ラジオ・ワン・コンサート』、72年の『ジョン・ピール・セッション』をコンパイルしたBBC音源集。ブートレグでも出回っていた音源だが、01年からスタートしたリイシューを手がけた、パスカル・バーンによって新たにリマスタリングが施されている。

2テイクが収録された「フィーリン・リーリン・スクイーリン」は、ソフト・マシーンのデビュー・シングルB面のカヴァー。これはワイルド・フラワーズを源流とするソフツとキャラヴァンが、当然ながら共通の感覚をもっていたことを実証する記録だ。特に71年の音源はスタジオではなく、観客も入ったシアター録音のせいか、明らかにフリーク・アウトした演奏になっているのが興味深い。

また「ラヴ・イン・ユア・アイズ」もスティーヴ・ミラーが在籍した第2期メンバーによる唯一のBBC音源なので貴重な記録だ。（山田）

Caravan
A Night's Tale - Live In The USA

2002年：Classic Rock／CRP1013

02年6月29日にニュージャージーのペイトリオッツ・シアターで開催された《ニアフェスト2002》のヘッドライナーとして出演したときのライヴ録音。メンバーは『ライヴ・フロム・ジ・アストリア』と同じ7人。曲数が多い映像版もあるが、音だけでも充分に楽しめる。新旧取り混ぜたベストの選曲で、モダンなアレンジが現役感をアピールしている。彼らの歴史を一気に巡るメドレーでは、マッチング・モウルの「オー・キャロライン」も飛び出す。（山田）

Caravan
The Unauthorized Breakfast Item

2003年：Eclectic／ECLCD 1001/2

［1］1. Smoking Gun (Right For Me) / 2. Revenge / 3. The Un-authorised Breakfast Item / 4. Tell Me Why / 5. It's Getting A Whole Lot Better / 6. Head Above The Clouds / 7. Straight Through The Heart / 8. Wild West Street 4:47 / 9. Nowhere To Hide / 10. Linders Field ［2］1. Smoking Gun (Right For Me) / 2. The Unauthorised Breakfast Item / 3. Tell Me Why / 4. Revenge / 5. For Richard

『バトル・オブ・ヘイスティングス』以来、8年ぶりとなるオリジナル・アルバム。タイトルは、ニアフェスト出演後にホテルで朝食をとったとき、注文していない品がチェックされていたというエピソードから。前年に脱退したデイヴ・シンクレアの録音も使われたが、ヤン・シェルハースが復帰し、ジミー・ヘイスティングス、サイモン・ベントオール、ラルフ・クロスがサポートする体制がとられた。

地道にライヴをこなしてきただけに意思の疎通が図れていて、ダグ・ボイルのリード・ギターが引っ張る大人のロック・アルバムになっている。どことなく70年代を思い起こさせるような作風は、00年代のクラシック・ロック復興の動きに呼応してのものかもしれない。

03年5月の東京&大阪公演からの4曲と、02年7月のカナダ《フェスティヴァル・デテ・デ・ケベック》での「フォー・リチャード」のライヴを収めたボーナス・ディスクにサイン入りカードを封入した2枚組限定盤も出た。（山田）

Caravan
Nowhere to Hide

2003年：独 Classic Rock Legends／CRL1096

初来日となった02年1月の東京トリビュート・トゥ・ザ・ラヴ・ジェネレーション公演の模様を収録したオフィシャル・ブートレグ。2部構成のステージからハイライト曲を抜き出したものだ。第12期メンバーによる録音だが、この直後にバンドを抜けるデイヴ・シンクレアにとっては、キャラヴァンでの最後の活動となった。小さな会場ながら、歓迎する日本のファンを前にバンドも熱演。アンコールで披露した2作目の表題曲で大団円を迎えている。（山田）

Caravan
With Strings Attached

2003年：独 Classic Rock Legends／CRL1097

オフィシャル・ブートレグ第二弾は、02年7月7日にケベックで開催されたフェスティヴァルに第12期の7人のメンバーで出演したときのライヴ音源。したがってラストに収録されているオーケストラ入りの「フォー・リチャード」は、『アンオーソライズド・ブレックファースト』の限定盤ボーナス・ディスクに収められていたものと同じだ。「ナイン・フィート・アンダーグラウンド」が素晴らしく、フェスならではの開放感溢れる演奏が楽しめる。（山田）

Caravan
The Snow Of Our Lives - Caravan At The BBC 1968–1975

2007年9月18日：Deram／5301443

2枚組BBCセッション集。過去にリリースされた音源がほとんど（細かいエディット違いはあり）とはいえ、こうして一挙に聴けるのが嬉しい。既発盤を手にしていないなら本作を選びたい。2枚のディスクにまたがって収録されている「ア・ハンティング・ウィ・シャル・ゴー」「ワッフル・パート1」「メモリー・レイン、ヒュー」「ヘッドロス」の4曲は、73年8月2日にパリス・シアターで収録された『イン・コンサート』の音源で初製品化である。（山田）

Caravan
Paradise Filter

2014年2月24日：Caravan／CPGJJM1

1. All This Could Be Yours / 2. I'm On My Way / 3. Fingers In The Till / 4. This Is What We Are / 5. Dead Man Walking / 6. Farewell My Old Friend / 7. Pain In The Arse / 8. Trust Me I'm A Doctor / 9. I'll Be There For You / 10. The Paradise Filter

クラウド・ファンディングで制作された10年ぶりのオリジナル・アルバム。前作『アンオーソライズド・ブレックファースト』以降、07年にダグ・ボイルが抜け、10年のロンドンはメトロポリタン・スタジオでのコンサートからリチャード・コフランの代役を務めていたマーク・ウォーカーがドラムを引き継いだ5人編成で録音されている。05年に病に倒れ、一線を退いていたコフランだったが、13年12月に亡くなるまで生涯メンバーであり続けた。

突出して派手な曲こそないものの、キャラヴァンらしい親しみやすいメロディは相変わらずで、内容はヴァラエティに富んでいる。パイ・ヘイスティングスの歌声にも一層深みが増し、それを包み込むようにバンドも暖かみのあるサウンドを披露。その一方で、ウォーカーのシャープでタイトなドラミングが全体に切れ味を生み、キャラヴァンに新たな活力を送り込んでいる。英国の職人たちがつくった芳醇な香り漂うワインのような趣の味わい深い作品だ。（山田）

Caravan
It's None of Your Business

2021年10月8日：Madfish／SMACD1212

1. Down From London / 2. Wishing You Were Here / 3. It's None Of Your Business / 4. Ready Or Not / 5. Spare A Thought / 6. Every Precious Little Thing / 7. If I Was To Fly / 8. I'll Reach Out For You / 9. There Is You / 10. Luna's Tuna

あっという間に世界に拡がった新型コロナウイルスの影響で、ロックダウンを余儀なくされた21年の半年間に起きた出来事を形にしたもので、パイ・ヘイスティングス、ジェフリー・リチャードソン、ヤン・シェルハース、マーク・ウォーカーの4人に加え、脱退したジム・レヴァートンに代わる新ベーシストとしてリー・ポメロイを準メンバーに起用して制作されたアルバム。ジミー・ヘイスティングスも記名性の高いフルートで名を連ねている。感染対策には最大限の注意を払いながらメンバーが一堂に会し、録音された。

それぞれの歌詞にはパンデミックに対するさまざまな思いが込められているが、決して陰鬱にならず、キャラヴァンらしいキャッチーなメロディと軽やかなサウンドで曲を紡ぎ上げているのが見事だ。こんな時代だからこそ、あえて明るい希望が持てるような空気感を提示しているようだ。結成から50年を超えた大ヴェテランでありながら、瑞々しいまでの感性が発揮された作品になっている。（山田）

Pye Hastings
From The Half House

2017年：Caravan／JFGH/1

1. Better Days Are To Come / 2. There'll Always Be Someone / 3. I'll Be The Judge / 4. When You're On Your Own / 5. Put Me In The Middle / 6. Some People / 7. Hold On To Me / 8. To See You Again / 9. Shine A Light For Me / 10. Away

キャリア初のソロ・アルバム。キャラヴァンの『パラダイス・フィルター』と同様に、プレッジ・ミュージックのクラウド・ファンディングで資金を募って制作された。自身がヴォーカルとギター、ベースを担当し、リズムは打ち込みという、ほぼワンマン・レコーディングだ。そこにキャラヴァンのバンド・メイトであるヤン・シェルハース、マーク・ウォーカーがそれぞれキーボードとパーカッションを重ね、兄のジミー・ヘイスティングスも管楽器で参加。さらには元ダリル・ウェイズ・ウルフ～ソフト・マシーンのジョン・エサリッジがキレのあるリード・ギターを弾いている。

バンドとは違うさまざまな曲調に取り組み、パイがやりたいことをやったプライヴェートでモダンな作品と言ったところか。それでも、柔らかい歌声と哀愁を帯びた独特のポップ・センスは、やはりキャラヴァンに通じるものがある。ソロではあるが、彼がキャラヴァンを背負っているという事実を再認識させられた一枚だ。（山田）

デイヴ・ステュアートの足跡

立川芳雄

カンタベリー派の鍵盤奏者で、おそらく最も多くのレコーディング・セッションに参加した人物、それがデイヴ・ステュアートだ。彼が人前で演奏するようになったのは67年、17歳のとき。パブリック・スクールで知り合ったギタリストのスティーヴ・ヒレッジ、ベーシストのモント・キャンベルらと、ユリエルというバンドを結成したのがきっかけだった。このバンドは、エッグ、アルザチェル、と名前を変えて活動し、やがてヒレッジをリーダーとするカーンへと発展。72年に傑作アルバム『スペース・シャンティ』を発表する。なお、このエッグ人脈は、ワイルド・フラワーズと並ぶカンタベリー派のもう一つの源流などと呼ばれたりもするが、実はステュアートもヒレッジも出身はロンドンだ。ただ、彼らがのちにカンタベリー派の中心人物になることも、もちろん事実である。

その後ステュアートは、ハットフィールド&ザ・ノースに加入。彼らの発表した2枚の名作オリジナル・アルバムに大きく貢献した。このバンドは70年代後半になるとナショナル・ヘルスという流動的な形態のものへと展開していくが、ステュアートはそこでも演奏している。そしてほぼ同時期にビル・ブルーフォードのアルバムにも参加し、そのまま彼のバンド、ブルーフォードの正式メンバーとなった。

そして80年代初頭にブルーフォードが解散すると、ステュアートは女性ヴォーカリストのバーバラ・ガスキンと組んで、自主制作シングルを立て続けにリリース。これが評判となってアルバムにもなり、ステュアート&ガスキンの2人組は、その後、長きにわたり活動を続けることになる。

こんなふうに充実したキャリアをもつステュアートだが、なぜかソロ名義の作品は、81年に出したシングル1枚だけ。ジミー・ラフィンが歌ってヒットさせた66年のモータウン・ナンバー「ホワット・ビカムズ・オブ・ザ・ブロークンハーテッド」(邦題「恋にしくじったら」)のカヴァーなのだが、これも元ゾンビーズのヴォーカリスト、コリン・ブランストーンをフロントに立てたものだった。どうやらステュアートという人は、自分が目立つことはあまり好まないらしい。実際に彼の演奏は、派手なソロで聴く者を圧倒するというよりも、楽曲全体のアンサンブルを重視して緻密に構築されたものだ。そのせいか、単にプレイヤーとしてだけでなく、プロデューサーやアレンジャーとしても多くの作品に参加している。ピーター・ブレグヴァド、ジャッコ・ジャクジク、ポーキュパイン・トゥリーの作品などで良い仕事をしているので、興味のある人はぜひ聴いてみてほしい。

バーバラ・ガスキンとデイヴ・ステュアート

Arzachel
Arzachel

1969年7月：Evolution／Z 1003

［A］1. Garden Of Earthly Delights / 2. Azathoth / 3. Soul Thing (Queen Street Gang Theme) / 4. Leg ［B］1. Clean Innocent Fun / 2. Metempsychosis

2007 Uriel Arzachel(Collectors Edition)
Egg Archive／CD69-7201

Bonus Tracks: 7. Introducing The Bass Guitarist / 8. Egoman / 9. Swooping Bill / 10. The Salesman Song / 11. Saturn, The Bringer Of Old Age / 12. The Stumble

ロンドンの同じパブリック・スクールに通っていたギタリストのスティーヴ・ヒレッジ、キーボーディストのデイヴ・ステュアート、ベーシストのモント・キャンベルの3人は意気投合し、ユリエルというバンドを結成する。このときヒレッジは16歳で、他の2人はひとつ年上だった。彼らはメロディー・メイカー誌にドラマー募集の広告を出し、クライヴ・ブルックスを加えた4人編成となって活動を開始する。その後、ヒレッジが大学進学を理由に音楽活動を中断したため、バンドはトリオになってエッグと改名。そしてデラムと契約を結んだ。

ところがデビュー前に、エヴォリューションというマイナー・レーベルから、ユリエルのレコードを出さないかと要請を受ける。そこでヒレッジが一時的にバンドに復帰し、制作されたのがこの作品だ。そうした経緯のため、バンド名も変わり、メンバーのクレジットも変名が使われている。ちなみに日本でのバンド名表記は、かつてアーザケルが一般的だったが、現在比較的入手しやすいCDではアルザチェルとなっている。

アルバムの内容をひとことで言えば、ヘヴィなサイケデリック・ロック。ヒレッジのギターは後の彼のプレイに比べると粗削りだが、むしろそこが魅力的だ。かなりブルージーな演奏で、彼の個性が強いパートはクリームを連想させる。ステュアートはオルガンを弾きまくっているが、こちらはかなり熟達した演奏といった感じ。荘厳な教会オルガン風のプレイやナイス時代のキース・エマーソン的なプレイなど聴きどころは多く、ときにソフト・マシーンのマイク・ラトリッジからの影響も感じさせるところが興味深い。演奏マナー自体はやや古くさいが、作品全体には、いかにも十代の演奏といった若々しさが漲っている。

カンタベリー・ロックというとクールな音といったイメージがあるが、ここで聴けるのは、時代の波をもろに被ったかのような、未成熟だが熱気をはらんだサウンドである。（立川）

Egg
Egg

1970年：Deram／Nova／DN14 (Mono), SDN 14 (Stereo)

［A］1. Bulb / 2. While Growing My Hair / 3. I Will Be Absorbed / 4. Fugue In D Minor / 5. They Laughed When I Sat Down At The Piano... / 6. The Song Of McGillicudie The Pusillanimous Or (Don't Worry James, Your Socks Are Hanging In The Coal Cellar With Thomas) / 7. Boilk ［B］Symphony No. 2 / 1. Movement 1 / 2. Movement 2 / 3. Blane / 4. Movement 4

2004 Remaster CD
Eclectic／ECLCD1014

Bonus Tracks
11. Movement 3 / 13. Seven Is A Jolly Good Time / 14. You Are All Princes

デイヴ・ステュアート、モント・キャンベル、クライヴ・ブルックスの3人によるバンドの1作目。本作で音楽的主導権を握っているのは、ヴォーカルとベース担当のキャンベルだ。彼はクラシック一家の生まれで、祖父はオーケストラの指揮者を務め、「惑星」で知られるホルストの友人だったという。

本作ではそんなキャンベルのクラシック趣味が色濃く出ており、バッハのフーガをアレンジした楽曲も収録。また、20分にわたる組曲「交響曲第2番」は、メンバー3人によるオリジナル曲ではあるが、途中にグリーグの「ペールギュント」やストラヴィンスキーの「春の祭典」の一節が引用されている。そのせいかステュアートのオルガンも、ナイス時代のキース・エマーソンを連想させるところが多い。さらにキャンベルが朗々としたヴォーカルを聴かせる楽曲には、どこかEL&Pを先取りしたような雰囲気もある。水準以上の作品だが、キーボード・トリオによるプログレの習作といっていいだろう。（立川）

Egg
The Polite Force

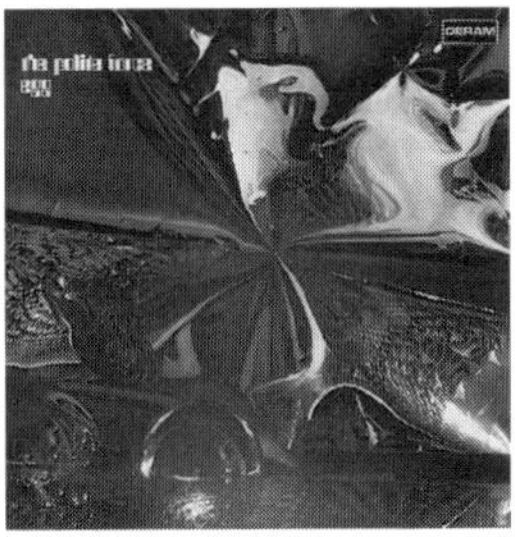

1970年11月：Deram／SML 1074

［A］1. A Visit To Newport Hospital / 2. Contrasong / 3. Boilk (Incl. Bach: Durch Adams Fall Ist Ganz Verderbt) ［B］1. Long Piece No.3; a. Part One; b. Part Two; c. Part Three; d. Part Four

エッグの2作目にして最高傑作。本作がリリースされる約半年ほど前にソフト・マシーンの『サード』が世に出ているのだが、エッグの3人がその名盤に強く影響されたことは、本作を聴けば想像に難くない。なかでもアルバム冒頭を飾る「ニューポート病院への訪問」は、典型的な初期ソフツ・サウンド。ステュアートのオルガンはコード使いからディストーションをかけたソロまでマイク・ラトリッジにそっくりだし、前作では朗々と歌いあげていたキャンベルのヴォーカルも、力が抜けていてどこかロバート・ワイアットの歌い方を連想させる。

そしてアルバム後半を占めているのはキャンベルによる組曲だが、ここでもクラシック趣味は稀薄になっていて、ジャズ畑の管楽器奏者4人が参加し、彼らのパートのアレンジをキャンベルが行っている。その他の楽曲も充実しており、エッグというバンドの個性とカンタベリー的ジャズ・ロックの要素が融合したアルバムだといえる。旧邦題は『優雅な軍隊』。（立川）

Egg
The Civil Surface

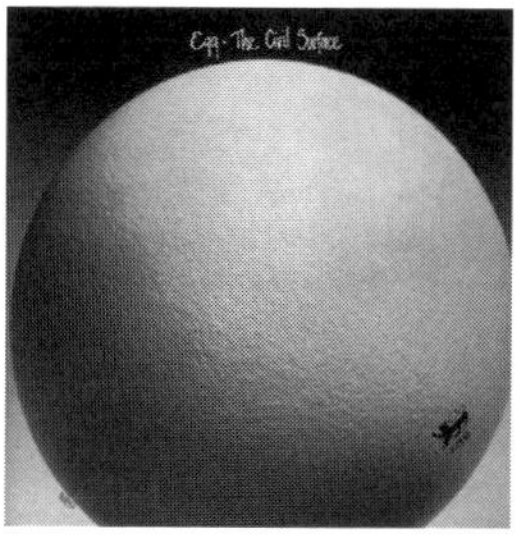

1974年12月：Caroline／C1510

［**A**］1. Germ Patrol / 2. Wind Quartet I / 3. Enneagram ［**B**］1. Prelude / 2. Wring Out The Ground (Loosely Now) / 3. Nearch / 4. Wind Quartet II

２作目のリリース後にモント・キャンベルが脱退し、エッグは解散。その後、デイヴ・スチュアートがカーンとハットフィールド＆ザ・ノースで成功したことを受けて、エッグが一時的に再結成され、本作がつくられた。形式上はエッグというバンドの作品になっていて、作曲の大部分はキャンベルが担当している。しかし多くのゲストが参加しており、実質的にはバンドのオリジナル・メンバー3人を中心にしたプロジェクトによる作品と言っていいだろう。

ゲストの面々は、まずコーラス隊のノーセッツ、そしてティム・ホジキンスンやリンジー・クーパーらの管楽器奏者たちだが、彼らはハットフィールド＆ザ・ノースのアルバムにも参加していた。その一方で、ユリエル時代からの盟友スティーヴ・ヒレッジも、1曲だけではあるがギターを弾いている。

こうした事情のせいか、アルバム全体は統一感に欠けているが、個々の楽曲は悪くない。覇気ある演奏は、充分に聴く価値ありだ。（立川）

Egg
The Metronomical Society (2007/Archive Live)

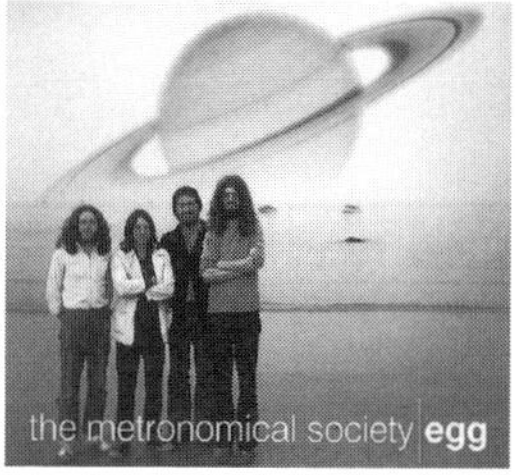

2007年：Egg Archive／CD69-7202

1. While Growing My Hair / 2. Seven Is A Jolly Good Time / 3. Germ Patrol / 4. Enneagram / 5. Long Piece No. 3, Part 2 / 6. Long Piece No. 3, Part 4 / 7. There's No Business Like Show Business / 8. Blane Over Camden / 9. Long Piece No. 3, Part 3 / 10. Wring Out The Ground (Loosely Now) / 11. McGillicuddie The Pusillanimous / 12. I Do Like To Be Beside The Seaside

エッグのライヴ音源集。12曲収録で、そのうちの7曲はＢＢＣライヴのもの。これらについては69〜72年の音源だと記されているだけで、正確な収録日時は不明だ。残りの4曲は、72年7月と12月のライヴで収録されたものである。

1・2作目からだけではなく、シングルのみで出ていた曲も収録。また、74年の再結成盤に収録されることになる曲も、すでに演奏されている。そうした多様な楽曲を3人だけで強引に演奏しており、そのせいか、ときにキーボードがスタジオ盤以上に暴れているのが面白い。

ＣＤにはロンドン・パンクを代表するバンド、ダムドのキャプテン・センシブルによる推薦文が載っていて、エッグが意外なところで支持されていたことに驚く。ジャケットには4人が写っているが、左から2人目はバンドのローディーだったアルフレッド・ガスコインという人物らしい。エッグの3人とガスコインの間には強い信頼関係があったようで、ＣＤには彼への献辞が記されている。（立川）

Hatfield & The North
Hatfield & The North

1974年4月：Virgin／V2008

［A］1. The Stubbs Effect / 2. Big Jobs (Poo Poo Extract) / 3. Going Up To People And Tinkling / 4. Calyx / 5. Son Of 'There's No Place Like Homerton' / 6. Aigrette / 7. Rifferama ［B］1. Fol De Rol / 2. Shaving Is Boring / 3. Licks For The Ladies / 4. Bossa Nochance / 5. Big Jobs No. 2 (By Poo And The Wee Wees) / 6. Lobster In Cleavage Probe / 7. Gigantic Land Crabs In Earth Takeover Bid / 8. The Other Stubbs Effect

2009 Remaster CD
Esoteric／ECLEC2139

Bonus Tracks: 16. Let's Eat (Real Soon) / 17. Fitter Stoke Has A Bath / 18. Your Majesty Is Like A Cream Donut Incorporating Oh What A Lonely Lifetime

カンタベリー流ジャズ・ロックの理想型というものを提示したバンド、それがハットフィールド&ザ・ノースだ。もちろん彼らの登場以前にも、たとえばソフト・マシーンなどジャズ・ロックを演奏するバンドはあった。だがハットフィールド&ザ・ノースは、それら先達たちの音楽のなかから、のちに私たちが〝カンタベリーらしさ〟だと感じることになるような要素を抽出し、それらに美しい形象を与えたのだ。本盤は、そんな彼らの記念すべきデビュー作である。

バンドのメンバーは、ギタリストのフィル・ミラー、ドラマーのピップ・パイル、ベーシストのリチャード・シンクレア、そしてキーボーディストのデイヴ・ステュアートという4人。本作では、そこにコーラスとしてロバート・ワイアットと、ノーセッツと呼ばれる3人（アマンダ・パーソンズ、バーバラ・ガスキン、アン・ローゼンタール）が加わり、管楽器奏者も何人か参加している。バンドの源流は、60年代にミラーとパイルが在籍したデリヴァリーで、そこにはフィル・ミラーの実兄スティーヴ・ミラーもいた。彼らはキャラヴァンにいたシンクレアとともにジャズ・ロック・バンドの結成を目論んだが、まもなくスティーヴが抜け、後任のデイヴ・シンクレアもすぐに脱退。結局、鍵盤奏者はステュアートに落ち着いたが、このことが吉と出て、緻密なアンサンブルが実現したともいえる。

音楽面における最大の特徴は、ソロ・パートよりもアンサンブルが重視されていて、さらにメンバー4人の関係が対等であること。そして情動がきわめて理知的に表現されていることだろう。だからといって頭でっかちなところはなく、作品全体からはヒューマニズムとユーモアが漂う。これが最初に述べた〝カンタベリーらしさ〟である。

本書のカヴァーにも使われたジャケット写真は、何の変哲もない田舎町の風景だが、よく見れば上空の部分に細かい絵が描き込まれている。まるで本作の内容を象徴しているかのようだ。（**立川**）

Hatfield & The North
The Rotters Club

1975年3月：Virgin／V 2030

［**A**］1. Share It / 2. Lounging There Trying / 3. (Big) John Wayne Socks Psychology On The Jaw / 4. Chaos At The Greasy Spoon / 5. The Yes No Interlude / 6. Fitter Stoke Has A Bath / 7. Didn't Matter Anyway ［**B**］1. Underdub / 2. Mumps: a. Your Majesty Is Like A Cream Donut (Quiet) / b. Lumps / c. Prenut / d. Your Majesty Is Like A Cream Donut (Loud)

2009 Remaster CD
Esoteric／ECLEC2140

Bonus Tracks: 10. Halfway Between Heaven And Earth (Full Version) / 11. Oh, Len's Nature! / 12. Lything And Gracing

　オリジナル・アルバムを2作しか発表しなかったハットフィールド&ザ・ノースだが、そのどちらを彼らの最高傑作とするかは、意見の分かれるところだろう。それほどに両作品は甲乙がつけがたいのだが、私はこの2作目の方を推したい。こちらの方がより完成度が高いように感じられるのだ。というより、本作は一つの飽和点を示していて、同じスタイルでこれ以上のものは作れないという境地に達しているようにも思われる。バンドのメンバーは前作と同じ4人。それに加えて、キャラヴァンのジミー・ヘイスティングス（サックス、フルート）らも参加した。さらに一部の曲では、後にヘンリー・カウに参加することになるリンジー・クーパー（バスーン）とティム・ホジキンスン（クラリネット）といった面々も演奏に加わっている。

　前作に比べるとポップなナンバーが増えているが、アレンジはより緻密になっていて、アルバム全体の構成も練られている。とくにアナログ盤B面は、フェンダー・ローズ・ピアノの音色が印象的な小曲「アンダーダブ」に始まって、20分以上にわたる組曲「マンプス」へと至るのだが、この流れは非の打ちどころがない。こうした濃密さにもかかわらず聴いたときの全体的な印象は滑らかで、プログレ的でありながらBGMのように聴くこともできるから不思議だ。CDのボーナス・トラックに入っているライヴ音源ではキング・クリムゾンのような演奏が聴けるが、そうしたハードなプレイをスタジオ盤ではできるだけソフトに仕上げているところに、このバンドの基本姿勢が表れているのかもしれない。

　そしてジャケットも、前作以上に素晴らしい。元になっているのは、30年代に人気を博したアメリカの女優ジョーン・クロフォードの写真で、ファンに送るブロマイドにサインをしている様子を写したもの。そのブロマイドの部分がアルバムの裏ジャケットの写真に差し替えられ、全体に人工着色が施されている。じつに洒脱なデザインだ。

（立川）

Hatfield & The North
Afters

1980年：Virgin／VR5

［A］1. Let's Eat (Real Soon) / 2. Fitter Stoke Has A Bath / 3. Mumps / 4. Share It / 5. Lounging There Trying ［B］1. The Stubbs Effect / 2. Big Jobs (Poo Poo Extract) / 3. Going Up To People And Tinkling / 4. Calyx / 5. (Big) John Wayne Socks Psychology On The Jaw / 6. Chaos At The Greasy Spoon / 7. Halfway Between Heaven And Earth / 8. Oh, Len's Nature ! / 9. Lything And Gracing / 10. Prenut / 11. Your Majesty Is Like A Cream Donut (Loud)

80年にヴァージンからアナログ盤で出たコンピレーション・アルバム。リリース当時には、レア音源が収録されているという意味で価値があったが、現在では、このアルバムに入っている音源のほとんどがさまざまなかたちでCD化されており、さほど〝レア〟とは言えないものになってしまった。そのあと、11年に日本のみで紙ジャケットCDになったが、基本的にはマニア向けの1枚である。

16曲が収録されているが、そのうち11曲がオリジナル・アルバムから。残る5曲のうち3曲はライヴ音源で、クリサリス・レコードから出たオムニバス盤『オーヴァー・ザ・レインボウ』や、CD『ロッターズ・クラブ』のボーナス・トラックなどで聴くことができる。

それ以外にシングルAB面の音源があり、これはまあまあレア。A面用の曲はアルバム未収録だが、このバンドにしてはかなりポップで、キャラヴァンの曲みたい。B面用の曲は『ロッターズ・クラブ』収録曲の別ヴァージョンである。（立川）

Hatfield & The North
Live 1990

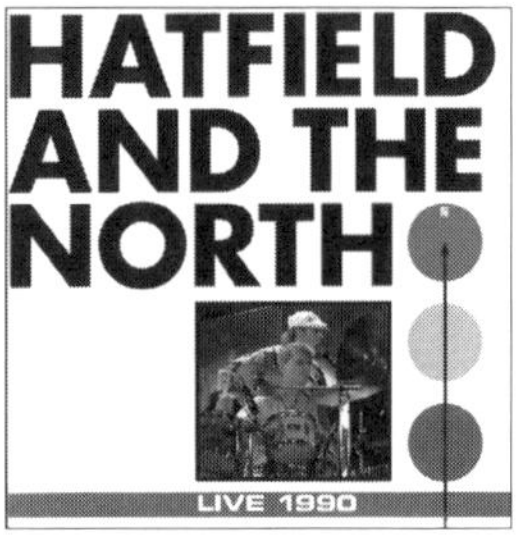

1993年11月28日：Code 90／NINETY6

1. Share It / 2. Shipwrecked / 3. Underdub / 4. Blott / 5. Going For A Song / 6. Cauliflower Ears / 7. Halfway Between Heaven And Hell / 8. 5/4 Intro / 9. It Didn't Matter Anyway

90年3月30日に、イングランドのノッティンガムで行われたライヴの記録。TV番組収録用のステージだったようで、おそらく一夜限りの再結成だったのだろう。鍵盤奏者がデイヴ・ステュアートではなくフランス人女性のソフィア・ドマンシッチに代わっているが、それ以外の3人はオリジナル・メンバーだ。ドマンシッチは、ゴングのサックス奏者、ディディエ・マレーブらを通じてカンタベリー人脈と共演するようになったらしいが、一時期はハットフィールド&ザ・ノースのドラマーであるピップ・パイルと恋仲だったといわれており、87年に出たパイルのリーダー・アルバム『ピップ・パイルズ・エキップ・アウト』にも参加している。

ドマンシッチは、ピアノ・トリオを率いて多くの作品を出していたりするジャズ畑の人。本作は彼女の個性が出てジャズ色が強くなっており、曲によってはフュージョン的な趣すらある。しかし彼女以外の3人の演奏はほぼ昔のまま。パイル作の新曲も収録されている。（立川）

Hatfield & The North
Hatwise Choice: Archive Recordings 1973–1975, Volume 1

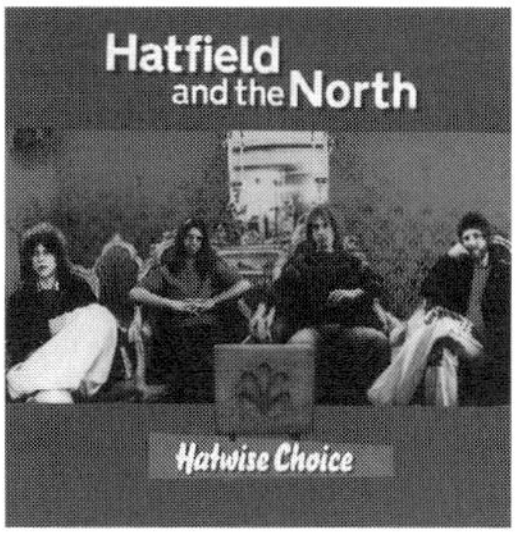

2005年1月：HATCO／CD73-7501

1. Absolutely Wholesome / 2. La Barbe Est La Barbe / 3. Sober Song' / 4. Hattitude / 5. Strand On The Green / 6. Hotel Luna / 7. The Lonely Bubbling Song / 8. Stay Jung And Beautiful / 9. Dave Intro / 10. Take Your Pick / 11. Son Of Plate Smashing Dog / 12. Thanks Mont! / 13. Amsterdamage 11/19 / 14. May The Farce Be With You / 15. Finesse Is For Fairies / 16. Ethanol Nurse / 17. Writhing And Grimacing / 18. For Robert / 19. Blane Over Paris / 20. Laundry Soup / 21. Effing Mad Aincha / 22. Top Gear Commercial / 23. K Licks (Bonus Track)

バンドのドラマーであるピップ・パイルの編集によって制作された、未発表音源集。セッションの断片なども含む全23曲が収録されているが、その約半数はBBCのラジオ番組用に録音されたもので、残りはライヴ音源。スタジオでのデモ音源も1曲収録されている。音質は良好で、とくにBBC音源はとてもクリアな音だ。

オリジナル・アルバム収録曲を切ってつないだり、アレンジを変えて演奏しているテイクが多く、しかもそれらは曲名が微妙に変えられていたりする。マニアなら、これの原曲は何だったっけ、などと考えながら楽しむこともできるだろう。最も面白かったのは、BBCの番組「トップ・ギア」に出演した際のCMと思われる音源で、冗談めかした歌を聴かせたかと思うと、エンディング近くでレッド・ツェッペリン「胸いっぱいの愛を」のリフを演奏したりする。白黒だが20ページのブックレットが付いていて、メンバーが自分の好きな音楽を挙げているのも楽しい。 （立川）

Hatfield & The North
Hattitude: Archive Recordings 1973–1975, Volume 2

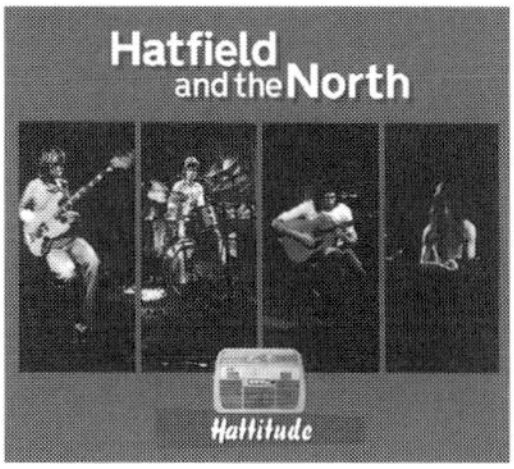

2006年：HATCO／CD73-7502

1. Grosso Lavoro / 2. Drowning In The Bathroom / 3. K Licks (Long) / 4. The Crest / 5. Pink & Green Machine / 6. Further Dances / 7. La Barbe Extract / 8. Confiture De La Barbe / 9. Born Again Crustacean / 10. Elevenses / 11. Farce Majeure / 12. Spaces Not Notes / 13. Song For All Our Mums / 14. Extract / 15. The Men's One-Metre Dash / 16. K Licks (Short) / 17. One Of Wilde's / 18. Blane Over The Low Countries / 19. Drowning Reprise / 20. 'Goodbye For Now / 21. Al Clark Presents (Bonus Track)

『ハットワイズ・チョイス』の続編と呼ぶべきアーカイヴ音源集。『ハットワイズ…』が05年にリリースされ、その翌年の8月にピップ・パイルが他界したが、本作はその年の末に、パイルの追悼盤のようなかたちでリリースされている。

前作では10曲以上収録されていたBBC音源だが、今回はわずかに5曲のみ。その代わりライヴ音源が数多く収録されており、音質も良好で、内容もとても充実している。インプロヴィゼイションに終始するようなナンバーも少なくないが、オリジナル・アルバム収録曲も多く、それらは計算されたアレンジに従いながらも、自由奔放に演奏されている。

こういうアルバムを聴いていると、カンタベリー・ジャズ・ロックって〝生きもの〟なんだなと、しみじみ思ってしまう。その音楽は常にうごめいていた。そして、スタジオ盤であろうとライヴ盤であろうと、私たちはその生きものが動いていたときのある瞬間の記録を、いま聴いているのである。 （立川）

Gilgamesh
Gilgamesh

1975年8月：Caroline／CA 2007

［A］1. One End More / Phil's Little Dance - For Phil Millers Trousers / Worlds Of Zin; a. One End More; b. Phil's Little Dance - For Phil Millers Trousers; c. Worlds Of Zin / 2. Lady And Friend / 3. Notwithstanding ［B］1. Arriving Twice / 2. Island Of Rhodes / Paper Boat / As If Your Eyes Were Open; a. Island Of Rhodes; b. Paper Boat; c. As If Your Eyes Were Open / 3. For Absent Friends / 4. We Are All / Someone Else's Food / Jamo And Other Boating Disasters (From The Holiday Of The Same Name); a. We Are All; b. Someone Else's Food; c. Jamo And Other Boating Disasters (From The Holiday Of The Same Name) / 5. Just C

カンタベリー・ジャズ・ロックのキーボード奏者の中で、デイヴ・ステュアートと双璧をなした存在が、アラン・ガウエン。彼がフィル・リー（ギター）、マイク・トラヴィス（ドラム）、ジェフ・クライン（ベース）と結成したのがギルガメッシュだ。本盤はその1作目である。

ガウエンは60年代にピアノ・トリオを率いてジャズを演奏しており、そのあとは一時的にだがアフロ・ロック・バンドのオシビサに在籍するなど、ロック以外の音楽に造詣が深い。本作の曲も大部分はガウエンが書いており、ジャズ感覚が強く構成も緻密だ。ところがリーのギターはロバート・フリップ風で、リズム・セクションもロック色が強く、やや生硬。そのため、ジャズとロックが滑らかに融合せず、ぎこちなく接合しているのだが、そこがこのバンドの独特な魅力になっているようだ。本作は、アマンダ・パーソンズがスキャットで参加。ガウエンはこの後ナショナル・ヘルスに参加するが、78年にギルガメッシュを再結成する。（立川）

Gilgamesh
Another Fine Tune You've Got Me Into

1979年2月：Charly／CRL 5009

75年末に解散したギルガメッシュは、翌々年に、アラン・ガウエン、フィル・リー、トレヴァー・トムキンス（ドラム）、ニール・マーレイ（ベース）の4人で再結成。間もなくマーレイがヒュー・ホッパーに交替して、この2作目が作られた。リズム・セクションが変わったことで演奏のレヴェルは上がり、カンタベリー・ジャズ・ロックの優等生ともいえるバンドへと成長。ガウエンのキーボードがジョー・ザヴィヌルを連想させる点も興味深い。（立川）

Gilgamesh
Arriving Twice

2007年4月5日：米 Cuneiform／RUNE140

未発表曲集。詳しいデータは不明なのだが、ギルガメッシュが最初のアルバムを制作していた75年頃に録音されていたスタジオ音源を集めたものだと思われる。当時の彼らは、ステージでハットフィールド&ザ・ノースとのダブル・カルテット演奏を企てていたらしく、そのためにガウエンが作った組曲の一部が、「エクストラクト」というタイトルで収録されている。初期ギルガメッシュらしい緊張感のあるインタープレイが、とても魅力的だ。（立川）

National Health
National Health

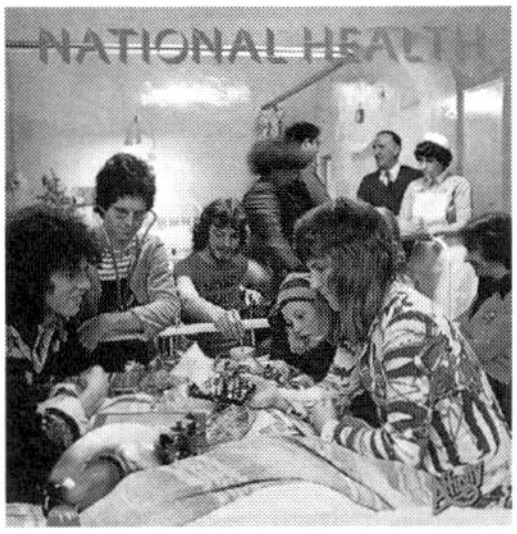

1978年2月：Affinity／AFF 6

［A］1. Tenemos Roads / 2. Brujo ［B］1. Borogoves (Excerpt From Part Two) / 2. Borogoves (Part One) / 3. Elephants

75年に、ハットフィールド&ザ・ノースとギルガメッシュが合体するようなかたちで、ナショナル・ヘルスが結成される。当初はデイヴ・ステュアート、アラン・ガウエン、フィル・ミラー、フィル・リー、モント・キャンベル、アマンダ・パーソンズという大所帯で活動していた。この時期にはドラマーがおらず、ライヴではビル・ブルーフォードやクリス・カトラーなどを招いていたらしい。そして77年、ステュアート、ガウエン、ミラー、パーソンズに、ピプ・パイルとベーシストのニール・マーレイを加えたメンバーで、この第一作が録音された。

当初メンバーが流動的だったせいか、アンサンブル指向はやや弱く、ソロ・パートが多い。また、シンセサイザーやエフェクターの使用頻度が増して、ギターの音色もハードだ。そのため作品全体からは、ややジャズ寄りのプログレといった印象を受ける。個人的には、カンタベリー・ジャズ・ロックでは『ロッターズ・クラブ』と双璧をなす傑作だと思っている。（立川）

National Health
Of Queues and Cures

1978年12月：Charly／CRL 5010

［A］1. The Bryden 2-Step (For Amphibians) (Part 1) / 2. The Collapso / 3. Squarer For Maud ［B］1. Dreams Wide Awake / 2. Binoculars / 3. Phlakaton / 4. The Bryden 2-Step (For Amphibians) (Part 2)

前作の発表後に何人かのメンバーが抜け、ナショナル・ヘルスはデイヴ・ステュアート、フィル・ミラー、ピップ・パイルの3人となった。そこにベーシストとして加わったのが、ヘンリー・カウのジョン・グリーヴズ。彼の加入がきっかけになって、ピーター・ブレグヴァド（ヴォーカル）やジョージー・ボーン（チェロ）もゲスト参加し、本作はハットフィールド&ザ・ノースにカウ人脈を加えたような面々で制作された。

音楽的主導権を握っているのはステュアートで、彼が同時期に関わっていたビル・ブルーフォードの作品と、本作の音はかなり似ている。ステュアートは緊張感のある緻密なアンサンブルを得意としているが、そのため本作は、カンタベリー・ジャズ・ロック作品のなかでも最もスリリングな雰囲気と濃密さを感じさせるものになった。逆にいえばユーモアや風通しの良さは稀薄になったわけで、そこが評価の分かれるところだろう。いずれにしろ、傑作であることは間違いないのだが。（立川）

National Health
D.S. Al Coda

1982年：仏 Europa／JP2008

[A] 1. Portrait Of A Shrinking Man / 2. TNTFX / 3. Black Hat / 4. I Feel A Night Coming On / 5. Arriving Twice [B] 1. Shining Water / 2. Tales Of A Damson Knight / 3. Flanagans People / 4. Toad Of Toad Hall

ジャケットに写っているのは、81年5月に白血病で他界したアラン・ガウエン。本作は彼の追悼のために一時的に再編成されたナショナル・ヘルスのアルバムであり、バンドのメンバー以外にも幾人かのゲストが参加している。収録曲はすべてガウエンの作曲したものだが、ギルガメッシュでのレパートリーも加えられている。

全体に粗製濫造の感があることは否めないが、演奏は覇気に満ちている。なかでも、デイヴ・ステュアートとフィル・ミラー、そしてエルトン・ディーンがスリリングなインタープレイを聴かせる4曲目は圧巻。ガウエンの代表曲「アライヴィング・トゥワイス」は感傷的な雰囲気にアレンジされて、まるで鎮魂歌のようだ。（立川）

National Health
Missing Pieces

1996年：Voiceprint／VP113

1. Bourée / 2. Paracelsus (Inc. Bourée Reprise) / 3. Clocks And Clouds / 4. Agrippa / 5. The Lethargy Shuffle & The Mind-Your-Backs Tango / 6. Zabaglione / 7. Lethargy Shuffle Part 2 / 8. Croquette For Electronic Beating Group / 9. Phlakaton / 10. The Towplane & The Glider / 11. Starlight On Seaweed / 12. Walking The Dog (Extract)

ナショナル・ヘルスは流動的なグループで、さまざまなメンバーが出入りしたが、結成当初は特にその傾向が強かった。本作はそうした時期の音源を集めたもので、ビル・ブルーフォードやスティーヴ・ヒレッジ、後にホワイトスネイクに加入するニール・マーレイなど、錚々たるメンバーが何曲かずつ参加。スタジオでのデモと、ラジオ番組用の音源、ライヴの記録が混在するが、音質は良好で統一性もあり、一枚のオリジナル・アルバムとして評価できる。

意外なのは、元エッグのモント・キャンベルによる曲が多いことで、それらはクラシックとジャズを接合させたようなユニークなもの。彼が残っていたらバンドは違う方向に行っていたのかも……。（立川）

Gowen, Miller, Sinclair, Tomkins
Before A World Is Said

1982年：米 Europa／JP 2007

[A] 1. Above And Below / 2. Reflexes In The Margin / 3. Nowadays A Silhouette / 4. Silver Star [B] 1. Fourfold / 2. Before A Word Is Said / 3. Umbrellas / 4. A Fleeting Glance

白血病に冒され自らの死を予期したアラン・ガウエンが、親しいミュージシャンを集めて制作したアルバム。参加しているのは、ギタリストのフィル・ミラーと、ベーシストのリチャード・シンクレア、そしてドラマーのトレヴァー・トムキンスである。本作が録音されたのは、ガウエンが他界するわずか半月ほど前のことだった。

ミラーもシンクレアもトムキンスも、カンタベリー派のなかでは穏やかで繊細なプレイで知られる。そんな彼らの演奏は、目立つソロよりも絶妙な音色が持ち味のガウエンと相性がいい。必然的に本作は、派手さはないが滋味あふれる作品となった。カンタベリー・ジャズ・ロックのクールな優しさを抽出したような一枚だ。（立川）

Camel
Rain Dances

1977年9月17日：Decca／TXS-R 124

［A］1. First Light / 2. Metrognome / 3. Tell Me / 4. Highways Of The Sun ［B］1. Unevensong / 2. One Of These Days I'll Get An Early Night / 3. Elke / 4. Skylines / 5. Rain Dances

2009 Remaster CD
Decca/UMC／531 4610

Bonus Tracks: 10. Highways To The Sun (Single Version) / 11. First Light / 12. Metrognome / 13. Unevensong / 14. Skylines / 15. Highways To The Sun / 16. One Of These Days I'll Get An Early Night

　ブルースを基調とした叙情派プログレ・バンド、キャメルの5作目。結成メンバーはアンディ・ラティマー（ギター）、ピーター・バーデンス（キーボード）、アンディ・ウォード（ドラムス）、ダグ・ファーガソン（ベース）。キャラヴァンとは距離が近く、レーベルはデラムやデッカ、レコード・ショップの〝C〟の棚ではほぼ隣同士になる。しかしキャメルをカンタベリー・ロックの範疇とするかどうかは、議論の対象になるところだろう。ところが脱退したファーガソンの後任が元キャラヴァン、ハットフィールドのリチャード・シンクレアとなると事情が違ってくる。本作では3曲のみヴォーカルをとるシンクレアだが、彼の声が加わるだけで世界が一挙にカンタベリー化するのだ。繊細で陰りがありつつも、曲をポップに仕立て上げるスキルは、キャメルの弱点だったヴォーカルの表現をより豊かに進化させたのである。

　演奏面ではゲストのサックス奏者であるメル・コリンズの存在が大きい。シンクレアのベースとともに、本来の叙情性は残しながらよりスリリングな演奏で、バンド全体をジャズ指数高めでモダンにアップグレードしている。「ファースト・ライト」「メトロノーム」「スカイライン」などは、フュージョン隆盛時代の上質のカンタベリー・ロックと解釈してもよい仕上がりだ。「ワン・オブ・ジーズ・アーリー・デイズ〜」は、逆にジャズに寄りすぎてやや異質な感がある。本来ブルージーなプレイを得意とするバーデンスと、バンドの方向性の違いが、顕在化しはじめていたのかもしれない。

「エルケ」は叙情的で甘めの曲に、ブライアン・イーノがオブスキュアな音像処理を施した、クールな異色作。そもそもイーノの参加が意外だが、これはプロデューサーのレット・デイヴィスによる采配だろう。デイヴィスはロキシー・ミュージックやイーノのプロデュースを手がけており、フィル・マンザネラやロバート・ワイアットなどのカンタベリー人脈にも接点がある人物だった。 **（梅村）**

Camel
Breathless

1978年9月22日：Decca／TXS-R 132

[**A**] 1. Breathless / 2. Echoes / 3. Wing And A Prayer / 4. Down On The Farm / 5. Starlight Ride [**B**] 1. Summer Lightning / 2. You Make Me Smile / 3. The Sleeper / 4. Rainbow's End

『レイン・ダンシズ』と同じ布陣による6作目のオリジナル・アルバム。レコード会社からの強いセールス要請や、バーデンスとラティマーの関係悪化という状況下で制作され、完成直後にバーデンスは脱退した。

本作はそんな事情を背景に、ジャズっぽさがやや抑制され、ディスコやフュージョンと言った78年の売れ線ポイントを押さえたポップな曲が集まっている。これを新境地と見るか停滞と見るかは聴き手次第か。後期を代表する人気曲となる従来路線の「エコーズ」、シンクレア作のキャラヴァン的でポップな「ダウン・オン・ア・ファーム」、シャープなジャズ・ロックの「ザ・スリーパー」など聴きどころの多い作品ではある。

一部の曲では元キャラヴァンの鍵盤奏者、デイヴ・シンクレアとヤン・シェルハースがオーヴァーダビングを施している。結局この2人がその後のツアーに参加し、6人中3人がキャラヴァンのメンバーという編成となったが、正規音源が発表されていないのが残念。（**梅村**）

Camel
A Live Record

1978年4月：Decca／DBC-R7/8

[A] 1. Never Let Go / 2. Song Within A Song / 3. Lunar Sea [B] 1. Skylines / 2. Ligging At Louis / 3. Lady Fantasy / a. Encounter / b. Smiles For You / c. Lady Fantasy [C] 1. The Great Marsh / 2. Rhayader / 3. Rhayader Goes To Town / 4. Sanctuary / 5. Fritha / 6. The Snow Goose / 7. Friendship / 8. Migration / 9. Rhayader Alive [D] 1. Flight Of The Snow Goose / 2. Preparation / 3. Dunkirk / 4. Epitaph / 5. Fritha Alone / 6. La Princesse Perdue / 7. The Great Marsh

2002 Remaster CD
Decca/Universal／8829282

Bonus Tracks: [**Disc 1**] 1. First Light / 2. Metrognome / 3. Unevensong / 7. Rain Dances / 9. Chord Change [**Disc 2**] 1. Spoken Introduction By Peter Bardens / 18. The White Rider / 19. Another Night

さまざまなライヴ盤がリリースされているキャメルだが、まず聴くべきはこのアルバムだ。74、75、77年の異なるツアーから最良の演奏が抜粋されている。また02年以降のCDでは、76年の3曲、77年の4曲が追加され、充実度がアップした。

注目すべきはやはりシンクレア、コリンズが参加した77年の演奏だ。A面に収録されたオリジナル・メンバー時代の曲が、ジャズ・ロック的なソリッドさを加えてブラッシュ・アップされている。とくに「ネバー・レット・ゴー」は名演で、シンクレアがヴォーカルをとり、各パートのソロが素早く引き継がれる展開の熱いカンタベリー・ロックに変貌を遂げている。圧巻はオーケストラを迎えた『スノー・グース』全曲演奏だ。スタジオ・テイクよりもスケール感が増し、ラティマーとバーデンスのソロもエッジが立っている。

全編を通して、バーデンスの演奏が素晴らしい本作だが、集大成的にまとめられているのは、すでにバーデンスの脱退が決定的であったためか。（**梅村**）

Bill Bruford
Feels Good To Me

1978年1月5日：Polydor／2302 075

［A］1. Beelzebub / 2. Back To The Beginning / 3. Seems Like A Lifetime Ago (Part One) / 4. Seems Like A Lifetime Ago (Part Two) / 5. Sample And Hold ［B］1. Feels Good To Me / 2. Either End Of August / 3. If You Can't Stand The Heat... / 4. Springtime In Siberia / 5. Adios A La Pasada (Goodbye To The Past)

2013 Remater
Winterfold／BBWF003CD

Bonus Track: 11. Joe Frazier

2019 Remaster CD
Winterfold／WFBX1

2017 Stereo Remix
［DVD］2017 5.1 Surround Sound Mix
Original 1977 Stereo Mix

イエスやキング・クリムゾンの黄金期を支えた天才ドラマー、ビル・ブルーフォードが、満を持してリリースした初のソロ・アルバム。カンタベリー・ロックというより英国プログレ系ジャズ・ロックの作品だが、とにかく名盤であることは間違いない。いまでも私はときおり、このレコードを引っ張り出してターン・テーブルに載せたりしている。

キング・クリムゾンが解散した後、ブルーフォードはナショナル・ヘルスのセッションに参加したが、そこでデイヴ・ステュアートと意気投合。彼の全面的な協力を得て、本作を完成させた。2人以外のメンバーは、独特の流麗な速弾きで知られるギタリスト、アラン・ホールズワースと、アメリカでスカウトされた新人ベーシストのジェフ・バーリン。他にもゲストが参加しているが、基本的にはこの4人によるバンドのアルバムだといっていい。プロデュースはブランドXの鍵盤奏者、ロビン・ラムリーである。

全員の演奏力が名人芸レベルで、アンサンブルも緻密。とくにハイピッチ・チューニングのスネアとロート・タムのフィル・インを複雑に組み合わせたブルーフォードのドラミングは個性的で、そこにバーリンのフレットレス・ベースが加わって作られるリズムはあまりにも強力だ。ドラマーが主役の作品であるはずなのだが、ピアノとケニー・ホィーラーの吹くフリューゲル・ホルンだけで演奏される曲もあり、作曲家としてのブルーフォードの意欲を感じる。また、前衛ジャズ・シンガーのアネット・ピーコックによる、歌とポエトリー・リーディングの中間を行くようなパフォーマンスも素晴らしい。さらにホールズワースのギターも、他の作品では聴けないような泣きのフレーズを奏でているのだ。

プログレ風のドラマ性もあり、カンタベリー・ミュージックらしいクールな熱気も孕んでいる。そして何よりも魅力的なのは、作品全体に漂っている哀愁を帯びた抒情性。ロマンティックなジャズ・ロックの名作である。　（立川）

Bruford
One Of A Kind

1979年4月：Polydor／POLD 5020

[**A**] 1. Hell's Bells / 2. One Of A Kind - Part One / 3. One Of A Kind - Part Two / 4. Travels With Myself - And Someone Else / 5. Fainting In Coils [**B**] 1. Five G / 2. The Abingdon Chasp / 3. Forever Until Sunday / 4. The Sahara Of Snow - Part One / 5. The Sahara Of Snow - Part Two

2019 Remaster CD
Winterfold／WFBX2

Bonus Track: 11. Five G Out-Take
[**DVD**] 2017 Surround Mix
Original 1979 Version

ソロ一作目を発表した後、ブルーフォードはプログレ・バンド、UKの結成に加わるが、アルバム1枚に参加しただけで、すぐに脱退。そのあとに発表されたのが本作だ。メンバーは、前作と同じくブルーフォード、デイヴ・ステュアート、アラン・ホールズワース、ジェフ・バーリンの4人で、ゲストのエディ・ジョブソンがヴァイオリンを弾いている。前作はビル・ブルーフォードのソロ名義だったが、本作からはブルーフォードという名のバンドによる作品というスタイルになった。実際にドラムの音が前作よりもオフ気味にミキシングされており、メンバー4人がほぼ対等な立場でインタープレイを展開していることがわかる。

楽曲の魅力という点では前作に軍配が上がるが、作品全体のまとまりでは本作の方が勝るだろう。メロディアスな曲でのバーリンのベース・ソロや、トレモロ・アームを使ったホールズワースのトリッキーなプレイなど、個々の演奏にも聴きどころが多い。（立川）

Bruford
The Bruford Tapes

1979年11月：加 EG／BRUBOOT 28

[**A**] 1. Hells Bells / 2. Sample And Hold / 3. Fainting In Coils / 4. Travels With Myself - And Someone Else [**B**] 1. Beelzebub / 2. The Sahara Of Snow (Part One) / 3. The Sahara Of Snow (Part Two) / 4. One Of A Kind (Part Two) / 5. 5g

2006 Remaster CD
Winterfold／BBWF006

Bonus Track: 10. The Age Of Information

79年7月にニューヨークで行われたライヴの記録。もともとFM放送用に収録され、当初はカナダのみでリリースされる予定だったが、最終的にカナダ、アメリカ、日本でリリースされた（日本盤のみ少し遅れて80年の発売）。音質は悪く、ボール紙製の二色刷りジャケットに収められた廉価盤的な仕様になっており、マニア向けの〝オフィシャル・ブートレグ〟だといってもいいだろう。

アルバム『ワン・オブ・ア・カインド』の完成後にアラン・ホールズワースがグループを脱退したため、後任のギタリストはジョン・クラークが務めている。彼は無名の新人だが、ホールズワースのプレイをなぞってさらにロック色を強めたような演奏を披露し、前任者の穴をしっかりと埋めている。そのせいもあって全体の演奏レヴェルは高く、とくにデイヴ・ステュアートが張り切っているようだ。余談だが、クラークはその後、英国のヴェテラン・シンガー、クリフ・リチャードのバックを長年にわたって務めた。（立川）

Bruford
Gradually Going Tornado

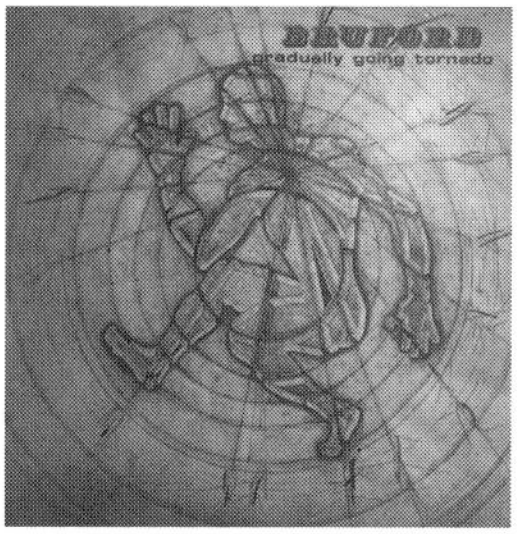

1980年2月：EG／EGLP 104

[**A**] 1. Age Of Information / 2. Gothic 17 / 3. Joe Frazier / 4. Q. E. D. [**B**] 1. The Sliding Floor / 2. Palewell Park / 3. Plans For J.D. / 4. Land's End

2005 Remaster CD
Winterfold／BBWF 005

Bonus Track: 9. 5g

先のライヴ盤と同じメンバーによって作られたスタジオ・アルバム。レコーディングされたのは79年だが、当時はパンク／ニューウェイヴの嵐が吹きまくっていた時代だ。そうした流行に応じるべくポップな作品にしようという目論見のもとに作られたようで、それまでのジャズ・ロック路線を踏襲してはいるものの、ヴォーカル入りの曲を数多く収録している。歌っているのはベーシストのジェフ・バーリン。彼はオペラ歌手の父とピアニストの母をもつ音楽エリート一家出身で、そのせいか、歌いっぷりはどこか朗々としていてクラシカルだ。

意欲作ではあるが、方向性の迷いも感じさせる作品であり、結局のところ、ステュアートの個性が強く出たカンタベリー・ジャズ・ロック風の大曲「ランズ・エンド」が、最大の聴きものになっているように感じられる。このあとバンドは解散を余儀なくされ、ブルーフォードはキング・クリムゾンの再結成に参加。ステュアートはソロ活動へと向かう。（立川）

Bruford
Rock Goes To College

2007年：Winterfold／BBWF 009

1. Sample And Hold / 2. Beelzebub / 3. The Sahara Of Snow (Part One) / 4. The Sahara Of Snow (Part Two) / 5. Forever Until Sunday / 6. Back To The Beginning / 7. Adios A La Pasada (Goodbye To The Past) / 8. 5g

これはファン必携の作品だ。06年にDVDのみでリリースされ、翌年に音源がCD化されたが、その後、20年にイギリスでCD＋DVDのセットが出ている。この作品については、できればDVDで見てほしい。なぜなら、これはブルフォードが1、2作目を作ったときのいわばオリジナル・メンバーによるライヴの記録であり、とても貴重なものだからだ。

79年5月にオックスフォード工科大学で行われたライヴを収録しているが、ブルフォードのオリジナル・メンバーによるライヴはこの一度だけ（78年2月にBBCの番組に出演しているが、このときはニール・マーレイがベースを弾き、2曲のみの演奏だった）。しかもステージ後半では、『フィールズ・グッド・トゥ・ミー』で妖しい歌声を聴かせてくれたアネット・ピーコックも登場する。当日演奏された全曲が収録されていないのは残念だが、もはや伝説と化しているようなバンドの勇姿が見られるのは、ありがたいとしか言いようがない。（立川）

Dave Stewart & Barbara Gaskin
Up From The Dark

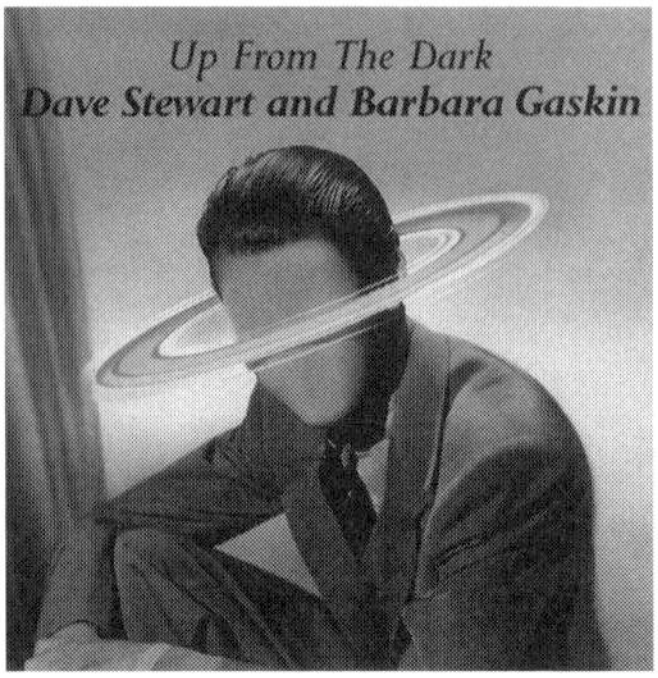

1986年：米 Rykodisc／RCD 10011

1. I'm In A Different World / 2. Leipzig / 3. It's My Party / 4. Lenina Crowe / 5. (Do I Figure) In Your Life / 6. Busy Doing Nothing / 7. (I Know) I'm Losing You / 8. Roads Girdle The Globe / 9. When The Guards Are Asleep / 10. The World Spins So Slow / 11. Siamese Cat Song / 12. Do We See The Light Of Day / 13. Henry And James / 14. As Far As Dreams Can Go

ブルフォード解散後のデイヴ・ステュアートは試行錯誤の末、自宅スタジオでキーボード類を使って録音を行いソロ作品を制作するというかたちに、活動方針を転換する。そしてブロークン・レコードという自主制作レーベルを設立。81年にその第一弾シングルをリリースした。ふざけたように感じられるレーベル名は、このシングルのタイトル（p112を参照）から取ったものである。

その後ステュアートは、バーバラ・ガスキンを音楽活動のパートナーに選ぶ。ガスキンは、スパイロジャイラというトラッド・ロック・バンドでデビューし、その後はハットフィールド&ザ・ノースやナショナル・ヘルスのアルバムで美しいコーラスなどを聴かせてくれた歌姫だ。そしてステュアート&ガスキンは81年に、レスリー・ゴーア63年のヒット曲「イッツ・マイ・パーティー」をカヴァーしたシングルをリリースし、その後は短いインターヴァルで次々にシングル・レコードを発表していく。そして、こうしたシングル音源などを中心にまとめられたのが、アルバム『アップ・フロム・ザ・ダーク』である。

本作はアメリカ盤のみのリリースだが、87年に日本のMIDIレコードから『シングルズ』という編集盤が出ており、それが本作とかなり重なる選曲になっている。当時の日本では、MIDIのレーベル・イメージもあって、オシャレな音楽としてしばしば紹介され、YMOとのちの渋谷系とをつなぐような音としてファンに認知されているところもあった。しかし冷静に聴いてみれば、ステュアート&ガスキンの音はポップなプログレ。これは、ガスキンの涼やかな歌声に多くの聴き手が欺されていたということなのだろうか。いずれにせよ彼らの音楽が、ポップとプログレという二律背反的要素を巧みに融合させていたことは間違いない。その後MIDIからは、『シングルズ』の続編ともいえる『アズ・ファー・アズ・ドリームズ・キャン・ゴー』がリリースされている。

（立川）

Dave Stewart & Barbara Gaskin
The Big Idea

1990年：米 Rykodisc／RCD 20172

1. Levi Stubbs' Tears / 2. My Scene / 3. Grey Skies / 4. Subterranean Homesick Blues / 5. Heatwave / 6. The Crying Game / 7. Deep Underground / 8. Shadowland / 9. Mr. Theremin / 10. New Jerusalem

2011 Special Edition
Broken／BRCDLP-03

Bonus Track: 11. Like The Ocean

シングルを次々にリリースし、それらをまとめたアルバムを制作していたステュアート&ガスキンだが、これが最初の本格的なフル・アルバムだ。シングルは可愛らしさやポップ感覚を強調したものだったが、ここではプログレ風味が強まっていて、しかもそれがポップ感覚としっかり融合している。個人的には、本盤が彼らの最高傑作ではないかと思っている。

　ロンドンの曇天を連想させるドラマティックな「グレイ・スカイズ」はジェネシスなどを連想させるし、ブルー・ナイルの名曲「ヒート・ウェイヴ」のカヴァーも、いかにも英国的といった風情だ。ボブ・ディランの「サブタレニアン・ホームシック・ブルース」をラップ風にアレンジしているのも洒落ていて、初期の作品から感じられた内閉性のようなものが解消されているのもいい。

　ポップな曲で名前を売り、そのあと好きなことをやる。まるでYMOみたいだな、と本作を聴いたときに感じたことを、あらためて思い出した。（立川）

Dave Stewart & Barbara Gaskin
Spin

1991年6月：米 Rykodisc／RCD 20213

1. Walking The Dog / 2. The Cloths Of Heaven / 3. 8 Miles High / 4. Amelia / 5. Trash Planet / 6. Golden Rain / 7. Your Lucky Star / 8. Cast Your Fate To The Wind / Louie Louie (Medley) / 9. The 60s Never Die / 10. Star Blind / 11. 8 Miles High (Instrumental)

2011 Special Edition
Broken／BRSCLP-04

Bonus Track: 11. I've Been Wrong Before

9曲目のタイトルを和訳すれば、〝60年代はけっして死なない〟。そしてこの曲名が、本作のコンセプトを端的に物語っている。初期のシングルでも60年代のモータウン・ソウルなどを積極的に取り上げていたステュアート&ガスキンだが、本作の収録曲も、全12曲中5曲がカヴァーで、そのうち4曲が60年代の楽曲である。

　米国のR&Bシンガー、ルーファス・トーマスが63年にヒットさせた「ウォーキング・ザ・ドッグ」など、ステュアートの黒人音楽好きを反映した曲もあるが、最大の聴きものは、ザ・バーズの名曲「霧の8マイル」のカヴァーだろう。原曲にあった独特のビート感をさらに強調し、そこにガスキンの爽やかな歌声をのせる。ロジャー・マッギンの弾いていた摩訶不思議なギターをキーボードでしっかり再現しているのも、聴いていて楽しい。全曲を通じて、当時のデジタル技術の最先端を示すようなサウンドになっていて、ステュアートの努力と研鑽の痕跡が見られる。（立川）

Dave Stewart & Barbara Gaskin
TLG Commemorative CD

2001年9月：Broken／BROK CDA5

1. Subterranean Homesick Blues ('Transylvanian Blue Suede Hooves' Extended Mix) / 2. René And Georgette Magritte With Their Dog / 3. Shaking All Over (2001 Rough Mix) / 4. Give Me Just A Little More Time / 5. McGroggan (1995 Remix) ...etc.

東京お台場にあったライヴ・ハウス、トリビュート・トゥ・ザ・ラヴ・ジェネレーション（TLG）で01年9月にライヴが行われた際、観客に記念品として未発表音源集が配布されたのだが、本作はそれを正式なかたちで商品化したものだ。大半は既発表曲の別テイクだが、ハットフィールド&ザ・ノース用に書かれた未発表曲や、TV番組のテーマ曲として作られた音源などもある。いくつかの曲で聴ける、アナログ・シンセの温かみのある音が心地よい。

ステュアート本人による全曲解説が付いているのだが、これがとても詳細で、曲を聴きながら読んでいると思わぬ発見がある。万人向けの作品ではないが、マニアにとっては興味の尽きない一枚だ。（立川）

Dave Stewart & Barbara Gaskin
Green and Blue

2009年：Broken／BRCDLP-05

1. Jupiter Rising / 2. Walnut Tree Walk / 3. Let Me Sleep Tonight / 4. Good Morning Good Morning / 5. Green & Blue / 6. Any Guru / 7. Bed Of Leaves / 8. Rat Circus / 9. The Sweetwater Sea

前作まではカヴァー曲が多かったステュアート&ガスキンのアルバムだが、本作ではビートルズ「グッド・モーニング・グッド・モーニング」以外はオリジナル。また、大部分の曲にギターとドラムが導入された。ドラムは08年以降キング・クリムゾンのメンバーとなったギャヴィン・ハリスンが叩いている。さほどポップではない楽曲もあって、デイヴ・ステュアートが自身の原点に回帰していることを示すアルバムだと言えるのかもしれない。

ドラムとギターが入っているといっても、基本的にはバンド・サウンドではなく、打ち込み中心のサウンドをより有機的にしたといった雰囲気。自然を題材にした曲が多いところも印象的だ。（立川）

Dave Stewart & Barbara Gaskin
Star Clocks

2018年：Broken／BRCDLP-07

1. Wings On Our Shoes / 2. Ride The High Atlantic Wind / 3. Drizzle Cloaks / 4. Summer In The City / 5. Heavy Heart / 6. The Arms Of Miklosko / 7. Everything Sings / 8. Afraid Of Clowns / 9. Time's Arrow

60代も終わりにさしかかったカップルによって作られた作品であり、現時点でのステュアート&ガスキンの最新アルバムである。ギャヴィン・ハリスンが前作と同様にドラムを叩いており、ほかにもベレン・マシューズというギタリストが参加。そしてステュアートの学生時代からの盟友、モント・キャンベルが、1曲だけではあるが、イーリアン・パイプというアイルランドの民族楽器を演奏している。

全体に穏やかな雰囲気のアルバムだが、BGM的な音楽とは一線を画したものであり、ひそかにではあるがロック感覚が息づいている。ステュアートの音色選びの妙はさすがだ。そしてガスキンのキュートな歌声は、いまだに健在である。（立川）

Carol Grimes... & Delivery
Fools Meeting

1970年11月：B&C／CAS 1023

［A］1. Blind To Your Light / 2. Miserable Man / 3. Home Made Ruin / 4. Is It Really The Same
［B］1. We Were Satisfied / 2. The Wrong Time / 3. Fighting It Out / 4. Fools Meeting

ハスキーな声の女性シンガーを〝〇〇のジャニス〟と呼ぶのは大嫌い。ジャニス・ジョプリンは60年代末以降に登場したシンガーなら女性じゃなくても意識した巨星だが、声を似せようがフレージングをコピーしようがああはならないのがジャニスだし、それで済ませていてはキャロル・グライムスやマギー・ベルやエルキー・ブルックスは語れない。歌ってそんなに簡単なものじゃないんだよ、とシンガーである私は思っている。

スティーヴとフィルのミラー兄弟と、ピップ・パイルが在籍したジャズ・ロック・バンドに、ロル・コックスヒルがゲスト参加しているのだから、カンタベリー・ロックの一枚に数えられるのは当然だし、本作のオリジナル盤に高い値がつくのもわかる。けれどキャロル・グライムスにとっては「やらされた」と言っていいようなバンドだったはずだ。またバンドにとっては、ジャニスからは遠い、ソーニャ・クリスティーナやバーバラ・ガスキンのようなシンガーの方が音楽性には合っていたのではないかと思う。

プログレが注目されていた時代が生んだ、この独特な音楽をジャズ・ロックと呼ぶことにも私は抵抗を覚えるのだが、こういうバンドがカンタベリーのシーンから登場したことには妙に納得できてしまうのだから面白い。

スティーヴのエレピ、フィルのギターからは目標としてのジャズ・ロックが見えるのだが、ヴォーカルのメロディが凡庸だからキャラヴァンのような叙情性はまったくない。つまり、歌が活かされていないのだ。グライムスの歌を聴くならスワンプ・ロックの秀作となったアンクル・ドッグの唯一のアルバム『オールド・ハット』や、のちのソロ作だろう。

それでも「ウィ・ウェア・サティスファイド」や「ファイティング・イット・アウト」のような成功例もあるから侮れないのだけれど、私の中では〝暗黒系のプログレ〟から一歩も出ないバンドだ。約30年ぶりに聴いたけれど、その印象はますます強くなった。（和久井）

フィル・ミラー／ピップ・パイルの参加作品

犬伏 功

『コックスヒル／ミラー／ミラー・コックスヒル』はサックス奏者のロル・コックスとフィル・ミラーの実兄でキーボード奏者のスティーヴによる73年発売のアルバムで、フィル・ミラーとピップ・パイルが参加、シンプルかつ独特な空気感で即興を聴かせるユニークな作品に仕上がっている。スティーヴとフィルのミラー兄弟はパイルとは幼馴染みで、ともに70年にリリースされたデリヴァリー唯一のアルバム"Carol Grimes...And Delivery/Fools Meeting"(B & C/CAS 1023)に参加したが、これはその時以来の共演となった。

87年発売の『カッティング・ボス・ウェイ』は元ソフト・マシーンのエルトン・ディーン、ヒュー・ホッパーやデイヴ・ステュアート、バーバラ・ガスキンら豪華なメンツによって録音されたミラーの初ソロ・アルバムで、全曲がプログレッシヴ・ロックの香り漂うインストゥルメンタル作品。88年発売の『スピリット・セカンズ』は前作の延長線上にある作品で、リチャード・シンクレアも1曲ながら歌手として参加している。

91年発売の"Live 86–89"(仏Mantra/060)はミラーのバンド、イン・カフーツでのライヴ録音を集めたアルバムで、スタジオ加工を経ないバンドそのものの音が楽しめる貴重な作品となった。

91年発売の"Digging In"(米Cuneiform/RUNE 34)はミラー、パイルにピエール・ムーランズ・ゴングのキーボーディストだったピーター・レマー、ベーシストのフレッド・ベイカーが加わった4人編成の作品だが、92年発売の"Double Up"(Crescent Discs/CD1CD)はドラマー不在の極めてシンプルな録音となり、ミラーとベイカーのギターが際立ったアルバムに。

93年発売の"Live In Japan"(同/CD2CD)はイン・カフーツによる91年12月の来日公演を収録、93年発売のショート・ウェイブ名義

Coxhill / Miller / Miller / Coxhill
Same
1973年：Caroline／C 1503

Phil Miller
Cutting Both Ways
1987年：Impetus／IMP 18615

Phil Miller
Split Seconds
1988年：Reckless／RECK 8

Phil Miller In Cahoots
Recent Discoveries
1994年：Crescent／CD3CD

出版のご案内

2022年4月

デビュー作『改良』で文藝賞、第2作『破局』で芥川賞、そして——

なんだこれは。

全人類、未体験の読後感！

●1760円(税込) ISBN 978-4-309-03014-2

河出書房新社 〒151-0051 東京都渋谷区千駄ヶ谷2-32-2
tel:03-3404-1201 http://www.kawade.co.jp/

眼球達磨式
澤大知

移動式監視カメラ「アイ」が突然、自走!? 地上2cmから世界を見通す新時代のマイクロ・ロードノベル。第五十八回文藝賞受賞作。

▼一五四〇円

昭和の大戦とあの東京裁判
平川祐弘

昭和の戦争と東京裁判の是非について、連合国側と日本側の資料を徹底的に再検証。同時代を生きた比較史家の泰斗がおくる渾身の書。

▼二九七〇円

御伽の国のみくる
モモコグミカンパニー

夢破れてメイド喫茶で働く友美が、葛藤の果てに辿り着いた答えとは？ BiSHのモモコグミカンパニーが贈る感動の小説デビュー作！

▼一三七五円

柳田國男先生随行記
今野圓輔

太平洋戦争開戦一か月前に、柳田國男の九州講演に同行した十七日間の貴重な電車旅行記。「随行後記」と「先生との対話抄」も収録。

▼二四七五円

副音声

視覚障がい者を声で補助する「副音声」制度で繫がる男女。ただ、同じ視界を共有するだけのふたりが育む、もっとも純の作品“Live”（仏Gimini Music/GM 1003）ではミラー、パイル、ホッパーに元ゴングのディディエ・マレーブを加えた編成による92年10月のフランス、ペルピニャンでのライヴを聴くことができる。

94年の『リーセント・ディスカヴァリーズ』は久々のイン・カフーツによる作品となった。以降の5作品、96年に発売された“Parallel”（Crescent/CD4CD）、01年発売の“Out Of The Blue”（同/CD5CD）、03年発売の“All That”（米Cuneiform/RUNE 181）、07年発売の『コンスパイレイシー・セオリーズ』、11年発売の“Mind Over Matter”（英Crescent CD9CD）と、同じイン・カフーツでの活動を続けている。元々はパイルもメンバーだったが、彼は自身の活動と重複したこともあり“Out Of The Blue”以降のイン・カフーツ作品には参加していない。

パイルはミラーと同じ87年に最初のソロ作『ピップ・パイルズ・イクイップ・アウト』を完成させたが、ホッパー、ディーンにディディエ・マレーブ、ソフィア・ドミニカが加わった編成ながら、ドラマーのリーダー・アルバムらしい極めてコンテンポラリーな作品となった。

91年発売の『アップ！』はディーン、ドミニカにポール・ロジャーズを加えた編成で、ここではパイルの名前が外れ、シンプルなイクイップ・アウトへとバンド名を改めている。98年発売の“7 Year Itch”（Voiceprint/VP198）は91〜97年に収録された曲を集めたものだが、パイル作品では珍しく10曲中6曲がヴォーカル入りだった。

04年の“Belle Illusion”（米Cuneiform/RUNE 193）はベイカー、パトリス・マイヤー、アレックス・マグワイアによるピップ・パイルズ・バッシュ！名義のライヴ・アルバムで、02年8月10日のシアトル、プログマン・カムス・フェスティヴァルと03年6月6日にパリ、ル・トリトンで行われたライヴが収録されている。04年の『インスタンツ』はディーン、メイヤー、ロジャーズによるスタジオ録音作で、パイルにとってこれが生涯最後のアルバムとなった。

Pip Pyle's Equipe Out
Instants
2004年：Hux／062

Equip' Out
Up!
1991年：Too Much／3 TMR 301

Pip Pyle's Equipe Out
Same
1987年：52e Rue Est／RE 004

Phil Miller In Cahoots
Conspiracy Theories
2007年：Crescent／CD8CD

Richard Sinclair's Caravan of Dreams
Richard Sinclair's Caravan of Dreams

1992年：HTD／CD 7

1. Going For A Song / 2. Cruising / 3. Only The Brave / 4. Plan It Earth / 5. Heather / 6. Keep On Caring / 7. Emily / 8. Felafel Shuffle / 9. Halfway Between Heaven & Earth / 10. Five Go Wilde / 11. Flowered At Bracknell / 12. It Didn't Matter Anyway

個人的には、リチャード・シンクレアこそがカンタベリー・ミュージックのイメージを代表するシンガーだと思う。基本的に常にバンドの一員であり、アルバム全曲をひとりで歌う作品がなかったため、本作は〝満を持して出た〟という感があった。〝キャラヴァン・オヴ・ドリーム〟というバンド名義を使用しているが、事実上はシンクレアのソロ・アルバムである。

諸般の事情で〝キャラヴァン〟を名乗る許諾が得られず、この名前になったが、本作はむしろハットフィールドで彼が担ったポップなパートの拡大版ともいえるだろう。「ゴーイング・フォー・ア・ソング」は、ピップ・パイルの作詞でハットフィールド時代に書かれた曲だ。8曲目以降のライヴ録音もハットフィールド・メドレーと言ってよく、実質的に初代キーボードだったデイヴ・シンクレアが演奏している点に、感慨を覚える向きもあるだろう。参加メンバーは他にアンディー・ウォード、リック・ビダルフ、ジミー・ヘイスティングスなど。（**梅村**）

Richard Sinclair's Caravan of Dreams
An Evening of Magic

1993年：HTD／CD17

[1] 1. In The Land Of Grey And Pink2. Only The Brave / Plan It Earth3. Share It / 4. Videos / 5. Heather / 6. Going For A Song / 7. O Caroline / 8. Nine Feet Underground [2] 1. Felafel Shuffle / 2. Keep On Caring / 3. Cruising / 4. Emily / 5. Halfway Between Heaven & Earth / It Didn't Matter Anyway / 6. Golf Girl

自身のソロ・プロジェクトとして流動的な形態でスタートさせたキャラヴァン・オヴ・ドリームだが、リチャード・シンクレアはアルバムの発表を機に、ツアー・バンドを編成する。メンバーはデイヴ・シンクレア（キーボード）、アンディー・ウォード（ドラムス）、リック・ビダルフ（ベース）。ビダルフは元スパイロジャイラのメンバーで、ハットフィールドやナショナル・ヘルスのローディーでもあった人物だ。

このバンドで93年にヨーロッパを廻り、イタリアで本作がライヴ・レコーディングされた。前作の曲を中心に、ハットフィールド、キャラヴァン、さらにはマッチング・モウルの「オー・キャロライン」まで加えたセットリスト。思わずベスト・オブ・カンタベリーのショー・ケースと言いたくなる内容だ。演奏は若干タイトさに欠ける気がするが、何故か次第にそれが持ち味として聴こえるようになってくる。これがシンクレアの歌声によってかけられた、カンタベリー・マジックか。（**梅村**）

Richard Sinclair
R.S.V.P.

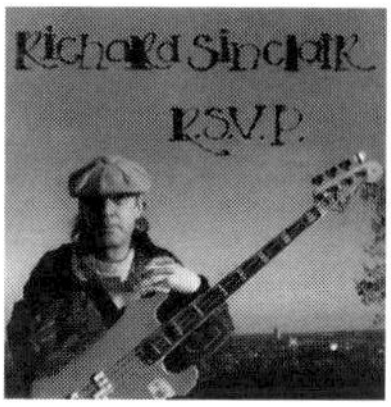

1994年：Sinclair Songs／R.S.S. CD 001

キャラヴァン・オヴ・ドリームの路線からややジャズ色を強めたソロ作。前作のメンバーに加え、ピップ・パイル、ヒュー・ホッパー、ディディエ・マレーブ、意外なところで元キャメルのキット・ワトキンスなど、曲ごとに異なる組み合わせのメンバーで制作された。

　歌詞にソフト・マシーンやキャラヴァンの名前が登場するお約束的なナンバー「ホワッツ・ラットリン」で始まり、これまでの来歴を総括するような内容に仕上がっている。（梅村）

Hugh Hopper & Richard Sinclair
Somewhere in France

1996年：Voiceprint／VP133

カンタベリーを代表するふたりのベーシストのデュオ作ということで、ボトムの効いたジャズ・ロックを期待すると肩透かしを食うので要注意。だが本作は期待を上回る魅力的なヴォーカル・アルバムだ。曲は両名の共作と単独作。ホッパーは歌わないが、元来とても優れたソングライターだ。演奏の大半はふたりでこなし、ホッパーが適度に実験的な処理を施している。制作は83年で、思えばこの共演はワイルド・フラワーズ以来ということになるのかも。（梅村）

Richard Sinclair
Live Tracks

2002年：Sinclair Songs／RSS CD003

90年代後半、シンクレアはオランダ移住のため、音楽活動を休止していた。02年の活動再開に際して、93年から96年にかけてのライヴ・テイクをコンパイルして制作されたのが本作だ。公演での物販アイテムとしてつくられたようなCD－R作品である。ボーナス・トラックの「アンクルズ・ファーム」は、76年にキャラヴァンのメンバーと録音したデモで、のちにキャメルの「ダウン・イン・ザ・ファーム」に改変された。これは侮れないテイクだ。（梅村）

Richard Sinclair, David Rees & Tony Coe
What In the World

2003年：Sinclair Songs／RSS CD004

96年9月、オランダのハーリンゲン大聖堂でのライヴ録音。トニー・コーのクラリネット、デイヴィッド・リーズ・ウィリアムスの教会オルガンとのトリオだ。ロックの気配は全くないが、教会のオーガニックなリバーヴが、カンタベリー・ロックの本質に通底するかのよう。ハットフィールド時代のスキャット曲「フォル・ド・ロール」「ケリックス」がとても美しい。ちょっと意外な初期ジェネシスのカヴァー「フォー・アブセント・フレンズ」も収録。（梅村）

Dave Sinclair
Moon Over Man

1993年：Voiceprint／VP119

1. Wanderlust / 2. Tropic Island / 3. Mallorcan Dance / 4. Make Yourself At Home / 5. Harry / 6. Moon Over Man / 7. Where Have I Gone / 8. Ice Cream / 9. Make A Brand New Start / 10. Moving On / 11. Lost In The Woods / 12. Reminiscermemoring / 13. Honky Dorry / 14. The Piano Player / 15. Back For Tea / 16. Here To Stay

30th Anniversary Edition
2006年：Eclectic Discs／ECLCD1039
Bonus Tracks: 17. Make Yourself At Home (John Vocal) / 18. Ice Cream (Tim & Gay Vocals) / 19. Honky Dory (Gay Vocal) / 20. Make A Brand New Start (Tim & John Vocals) / 21. Here To Stay (Dave Vocal)

二度目のキャラヴァン離脱後にあたる、76年~77年にかけてデモ・レコーディングした音源を纏めた作品。当時は契約が結べず、93年になってソロ・アルバムとして陽の目を見た。自らがピアノとベース、ドラムを演奏して制作したベーシックなトラックに友人のジョー・グベイがギターを重ねた曲と、ギターのマーク・ヘウィンズ、ベースのグレアム・フライト、ドラムのピート・ピプキンを従えたバンド（のちにデポリテライス・フォースへと発展）形式で録音された曲が収められている。

まだヴォーカリストとしてのデイヴはまだ確立されていないが、味わい深い歌声には親しみがもてる。「ムーヴィン・オン」はキャラヴァンのセッションでも試されていた曲で、『イン・ザ・ランド・オブ・グレイ・アンド・ピンク』の40周年記念盤には「イット・ダズント・テイク・ア・ロット」として収録された。

06年の30周年記念盤は全面的に音質が改善、ヴォーカル違いの5曲が追加された。（山田）

Dave Sinclair
Full Circle

2003年：DSINCS／CD1

本格的なソロ第一弾。デイヴが惚れ込んだ女性シンガーのロクサーヌをフィーチャーし、どことなく80'sテイストを感じさせるポップな作品になっている。リチャード・シンクレア、ダグ・ボイル、ジム・レヴァートン、サイモン・ベントオールらキャラヴァン人脈も参加。リチャードが歌うマッチング・モウルの「オー・キャロライン」の好カヴァーのほか、二階堂焼酎のテレビCMに起用された「アンド・ウェン・ザ・サンセッツ」などを収録。（山田）

Dave Sinclair
Into The Sun

2003年11月：DSINCS／CD2

『フル・サークル』に入りきらなかった曲や別ヴァージョンなどを集めた一枚。「クリスマス・タイム」はパイ・ヘイスティングスの息子、ジュリアンがドラムのプログラミングとエンジニアリングで協力した。デイヴが一人自宅で録音したホーム・ヴァージョンは彼の曲づくりの裏側を覗いているような感覚にもなる。本作と『フル・サークル』は流通が限られていたため完売したことから、双方から選曲された『エン・サークル』発売の計画もあった。（山田）

Dave Sinclair
Pianoworks 1 - Frozen In Time

2010年：日 Crescent／CRSCNT 001

デイヴのピアノとジミー・ヘイスティングスのフルートのみで録音された、インストゥルメンタル・アルバム。メンデルスゾーンの『無言歌集』を意識して制作された。日本への移住後に訪れた、小浜の歴史と自然にインスパイアされて生まれた「オバマ・バルカロールI」や、キャラヴァンの《カンタベリー・フェスティヴァル》出演に際して書かれた「カンタベリー」などに、彼の心象が素直に表われている。ピアニストとしての佇まいが美しい。（山田）

Dave Sinclair
Steam

2011年3月：日 Crescent／CRSCNT 002

1. Sad Eyes / 2. Man Is The Child / 3. Always There / 4. Where I Long To Be (Sarasa) / 5. The Only Thing We Need To Know / 6. Springwater / 7. So Beautiful (Yatsugatake) / 8. Island / 9. Distant Star / 10. Between Us / 11. Stream

06年から5年の歳月をかけて制作されたアルバム。レーベルからの要望もあって、『フル・サークル』ではメインストリーム・ポップを展開していたが、本作では彼本来の姿に相応しい音楽性を披露している。国境を越えた豪華なアーティストが集っていることから、いわゆる様式美のプログレを期待しがちだが、そうはならず、カンタベリー・ロックにも通じる英国的な、それでいて移住した日本の影響も感じさせるジェントルなポップ作品になっているのだ。

1曲目のロバート・ワイアット、キャメルのアンディ・ラティマーから、続くキャラヴァン楽曲のセルフ・カヴァー「マン・イズ・ザ・チャイルド」におけるアニー・ハズラム、「ホエア・アイ・ロング・トゥ・ビー」でのモーガン・フィッシャー、ヒュー・ホッパーに捧げた「アイランド」でのデイヴ・ステュアート&バーバラ・ガスキン、ジミー・ヘイスティングス、ダグ・ボイルらビッグ・ネームはもちろん、若き日本のミュージシャンもデイヴのためならと、一丸となってプレイしている。

自身が書いたライナーには、ここでの音楽を「還暦を超えて向かった先」だと記している。いわば、耳順を迎えた彼にしかできない、真にプログレスな作品になっているのだ。なお、雰囲気のあるアルバム・ジャケットのイラストを描いたのは、デイヴが日本で出会ったアーティストのジム・モーガン。イエスのロジャー・ディーンやピンク・フロイドのヒプノシスのように〝ロック・ミーツ・アート〟な仕上がりだ。（山田）

Dave Sinclair
The Little Things

2013年：Dave Sinclair／No Number

1. The Little Things / 2. Canterbury (The City Calls) / 3. Makino / 4. Never To Be Apart / 5. The Unexpected / 6. Shine Its Light / 7. Blue Bread Song / 8. Always There / 9. More Than You Could Know / 10. Island (Bonus Track) / 11. Made For Us

滋賀県高島市マキノ町の自然美を表現した「マキノ」、京都で販売されている青いパンにインスパイアされた「ブルー・ブレッド・ソング」の先行シングル・リリースを経て、ロンドンに渡り、ギターのマルティーヌ・ウォルターとベースのビリー・ボトルとのアコースティック・トリオでレコーディングしたソング・オリエンテッドな作品。『ストリーム』に収録されていた「アイランド」の再録は、東日本大震災への鎮魂と応援の気持ちが込められている。ミニマムなアンサンブルによるサウンドは、自然と歌を立たせることになり、ひいてはデイヴのメロディ・メーカーとしての才能を際立たせている。5曲で聴けるデイヴの地味溢れる歌声もとてもいい。（山田）

Dave Sinclair
Out Of Sinc

2018年：日 DSINCS／CD8

1. Blue Eyes / 2. Back With You / 3. If I Run / 4. On My Own / 5. Home Again / 6. Crazie Blue / 7. Island Of Dreams / 8. Our World / 9. Rings Around The Moon

瀬戸内海に浮かぶ弓削島に拠点を移して発表された作品。レコーディングは京都のマザーシップ・スタジオで行なわれた。『ストリーム』と同様に国や世代を超えたミュージシャンが参加し、アンディ・ラティマーやパイ・ヘイスティングス、ダグ・ボイル、ジェフリー・リチャードソンらキャラヴァン、キャメルのメンバーも協力している。マッチング・モウルのころにつくられた「イフ・アイ・ラン」や17分を超える大作「ホーム・アゲイン」など、カンタベリー・ロックの精神が伝わる曲と、現在のデイヴのコンテンポラリーな要素がうまくミックスされている。ケヴィン・エアーズに捧げた「リングス・アラウンド・ザ・ムーン」は胸に沁みる名曲だ。（山田）

Dave Sinclair
Hook-line & Sinclair

2021年：日 DSINCS／CD10

1. Yuge've / 2. Message To My Heart / 3. Love Of My Life / 4. Eyes On You / 5. The Only Words / 6. Missin' You / 7. Reason To Know (For Luke & Elin) / 8. Always There (Dedicated To Bob Clarke) / 9. Absent Friends / 10. Heart Of Gold (For Our Mothers) / 11. Sweet Breath Of Morning / 12. Makinations

81年から19年までの未発表曲をアルバムに仕立てたもの。エレガントでロマンティシズムを感じさせる曲が多く、そのほとんどでデイヴ自身がリード・ヴォーカルをとっている。過去のマテリアルを集めたにもかかわらず、瀬戸内の美しい情景を思い浮かべるようなトータル性があり、流れるようにトラックが進んでいく。「オールウェイズ・ゼア」にはリチャード・シンクレア、ロバート・ワイアット、ジミー・ヘイスティングスが参加。「スウィート・ブレス・オブ・モーニング」ではパイ・ヘイスティングス、リチャード・シンクレア、リチャード・コフラン、メル・コリンズといった面々が顔を揃えた。ジャズ・ロック風味の「マキネイションズ」がクール。（山田）

Chapter 5

Gong

Koji Wakui / Tetsuto Koyama /
Isao Inubushi / Shoji Umemura

オプティミズムの理想郷——惑星ゴングをめぐる無限の輪廻

小山哲人

「ゴングが母であり、地球が母なんだ。私は母親というのがいちばん強力な存在だと思っているんだよ。男性は女性から生まれるし、その逆はありえないんだから」

96年、初めて会うことができたデイヴィッド・アレンはこう語ってくれた。ゴングを好きな人たちは「感性の女性的な側面が発達している」とも。〝柔らかい機械〟(=女性の躯)〝バナナ〟(=男性器のソフトかつ女性的な表現)など、アレンはエロティックでユーモラスなメタファーを好んで使用してきたが、これは「女性的なイメージをしっかり認識することで生まれるクリエイティヴなエネルギー」こそが重要だと考えているからだ。

アレンが〈人生最大の師〉と崇めるジリ・スマイスと、パリで運命的な出会いを果たすのは63年頃。アレンより5歳年上の彼女はロンドンのキングス・カレッジで優秀な学業成績を修める一方、フェミニズム文学の先駆だったボーヴォワールに大きな思想的影響を受け、編集に関わった雑誌で女性差別を激しく糾弾する記事を書くなどアグレッシヴに活動していた。2人は制度的な結婚こそしなかったが、16年間のパートナーシップの後も生涯にわたるコラボレーションを継続。女性の年齢ばかりを話題にするのは失礼とはいえ、同じ頃にマヨルカで知り合ったもうひとりの女性アーティスト、レディ・ジューンことジューン・キャンベル・クレイマーがスマイスよりさらに2歳年上であることも鑑みれば、女性的感性と母性への畏怖/崇拝の複合感情が、彼女たちからもたらされたことは間違いない。大富豪の娘でファッション・モデルとしても活動していたクレイマーはアレンやケヴィン・エアーズの熱烈なサポーター。パトロネージュ・システムとの幸福な共犯関係をアレンも享受していた。

もうひとつ、アレンが力説していたのはビートニク思想からヒッピー的オプティミズムへの意識転換である。ビートニク的表現の根底にある個としてのアーティスティックなエゴから脱し、他者／社会を敵対視するのではなく人種や文化の違いを超えた〝種族＝トライブ〟として惑星ゴングとその住人を位置づけること。〈ゼロ・ザ・ヒーロー〉が主人公の『ラジオ・ノーム・インヴィジブル（見えない電波の精の物語）』の不条理なストーリーは文字通り〈ゼロ＝無〉へと帰結する。このコンセプトには禅や仏教思想の〝無〟の教えが援用されているらしい。"You are one or I am you, Gong is one and one is you"という『ユー』最終章のリフレインがそれだ。

ロバート・ワイアットの母親が経営する下宿、ウェリントン・ハウスを最初に訪れた時、アレンはワイアットが自分と同じようなレコードをコレクションしていることに驚いたという。オーネット・コールマンやセロニアス・モンクらのジャズのレコードはヒップなビートニクにとっての必須アイテム。すでにウィリアム・バロウズ、ブライオン・ガイシン、テリー・ライリーらとパリで実際に交遊していたアレンは、自他ともに認める最先端のビートニク文化の体現者だった。イギリスの評論家、マイルズの著したバロウズの評伝には、若き日のアレンの姿が一瞬だがとらえられている。

「パリはセーヌ川の左岸でビート・ホテルを中心とするシーンが展開され、オーストラリアの詩人デイヴィッド・アレンがその一部を担っていた。ドウマン・ピエティックへ行くと彼がいて、スチール縁のごつい眼鏡をかけ、ブライオン・ガイシンの横で朗読していた」

南フランスでのソフト・マシーンの乱痴気騒ぎからの帰路、アレンがイギリスへの再入国を拒否されたのは67年8月。仏BYGでのゴングのデビュー作の録音は69年9～10月だから、約2年の空隙／漂泊期間が存在することになる。ビートニクからゴングへ、ゆるやかな意識変容が訪れたのはこの頃だろう。GAS出版から出た公式資料本『ゴング・ドリーミング』によれば、この時期にはパリ5月革命を挟んで二つのピリオドが存在する。すなわち、プロト・ゴング（67年12月～68年5月）とバナナムーン・バンド（68年3月～69年8月）。前者の期間、アレン＆スマイスはジスカ（・バウム）なる美貌の女性ヴォーカリストと彼女のパートナー、ローレン・スタンディ（フルート／ハープ）の男女チームと一緒に行動することが多かった。ジスカ&スタンディには実はもうひとつの名前〈プリンセス・フラワー・アンド・ザ・ムーンレイズ〉があり、自主制作アルバムを1枚残していることはあまり知られていない。しかもその作品『ドリーミング・ザ・マジック・オブ・ユア・マナ』（米Akasic 22／68年）にはアレンもギターで参加しているのだ！

アレン&スマイスとジスカたちが知り合ったのはニューヨークの実験劇団、リヴィング・シアターがパリ公演を行った際のパーティらしい。ジスカ夫婦はセーヌ川左岸のホテル・ステラに住み、その最上階のリュクサンブール公園を見下ろす一室には連日、スノッブな人々が集まって議論（とライヴ・パーティ）を繰り広げていたという。かつてビート・ホテルを根城に、バロウズやアレン・ギンズバーグらビートニクが集結、朗読イヴェントを開催したのと同じような光景が展開していたのだろう。スタンディはソニー製テープ・レコーダーを所有、67年末にかけて部屋で録り溜めたセッションをアメリカでレコード化したのが『ドリーミング〜』だった。

68年春、〈プロト・ゴング〉はストックホルム現代美術館で開催されたコンサートに招待され、ドン・チェリーとも共演。フランスへ戻った時、パリは騒乱の只中にあった。アレンたちもパフォーマンス的な抗議活動を行ったが、〝真剣な〟プロテスターにはそれがビートニク的な余興に映ったようだ。そんなエピソードも伝えられ、急進派学生から排斥、官憲からも追われたふたりはデヤへ逃亡。当地でパトリース・フォンテーヌ（ベース）とマルク・ブラン（ドラムズ）を加えた4人組、バナナムーン・バンドを新たに結成、惑星ゴングへの序章がいよいよ切り開かれたのである。

それから41年後の09年、アレンとスマイスはスティーヴ・ヒレッジ&ミケット・ジローディのシステム7とも合体、ゴングとしてフジロック・フェスティヴァルへの初出演を果たした。言うまでもなくフジロックが規範としたのは長い歴史を持つイギリスの老舗野外フェス、グラストンベリー・フェア。ホークウインドらとともに、ゴングがその最初期の名物アクトだったことを思えば感慨は一層深まる。ここ日本の地でも、ゴング神話を巡る輪廻転生は実現していたのだ。

ゴング

Gong
Magic Brother

1970年3月：仏 BYG／Actuel 5

[A] **Early Morning Side**: 1. Mystic Sister - Magick Brother / 2. Change The World / 3. Glad To Sad To Say / 4. Chainstore Chant - Pretty Miss Titty / 5. Fredfish - Hope You Feel OK6. A Certain Kind [B] **Side Of The Late Night**: 1. Ego / 2. Gongsong / 3. Princess Dreaming / 4. 5 & 20 Schoolgirls / 5. Cos You Got Green Hair

フランスに足止めされてから2年、デイヴィッド・アレンは着々とパリでの人脈を築き、バークレイ・レコーズのジャン＝リュック・ヤングと、DJでライターのピエール・ラティスが新レーベル〃BYG〃でレコードを雑誌のように売る「アクチュアル・マガジン」を立ち上げ、「アクチュアル・フェスティヴアル」を計画しているのを知って、オーガナイザーとして参入する。ジョルジオ・ゴメルスキーに協力を仰いだアレンは英国勢の招聘に力を注ぎ、69年10月24日～29日に開催されたフェス（ラティスとフランク・ザッパが司会）で存在感をアピール。スマイスと始めたゴングとBYGとの契約を決めた。フェスには間に合わなかったものの「アクチュアル」の中核となる席を与えられたアレンは、打楽器のラシッド・ホウリとサックスのディディエ・マレーブと録音した本作を足がかりにゴングをバンド化していく。しかし、ここではそんな策士ぶりを感じさせないアシッド・フォークで笑わせてくれるのだ。（和久井）

Gong Avec Daevid Allen
Continental Circus

1972年4月：仏 Philips／6332 033

[A] 1. Blues For Findlay / 2. Continental Circus World [B] 1. What Do You Want? / 2. Blues For Findlay (Instrumental) / 3. Tried So Hard

このアルバムはフランスで製作されたジャック・フィンドレイというオーストラリア人レーサーのドキュメント映画（ジェローム・ラペロウサス監督）のサントラ盤として録音されたもので、サックス／フルートのディディエ・マレーブ、ベースのクリスチャン・トリシエ、ドラムのピップ・パイル、テープ・ループのヴヌー・ド・ルクスに、アレン、スマイスというメンバー（アレンは〃プロト・ゴング〃と呼んでいる）。

オリジナル盤には4曲しか入っていなかったが、CD化の際に「ブルース・フォー・フィンドレイ」と「フライング・ティーポット」の72年ライヴ計38分（もちろん初登場）が加えられ、倍の長さになった。これがスゴイ。テクノやハウスまで呑み込んだ20年後のゴングと何も変わらないのだから驚きだ。

72年にはスペース・ロックと表現されたが、最初期からゴングはゴング。ホークウインドあたりには真似のできない〃超絶空間〃を現出させている。これはCDでどうぞ。（和久井）

Gong
Camembert Electrique

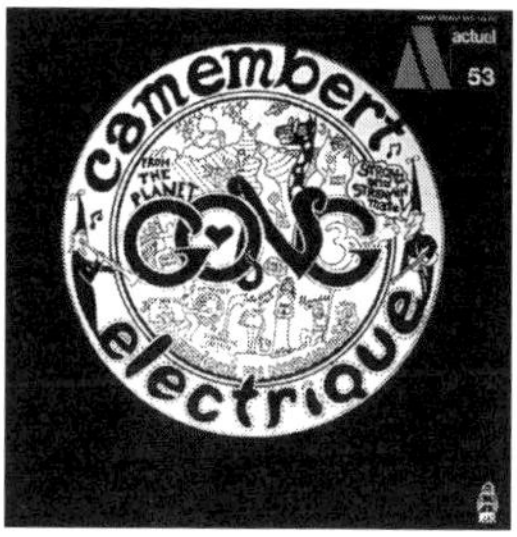

1971年10月：仏 BYG／Actuel 53

[A] 1. Radio Gnome / 2. You Can't Kill Me / 3. I've Bin Stone Before / 4. Mister Long Shanks : O Mother I Am Your Fantasy / 5. Dynamite : I Am Your Animal / 6. Wet Cheese Delirum [B] 1. Squeezing Sponges Over Policemens Heads / 2. Fohat Digs Holes In Space / 3. Tried So Hard / 4. Tropical Fish : Selene / 5. Gnome The Second

次作からの〝ラジオ・ノーム・インヴィジブル〟三部作の序章となる傑作は、バンドとしてのゴングの実質的なファースト・アルバムと言っていい。アレン、スマイス、マレーブ、トリシェ、パイル、ルクスがコミューンのような生活をしながらバンドを固めていったのはよく知られているが、ジャケ内側でパイルが連れているのはワイアットと最初の妻パムのあいだにできた子供。パムがパイルと再婚したため息子はゴングにいるわけだ。カンタベリー・ファミリーがどこまでも自由なのを伝えるエピソードではないか。

ジャズ・ロックを追求してワイアットの居場所をなくすソフツとは違って、根本にアレンの宇宙観があり、サン・ラが詩や歌を重んじたような音楽が目標だったのだろう。ワン・コードのモードなファンクにスマイスのウィスパーやルクスのテープ・ループが加わるのだからダンサブルな面もあり、とぼけたストーリーに笑えたりもする。ザッパをライヴァル視していたのは間違いない。（和久井）

Gong
Radio Gnome Invisible Part 1: Flying Teapot

1973年5月25日：Virgin／V 2002

[A] 1. Radio Gnome Invisible / 2. Flying Teapot [B] 1. The Pot Head Pixies / 2. The Octave Doctors And The Crystal Machine / 3. Zero The Hero And The Witch's Spell / 4. Witch's Song / I Am Your Pussy

スティーヴ・ヒレッジを加えての音固めは、英国デビューを目論んでのことだったはず。ジョルジオ・ゴメルスキーにプロデュースのクレジットが与えられたのも、71年のグラストンベリー・フェス出演とそのオムニバス・ライヴ盤〝Glastonbury Fayre〟や、ヴァージンとの契約に彼が絡んでいたからではないかと思う。ロシア人のゴメルスキーはかつてヤードバーズなどを手掛けていたが、ヨーロッパに販路を拡大し、マグマに関わったりしていたぐらい（マグマのフランシス・モーズとティム・ブレイクがゴングに参加したのも彼の仕業か）。そうやってレールを敷いておいての〝ラジオ・ノーム・インヴィジブル〟の第1作が悪いわけはなく、ゴングの人気は英国でも爆発。73年10月8日にカムデンで録音されたプログレ新派のオムニバス・ライヴ〝Greasy Tuckers Live Ay Dinswalls Dance Hall〟にヘンリー・カウやキャメルと共に参加したのも効いて、アレンはカンタベリーの首領に返り咲くのだ。（和久井）

Gong
Radio Gnome Invisible Part.2: Angel's Egg

1973年12月7日：Virgin／V 2007

［A］1.Other Side Of The Sky / 2.Sold To The Highest Buddha / 3.Castle In The Clouds / 4.Prostitute Poem / 5.Givin My Luv To You / 6.Selene ［B］1. Flute Salad / 2.Outer Temple / 3.Inner Temple / 4.Percolations / 5.Love Is How U Make It / 6.I Never Glid Before / 7.Eat That Phone Book Coda

「ラジオ・ノーム・インヴィジブル」というアイディアは、『プラヴェイト・アイ』のコラムニストが〝Lords Gnome〟と呼ばれていたことに由来し、アレンはその音像化を考えていたのだろう。不協和音もポリ・リズムもありの世界の騒音の中で、ジャーナリスティックなギャグ混じりの寓話をもって説法する詩人というのが彼の在り方だった。それはデイヴィッド・アレン・トリオで人前に現れた63年から一貫した姿勢で終生変わることがなかったが、〝世界の騒音〟が理想的な形で現出されたのがこの3部作のときだ。物語の起承転結で言えば、ここでは承の後半から転の前半が表現されていて、世界と個のつながりを考えさせられる。音楽的には、ヒレッジ、ブレイク、ハウレット、マレーブらのアイディアを曲に発展させ、よりバンドらしい整合性を求めたのが成功して、〝真性のプログレッシヴ・ロック〟が立ち上がりつつある。次作での大団円を期待させる広がりが逞しい、あまりに屈強な第2作だった。

（和久井）

Gong
Radio Gnome Invisible Part.3: You

1974年10月4日：Virgin／V 2019

［A］1. Thought For Naught / 2. A P.H.P.'s Advice / 3. Magick Mother Invocation / 4. Master Builder / 5. A Sprinkling Of Clouds ［B］1. Perfect Mystery / 2. The Isle Of Everywhere / 3. You Never Blow Yr Trip Forever

74年の段階でレコードに刻めたロックの、最高の形がここにはある。ザッパが『ワン・サイズ・フィッツ・オール』にまとめた主たるライヴ素材が同年の録音であることからも、60年代からのロックを総決算しようという意識が窺えるが、産業ロックに踊らされていた当時の我々は、パンクにハッとさせられるまで、ロックの精神性が歪められていることに気づかなかったのだ。アレンやザッパの座長としての凄みは、自分の思想や哲学を先に言語化して、音像表現は役者に放り投げられること。そうやって放たれた〝問い〟がオーディエンスに届くと、禅問答のようなコール&レスポンスが生まれるわけで、だから最後はYOUなのだ。

サイケデリック・エラを経て上辺はヒッピーと同化したが、アレンがずっと追求していたのは「ビートニクの何たるか」だった。座員たちの理解がここで最高の地点に至ったから、オリジナル・ゴングでできることはもうなかった。本作はそれほどの到達点である。

（和久井）

Gong
Live Etc.

1977年8月：Virgin／VGD3501

[A] 1. You Can't Kill Me / 2. Zero The Hero & The Witch's Spell / 3. Flying Teapot [B] 1. Dynamite / I Am Your Animal / 2. 6/8 / 3. Est-Ce Que Je Suis / 4. Ooby-Scooby Doomsday Or The D-Day DJ's Got The D.D.T. Blues [C] 1. Radio Gnome Invisible / 2. Oily Way / 3. Outer Temple / 4. Inner Temple / 5. Where Have All The Flowers Gone [D] 1. Isle Of Every-where / 2. Get It Inner / 3. Master Builder / 4. Flying Teapot (Reprise)

77年、アレン&スマイスの後を追うように主要メンバーが次々と離脱、ゴングはムーランを中心とするジャズ・フュージョン・バンドへ変貌していた。そんな中、オリジナル・ゴングがパリで再結成し、ライヴ盤がフランスで発売されることを知ったヴァージンは憤慨する。過去のライヴ録音などからLP2枚組を急遽編纂、仏盤より早い8月にリリースしたのである。

しかもインナーには、問題のヒッポドロームでの再結成ライヴの写真を使用するなど、嫌がらせ（?）も徹底していた。当時聴くことができたゴングのライヴは、グラストンベリーとグリージー・トラッカーズのオムニバス（どちらもLP片面のヴォリューム）のみ。初の公式ライヴ盤への期待が大きかっただけに、急拵えの散漫な内容が残念だった。しかしマニアックな視点で聴き直せば、ライヴ本編よりもタイトルに追記された〝エトセトラ〟部分に意外な旨味も。アレンがシングル・ヒットを画策したとされる未発表スタジオ録音が興味深い。（小山）

Planet Gong
Live Floating Anarchy 1977

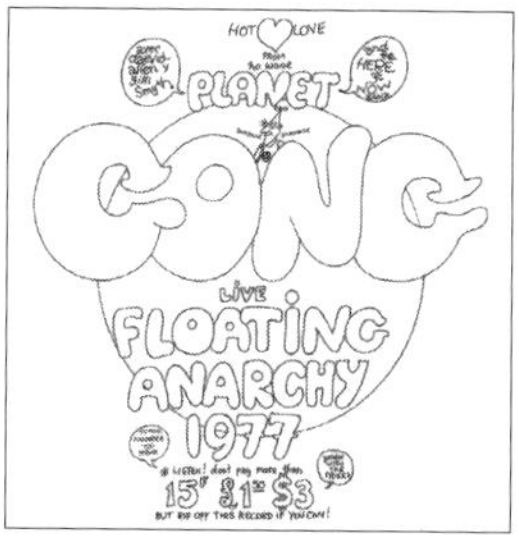

1978年：仏 LTM／LTM 1002

[A] 1. Psychological Overture / 2. Floating Anarchy / 3. Stone Inno / 4. New World Transformation Try / No More Sages [B] 1. Opium For The People / 2. Allez Ali Baba Blacksheep Have You Any Bullshit? / Mama Maya Mantram

ヒッポドロームでのゴング再結成コンサートの際、若きヒッピー・パンク・バンド、ヒア・アンド・ナウと出会ったアレンには、新プロジェクトへのアイディアが生まれていた。〈ラジオ・ノーム・インヴィジブル〉三部作が完成したあと、スマイスとの間に誕生した2人の子供の育児に専念。スペインのデヤで2年間の隠遁生活を送っていたが、自らもその一部となったロック・エスタブリッシュメントへ反旗を翻すパンク・ムーヴメントに共感／共振したのだ。

ヒア・アンド・ナウはルックスこそ長髪でヒッピー然としていたが、フリー・コンサートを自主運営するDIY精神はパンクそのもの。アレン&スマイスがバンドに合流するかたちでプラネット・ゴングが誕生した。8トラックの簡素な機材で録音された本作では〝パンクのリズムとスペイシーでアンビエントな要素の融合〟というコンセプト通り、旧曲「ストーン・イノス・フランケンシュタイン」がアグレッシヴで性急なナンバーに生まれ変わっている。（小山）

Gong
Gong Est Mort

1977年：仏 Tapioca／TP 10002/3

[A] 1. Can't Kill Me / 2. I've Been Stoned Before / Mister Long Shanks / O Mother / 3. Radio Gnome Invisible [B] 1. Zero The Hero & The Witch's Spell [C] 1. Inner Temple (Zero Meets The Octave Doctor) / 2. IAO Chant & Master Builder / 3. Sprinkling Of Clouds [D] 1. From The Isle Of ～...etc.

大物プロモーター、ジャック・パスキエの呼びかけで実現したゴング最初のリユニオン・コンサートの実況盤。77年のロンドンはパンクの波に飲み込まれており、スペインへ隠遁していたアレンにもそのエネルギーは伝わっていた。ほかのメンバーもそれぞれの道を歩み始めていたが、5月にパリのヒッポドロームで開催されたイヴェントにはアレン／スマイス／ヒレッジ／ブレイク／ハウレット／マレーブ／ムーランという『ユー』編成の全員が参加した。リリースを察知したヴァージンから横槍が入るなどトラブルの火種となったが（ヴァージンとソロ契約中のヒレッジは内ジャケで顔が消されノー・クレジット）、リラックスした演奏は幸福感に満ちている。（小山）

Gong
Live Au Bataclan 1973

1989年：仏 Mantra／025

[A] 1. Introduction - Tout Va Bien / 2. Dynamite - I'm Your Animal [B] 1. Tic Toc / 2. Taliesin / 3. Inside Your Head / 4. You Can't Kill Me [C] 1. Flute Salad / 2. Pussy / 3. Radio Gnome I & II [D] 1. Flying Teapot / 2. Wet Drum Sandwich (Encore)

1860年代に作られたバタクランは、パリ11区に位置するキャパシティ千人ほどの古い小劇場。2015年の凄惨なテロ事件で広くその名が知られてしまったが、60年代以降多くのロック・コンサートが開催されてきた名物スポットである。英ヴァージン移籍第一作となる『フライング・ティーポット』を録音、73年7月にはフランスへ移動し、次作『エンジェルズ・エッグ』録音準備に入る。ドラマーがピエール・ムーランに交替、〈ラジオ・ノーム・インヴィジブル〉三部作での黄金のラインナップが完成した。初期の『キャモンベール～』や『フライング～』収録曲の諧謔的な音楽性が、精緻なジャズ・ロックへ翻訳／移行していく過程がなんとも興味深い。（小山）

Gong
Live! At Sheffield 1974

1990年：仏 Mantra／042

[A] 1. Crystal Gnome / 2. Radio - Gnome I & II / 3. Mister Pyxie / 4. Deep In The Sky / 5. Flying Tea-Pot; 5b. Out Of Space [B] 1. Wet Drum Sandwich / 2. Mange Ton Calepin / 3. You Can't Kill Me / 4. Titicaca

バタクラン劇場ライヴの姉妹編。わずか1年の間隙とはいえ、74年1月にはアレンとスマイスの間に次男オーランドが誕生、またヴァージン・レーベル畢竟のメガ・ヒットとなったマイク・オールドフィールド『チューブラー・ベルズ』プレミア公演に参加するためムーランが離脱→復帰するなど、〈ラジオ・ノーム・インヴィジブル〉最終章へ向けてのバンド激動期にあたる。当時のゴングはイギリスでの生活拠点であるミドルフィールド農場で、連日、ドラッグをキメながら果てしない即興セッションを繰り広げ、『ユー』へ向けてアイディアを紡いでいた。バンドのテンションは最高潮、自作曲‘Mange Ton Calepin’でのマレーブのソロなど実に鋭い。（小山）

Gong
The Mystery And The History Of The Planet Gong

1989年：Demi Monde／DMLP 1018

[A] 1. Concert Intro / 2. Captain Shaw And Mr Gilbert / 3. Love Makes Sweet Music / 4. D.L.T. Interview / 5. Riot 1968 / 6. Dreaming It / 7. I Feel So Lazy / 8. And I Tried So Hard [B] 1. Radio Gnome Pre-Mix / 2. Pot Head Pixies / 3. Majick Brother / 4. Line Up / 5. Clarence In Wonderland / 6. Breakthrough Interview [C] 1. Where Have All The Hours Gone / 2. GonG Poem / 3. Deya Goddess / 4. Opium For The People [D] 1. Red Alert / 2. 13/8 / 3. Gliss-U-Well / 4. Future / 5. The Dream / 6. Chernobyl Rain / 7. Let Me Be One

未発表のアウトテイク、ラジオ音源、ライヴで振り返るアレンの25年という体の編集盤。古くは64年のソロから、68年のソフツ、69〜77年のゴングの変遷、75年のクライヴ・ウィリアムズとの録音、76年のスペイン、77年のパリ、その後のマザー・ゴングやインヴィジブル・オペラ・カンパニーを経て、88年のグラストンベリーでのゴング復活まで、まさに歴史を伝えるアルバムだ。オーストラリアでの6年は謎が多く、忘れられそうになっていただけに、久々に英国で存在感を示した翌年にこれを出した意味は大きく、再評価のきっかけとなった。ヘタなオリジナル・アルバム以上の価値を持つ名作だ。限定2枚組LPの付録ブックレットも秀逸。（和久井）

Gong
Shapeshifter

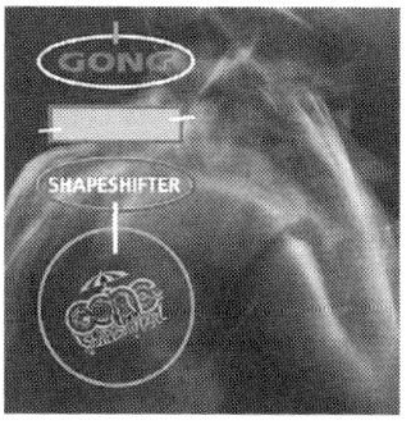

1992年10月：仏 Celluloid／66914-2

1. Gnomerique / 2. Shapeshifter / 3. Hymnalayas / 4. Dog-O-Matic / 5. Spirit With Me / 6. Mr. Albert Parkin / 7. Raindrop Tablas / 8. Give My Mother A Soul Call / 9. Heaven's Gate / 10. Snake Tablas / 11. Loli / 12. Là Bas Là Bas / 13. I Gotta Donkey / 14. Can You : You Can / 15. Confiture De Rhubarbier / 16. Parkin Triumphant / 17. Longhaired Tablas / 18. Éléphant La Tête / 19. Mother's Gone / 20. Éléphant La Cuisse / 21. White Doves / 22. Gnomoutro

89年のゴングメゾン構想には当時の恋人トゥーリアも含まれていたが、彼女といったん別れることになり意気消沈。また一方にはメンバーが重なるマザー・ゴングの活動をどうするかという問題もあった。けれども90年のテレビ・ショウでオリジナル・ゴングの再現を試みたのが成功。アレンはついにゴングの新作に向けて動き出すのだ。BYG〜チャーリーのジャン・カラコスに相談すると、フランスで録音し、彼のセルロイド・レコーズからまずリリース。それから世界に売っていこうという計画になり、本作は91年9月から92年7月にかけて、断続的にパリで録音されたのである。

アレン、マレーブ、パイル、クラークに、ベースのキース・ベイリーと、シャマールというのが基本メンバーだが、かつてのゴングを思い出させる演奏と、テクノ／ハウスが混在しているのには驚かされた。私はかつての名バンドが、全盛期の姿を安直に様式化す〝ムカナマ（昔の名前で出ています的）商売〟が嫌いなのだが、これは真逆。若いバンドがプログレをパロディ化して楽しんでいるような清々しさがあった。

「キャン・ユー：ユー・キャン」と「コンフィチュア・デ・ルバーディアー」は92年5月1日にフランスでライヴ録音されたナンバー。仏セルロイド盤は全22曲だったが、96年の改訂版（若干ジャケが異なる）には、スマイスが合流した92年夏のライヴ「ゴッデス・インヴォケイション／オーム」（約13分）が加えられた。（和久井）

Gong
The Birthday Party

1995年：Voiceprint／VPGAS 101

[1] 1. Thom Intro / 2. Floating Into A Birthday Gig / 3. You Can't Kill Me / 4. Radio Gnome 25 / 5. I Am Your Pussy / 6. Pot Head Pixies / 7. Never Glid Before / 8. Sad Street / 9. Eat That Phonebook / 10. Gnomic Address / 11. Flute Salad / 12. Oily Way / 13. Outer Temple/Inner Temple / 14. She Is The Great Goddess / 15. IAOM Riff [2] 1. Clouds Again / 2. Tri-Cyle Gliss / 3. Get A Dinner / 4. Zero Where Are You? / 5. Be Who You Are My Friends / 6. It's The World Of Illusion / 7. Why Don't You Try / 8. I Am You / 9. Introdu-cing The Musicians

94年10月8、9日、ロンドンのザ・フォーラムで開催された「生誕25年祭」における本家ゴングのステージを、CD2枚に収録したライヴ・アルバム。

このイヴェントには、カンガルー・ムーン、ティム・ブレイク、ヒア・アンド・ナウ、ショート・ウェイヴ、シェイプシフター・ゴング、マザー・ゴングといった〝支店・系列店〟が集結し、演奏は延べ24時間に及んだ。これは二日間のステージから選ばれた〝本家総代〟のベスト・パフォーマンスである。アレン、スマイス、マレーブ、ブレイク、マイク・ハウレット、ピップ・パイルに、ギターのステッフェリ・シャープストリングスは、かつてのゴングを再現したわけではなく、〝生まれ変わったオリジナル・ゴング〟が過去も現在も呑み込み、未来まで見据える姿を強烈にアピールしてみせた。おかげで最高の水準にある現役バンドとして多方面から認められ、巨大な銅鑼の音は世界に鳴り響いていくのだ。これを聴かずしてゴングは語れない必殺盤。

（和久井）

Gong
Camembert Eclectique - Cafe Montelieu Demos

1995年：GAS／A GAS CD 001

70年に産声をあげたオリジナル・ゴングが、バンドとしての初アルバム『カマンベール・エレクトリック』をどうやって編み出したたかが判る未発表テイク集。新生ゴングまで一貫した〝ビートニク／ボヘミアンとしてのアレンの思想〟を明確にすることで、幾多のバンドとの違いを物語った重要な一枚だ。『マジック・ブラザー』と『カマンベール・エレクトリック』のあいだを埋めるミッシング・リンクで行われたマジック・マッシュルームの宴。

（和久井）

Goddess Trance
Goddess Trance

1996年：GAS／AGASCD 011

新生ゴングのステージの中盤に披露されるテクノ／ハウス・コーナーを独立したものとして聴かせるユニットがゴッデス・トランスだった。

スマイスのスペース・ウィスパーとスペイシーなテクノの相性はバッグンだったから、オーランド・アレンが中心になってのこの展開には納得がいく。母は息子に身をあずけて気持ちよさそうだし、父は武器のグリッサンド・ギターを手にゲスト参加。〝これもまたゴング〟というわけである。

（和久井）

Goddess Trance
Electric Shiatsu

1999年：Voiceprint／VP205

2作目にして〝そっち系〟の名前になっちゃう変わり身の早さも父親譲りだし、〝指圧〟は日本で覚えた言葉だろう。〝電気あんま〟の方が面白かったと思うけどね（笑）。

よけいに本家から遠くなると売り上げに響くから、ジャケにGONG GLOBAL FAMILYと入れているのがお茶目。そんなところも現代っ子らしいオーランド君は、母さん父さんに自由にやらせているのだから親孝行だ。ん？ 肩揉み券を出して小遣いをもらう作戦か？（和久井）

Gong
Zero To Infinity

2000年：One Eyed Salmon／SMACD824

1. Foolfare / 2. Magdalene / 3. The Invisible Temple / 4. Zeroid / 5. Wise Man In Your Heart / 6. The Mad Monk / 7. Yoni On Mars / 8. Damaged Man / 9. Bodilingus / 10. Tali's Song / 11. Infinitea

新作で20世紀を締め括り、ファミリーを無限にグローバル化させていこうという志が感じられるスタジオ盤。アレン、スマイス、ハウレット、マレーブに、新ドラマーのクリス・テイラー、木管と鍵盤と打ち込みのセオ・トラヴィスという顔ぶれで、ハウレットが実質的なプロデューサーだ。録音は99年9～10月にロンドンで行われ、アートワークはアレンが自ら手掛けた（初回盤はプラスティック・ケースを半透明のヴィニール・カヴァーが覆っている）。

ジャジーなホーンに導かれて始まる「マジャレーン」のラテン風が長年の謎だったのだが、近藤等則さんによれば、かのジャン・カラコスがいちばん儲けたのは、89年に世界的なヒットになった「ランバダ」。南米でタダ同然で買った原盤が何億もの金を生んだのだという。アレンはそれをジョークにしたのだろう。どこかで聴いたことのあるメロディの「ワイズ・マン・イン・ユア・ハート」と、新機軸のファンク「ザ・マッド・モンク」も文句なし。（和久井）

Acid Mother Gong
Acid Motherhood

2004年：Voiceprint／VP311

河端一が率いるアシッド・マザー・テンプルは、世界的なリリースとツアーで欧米のサイケデリック・シーンで高い評価を得ている日本のバンド。アレンと河端が手を組んだのがアシッド・マザー・ゴングである。

オーストラリア録音の本作には、ジョシュ・ポラック（ギター）、コットン・カジノ（シンセ）、ダーマワン・ブラッドブリッジ（ベース）、オーランド（ドラムス）らによる自由な演奏が詰まっていて、スマイスもゲスト参加している。（和久井）

Acid Mothers Gong
Live Tokyo

2006年：Voiceprint／VP382

1. Gnome 11:11 / 2. Ooom Ba Wah! / 3. Crazy Invisible She / 4. The Unkilling Of Octave Docteur Da 4J / 5. Avahoot Klaxon Diamond Language Ritual / 6. Rituel: Umbrage Demon Stirfry & Its Upcum / 7. Jesu Ali Om Cruci-Fiction / 8. Ze Teapot Zat Exploded / 9. Eating Colonel Saunders UpDown / 10. Vital Info That Should Never Be Spoken / 11. Parallel Tales Of Fred Circumspex / 12. The Isle Of Underwear / 13. Ohm Riff Voltage 245 / 14. Total Atonal Farewell To The Innocents

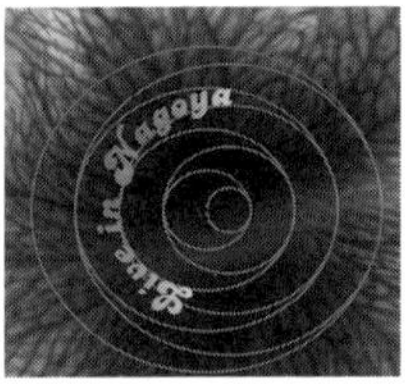

Live In Nagoya

2006年　波Vino／2006020CD

ライヴ盤2枚を残すことになったアシッド・マザー・ゴングのジャパン・ツアーは、03年4月に行われた。アレン、スマイス、ジョシュ・ポラック（ギター）に、河端一（ギター／元・えろちか）、東洋之（シンセ、テルミン）、津山篤（ベース／元・想い出波止場）、吉田達也（ドラムス／元・ルインズ〜高円寺百景）という布陣である。

東京・初台のドアーズで収録された『ライヴ・トーキョー』は、河端がマルチ・トラックからミックスしたものを河端・吉田で編集、そこからアレンがエディットして完成を見た力作で、スペイシーかつサイケな音空間がみごとに再現されている。これはヴォイスプリントからリリースされたので、中古市場を探せば比較的簡単に入手できると思う。こういうマニアックな盤は市場から消えると面倒なことになるのでいまのうちにどうぞ。

厄介なのはポーランドのレーベル（ホントかなぁ？）から人知れず出ていた『ライヴ・イン・ナゴヤ』だ。4月9日に今池の得三で録音、吉田達也がミックスした7曲を収録しているのだが、ほぼインプロのバンドだから『ライヴ・トーキョー』とは雰囲気が違う。まぁ、どっちが好きということにもならないだろうが、実体を摑みたければ名古屋篇も聴いた方がいい。

アシッド・マザー・ゴングはその後も活動し、06年11月3日にアムステルダムのフェスで収録されたＤＶＤ“Live at Uncon 06”を残している。

（和久井）

Gong
2032

2009年9月15日：G-Wave／AAGWCD001

1. City Of Self Fascination / 2. Digital Girl / 3. How To Stay Alive / 4. Escape Control Delete / 5. Yoni Poem / 6. Dance With The Pixies / 7. Wacky Baccy Banker / 8. The Year 2032 / 9. Robo-Warriors / 10. Guitar Zero / 11. The Gris Gris Girl / 12. Wave And A Particle / 13. Pinkle Ponkle / 14. Portal

本家の約10年ぶりのスタジオ盤は、09年2月にロンドンで始まり、オーストラリアで素材を追加したり、東京でヴァイオリンを加えたりのすえに完成した。

特筆すべきはスティーヴ・ヒレッジの復帰で、ギターだけでなく、アレンと共にプロデュースも手掛けている。ほかのメンバーは、スマイス、マレーブ、ハウレット、テイラー、トラヴィス、シンセのミクェット・ギラウディ、エレクトリック・ヴァイオリンの勝井祐二。ヒレッジのギターが核になっている曲も多いから、前作よりロックっぽい印象だが、アレンがラップしたり、システム7的な打ち込みをバックにスマイスがリーディングするようなところもあって、実に多彩。

（和久井）

Gong
I See You

2014年11月10日：Madfish／SMACD1023

1. I See You / 2. Occupy / 3. When God Shakes Hands With The Devil / 4. The Eternal Wheel Spins / 5. Syllabub / 6. This Revolution / 7. You See Me / 8. Zion My T-Shirt / 9. Pixielation / 10. A Brew Of Special Tea / 11. Thank You / 12. Shakti Yoni & Dingo Virgin

アレンは詞や曲を提供し、歌もリーディングも聴かせるが、主たる仕事は監督とばかりに裏方仕事（ライナーノーツやアートワーク）を手がけ、サウンド・プロデュースはオーランドに任せている。

ベースはデイヴ・スタート、ギターはカヴァス・トラビ、ファビオ・ゴルフェッティという新顔たちだから、スマイスのゲスト参加はあっても〝オーランドのゴング〟に切り替わっている。

しかし、それが認められないということはなく、「これもまたゴング」と受け容れてしまえるのだから面白い。実質的にはアレンとスマイスの遺作になったが、総帥は根性で（笑）次作にもちゃんと参加してしまうのだ。

（**和久井**）

Gong
Rejoice! I'm Dead!

2016年9月16日：Madfish／SMACD1049

1. The Thing That Should Be / 2. Rejoice! / 3. Kapital / 4. Model Village / 5. Beatrix / 6. Visions / 7. The Unspeakable Stands Revealed / 8. Through Restless Seas I Come / 9. Insert Yr Own Prophecy

アレンはすでに亡く、本作のリリースを待たずにスマイスも旅立ったが、ヒレッジ、マレーブ、クラークの参加でオリジナル・ゴングのプログレっぽさが蘇り、アレンの再生（きっとどこかで生まれ変わっているはずだ、と誰もが確信しているはずだが）を祝うようなアルバムになったのだから、一族で常識を覆しているようなもの。アレンの詩、曲、ヴォーカルも残っているから、国境どころか時空まで超えてしまった感も強いのだ。

『ラジオ・ノーム〜』『ロボット・ウーマン』のセットと同じハードカヴァー・ブック仕様の3枚組も出ているのだが、それはもうどこを切ってもゴングなのだから、もはや宗教的でさえある。

（**和久井**）

Gong
The Universe Also Collapses

2019年5月10日：Kscope／KSCOPE1039

［A］1. Forever Reoccurring ［B］1. If Never I'm And Ever You / 2. My Sawtooth Wake / 3. The Elemental

アレンの死後2作目のゴングはまさかまさかの新体制。なんとオーランドが抜け、カヴィス・トラビ（ヴォーカル、ギター）、ファビオ・ゴルフェッティ（ギター、ヴォーカル）、デイヴ・スタート（ヴォーカル、ベース、シンセ）、イアン・イースト（サックス）という創業家不在の会社となっていて、アレンが描いた〝欣求曼陀羅〟のもとで、我々のよく知らない顔ぶれのバンドがゴングと名乗っているのだ。

まぁ、かつてはピエール・ムーランのゴングもあったわけだからしばらく様子を見るつもりですけど、『カンタベリー・ロック完全版』の責任編集者としては、これならアシッド・マザー・テンプルを応援したいかも〜。

（**和久井**）

ゴングその他のライヴ

小山哲人

　年寄りの懐旧に聞こえるのを承知で30年前を振り返れば、90年前後にカンタベリー・シーンのアーティストを取り巻く状況はなんとも寂しいものだった。ロバート・ワイアットやケヴィン・エアーズは変わらず優れた作品をリリースしていたが、その活動は散発的であり、多くのバンド／アーティストが80年代の不遇の時代に活動を停止したまま、音信不通の状態だったのである。そんな中、ゴングとキャラヴァン、さらにハットフィールド&ザ・ノースまでが再結成、イギリスのTV番組に出演したというニュースが飛び込んで来た。画質も音質も最悪の海賊版ヴィデオに高い金を払い、ようやく見ることができたゴングの映像が『ライヴ・オン・TV1990』としてCD化されたノッティンガムのセントラルTV制作のライヴ・プログラム（映像ももちろん正規DVD化済み）だった。

　アレン／スマイス／マレーブ／パイルの旧メンバーに、ギターとベースにはプラネット・ゴングのメンバーだったステフィ・シャープストリングスとキース・ベイリーが参加。バンドを迎える冒頭の歓声から、会場にはコアなファンが集結していたことがわかる。70年代ゴングをリアルに体験した彼らにとっても、待ちに待った夢のようなイヴェントだったに違いない。アレンは「ノスタルジックなインパクトを一度だけ人々に与えるため」の再結成と語ったが、このプログラムを契機にグループはゆっくりと再始動。94年、ロンドンのフォーラムで結成25周年を祝う大イヴェントが行われ、ゴングは完全な復活を遂げた。

　再始動を後押しするように出たのが『プレ・モダニスト・ワイヤレス』。71～74年に3度出演したBBC『ジョン・ピール・ショウ』音源がまとめられた。ゲストのケヴィン・エアーズが自身のレパートリーを歌う「クラレンス・イン・ワンダーランド」が楽しい。『ライヴ・ア・ロングラヴィル』と『ライヴ・

Gong
Live On TV 1990
1993年：仏 Code 90／NINETY 1

Gong
Pre-Modernist Wireless: The Peel Sessions
1995年：Strange Fruit／SFR CD 137

Gong
Live À Longlaville 27/10/1974
2021年：Madfish／SMALP1206

Gong
Live In Germany 1974
2020年：Alive The Live／IACD10492

イン・ジャーマニー1974』は、ともに『ユー』リリース直後に行われた英欧ツアーで収録されたもの。バンドはアレン／ヒレッジ／マレーブ／ハウレット／ブレイクに加え、スマイスの不在を埋めるヒレッジのパートナーのミケット・ジローディ、ドラムズにローリー・アランというラインナップ。フランス公演（前者）の一週間後に行われたのが、後者の西独ブレーメンでのラジオ放送用ライヴだ。翌年リリースされるヒレッジの初ソロ『フィッシュ・ライジング』収録の「ソーラー・ムジーク・スイート」を間に挟み、代表曲が次々と演奏される。ツアー終盤にはドラッグのトラブルからアランが離脱、代役として急遽参加したビル・ブルフォードが讃えたという〝サイケデリックなサウンドと重量級のグルーヴ〟の合体が完璧に具現化している。

『ライヴ・2・インフィニタ』は本格的再始動以降、世界中へ枝葉を広げたゴング・ファミリー〈本家〉による00年春の英欧ツアーから収録。アレン&スマイスの思想的中枢にマレーブ／ハウレットの残存組、ドラムにクリス・テイラー、サックスで才人セオ・トラヴィスが初参加、70年代ノスタルジーを完全に払拭した現在進行型ゴングの姿が確認できる。

06年にアムステルダムで開催された大規模なファミリー集結イヴェントの模様は当初DVDのみで発表されたが、『アンゴング06』は再編集版の2枚組CDとなる。ヒレッジ／ジローディのシステム7夫婦まで復帰、70年代黄金期のナンバーがとんでもないヴォリュームで演奏されるさまは圧巻の一言。

半世紀を超えて脈々と受け継がれてきたゴングの哲学を考えれば十分予想できたことだが、アレン&スマイスの死はゴングの死を意味しなかった。『パルシング・シグナルズ』はカヴース・トラビを中心とする〈転生〉ゴングの19年英国ツアーを収録。この前年には、ヒレッジを伴った日本でのお披露目公演が実現したのも記憶に新しい。

遡ってゴングメゾンは80年代オーストラリアでの相棒、ハリー・ウィリアムソンらと組んだアコースティック・ユニット。隠遁と瞑想の時代らしく穏やかなサウンドが展開する。

Gong
Live 2 Infinitea
2000年：Madfish／SMA CD 834

Gong
Ungong 06 - Live At The Gong Family Unconventional Gathering
2021年：G-Wave／AAGWCD005

Gong
Pulsing Signals
2022年：Kscope／743

Gongmaison
Live At The Glastonbury Festival 1989
1995年：GAS／AGAS004

Gong
Love From The Planet Gong (The Virgin Years 1973-75)

2019年9月27日: Virgin/UMC／675 890-1

[1] Flying Teapot [2] Angel's Egg [3] You [4] Shamal [5] BBC Radio 1 Sessions & Edinburgh Live, 1973.8.21: 1. You Can't Kill Me / 2. Radio Gnome Direct Broadcast / 3. Other Side Of The Sky / 4. Zero The Hero And The Witch's Spell / 5. Flute Salad / 6. Oily Way / 7. Outer Temple / 8. Inner Temple / 9. Castle In The Clouds / 10. 6/8 Tune / 11. Radio Gnome Invisible / 12. Zero The Hero And The Witch's Spell / 13. Flying Teapot [6] Paris - Bataclan Live,1973.5.20 (1) : 1. Other Side Of The Sky / 2. Dynamite - I Am Your Animal / 3. 6/8 Tune / 4. I Never Glid Before / 5. Zero The Hero And The Witch's Spell / 6. Ooby-Scooby Doomsday Or The D-Day DJ's Got The D.D.T Blues / 7. Est-Ce Que Ju Suis? / 8. I've Bin Stone Before / 9. Mr Longshanks - Oh Mother / 10. I Am Your Fantasy / 11. You Can't Kill Me [7] Paris - Bataclan Live, 1973.8.20 (2) : 1. Flute Salad / 2. Oily Way / 3. Outer Temple / 4. Flying Teapot / 5. Fohat Jam - Dynamite (Reprise) / 6. You Can't Kill Me - Reprise / 7. I Never Glid Before (Reprise) [8] Roanne - Club Arc En Ciel Live, 1973.8.17 (1) : 1. Other Side Of The Sky / 2. Dynamite - I Am Your Animal / 3. 6/8 Tune / 4. I Never Glid Before / 5. Zero The Hero And The Witch's Spell / 6. I Am Your Pussy - Prelude [9] Roanne - Club Arc En Ciel Live, 1973.8.17 (2) : 1. I Am Your Pussy / 2. You Can't Kill Me / 3. Ooby-Scooby Doomsday Or The D-Day DJ's Got The D.D.T Blues / 4. Flute Salad / 5. Oily Way / 6. Outer Temple / 7. Inner Temple / 8. Radio Gnome Invisible [10] London - Hyde Park Live, 1974.6.28: 1. A Sprinkling Of Clouds / 2. I Never Glid Before / 3. I've Bin Stone Before / 4. Mr Longshanks - Oh Mother / 5. The Isle Of Everywhere / 6. I Am Your Fantasy / 7. Master Builder [11] London - The Marquee Club Live, 1975.9.9 - 10 (1) : 1. Aftaglid / 2. Flute Salad / 3. Oily Way / 4. 6/8 Tune / 5. Solar Musick Suite / 6. Bambooji [12] London - The Marquee Club Live, 1975.9.9 - 10 (2) : 1. Bambooji / 2. The Isle Of Everywhere / 3. Wingful Of Eyes / 4. The Salmon Song / 5. Master Builder / 6. Drum Solo / 7. Flying Teapot / 8. I Never Glid Before **[DVD] You Quad Mixes - 1974**: 1. Thoughts For The Naught / 2. A PHP's Advice / 3. Magick Mother Invocation / 4. Master Builder / 5. A Sprinkling Of Clouds / 6. Thoughts For The Naught / 7. A PHP's Advice / 8. Magick Mother Invocation / 9. Master Builder / 10. A Sprinkling Of Clouds / 11. Perfect Mystery / 12. The Isle Of Everywhere / 13. You Never Blow Yr Trip Forever

19年に発売されたCD12枚とDVDの計13枚組ボックス・セット。73〜75年にヴァージンからリリースされた4枚のオリジナル・アルバムにはボーナス・トラックを追加し、ディスク5からの8枚でライヴを集大成。DVDにはニュー・4チャンネル・ミックスの『ユー』が収録されている。

問題のライヴは、［5］に73年5月29日、74年1月15日のBBCセッションと、73年8月21日のエジンバラ、［6］［7］に73年5月20日のパリ、バタクラン、［8］［9］に73年8月17日のロアンナ、クラブ・アーク、［10］に74年6月28日のロンドン、ハイド・パーク、［11］［12］に75年9月9日、10日のロンドン、マーキー・クラブを収録しているのだが、［8］以降はほとんど初出音源というスルドイもので、音質も文句なしの素晴らしさだ。

ラジオ・ノーム・インヴィジブル・トリロジーのころのゴングがどれだけ凄いバンドだったかは知ってるつもりでいたが、想像していた何倍もの超絶ぶりには舌を巻くばかり。も〜勘弁して〜と叫びたくなるほどの〝拷問は果てしなく〟にはザッパだって敵わないかもしれない。

また、資料性の高いハードカヴァー・ブック（アレンのイラストや写真も満載）が秀逸で、各国盤のジャケを載せたりしているのもマニアックだ（『エンジェルズ・エッグ』や『ユー』の日本盤はなんと帯違いも）。

すでに日本国内では入手困難だから海外のサイトで探してもらうしかないが、これは家宝となること間違いなし。熱烈にオススメしておきます。

（**和久井**）

Daevid Allen
Banana Moon

1971年7月：仏 BYG／Actuel 45

[A] **Banana Moon**: 1. It's The Time Of Your Life / 2. Memories / 3. All I Want Is Out Of Here / 4. Fred The Fish And The Chip On His Shoulder / 5. White Neck Blooze / 6. Codein Coda [B] **Stoned Innocent Frankenstein**: 1. Stoned Innocent Frankenstein... / 2. And His Adventures In The Land Of Flip / 3. I Am A Bowl

アレンの初ソロ・アルバムは71年初頭にロンドンで録音された。糸を引いたのは当時BYGにいたジャン・カラコスと、ソフト・マシーンを世に出した張本人であるジョルジオ・ゴメルスキー。75年にロンドンでチャーリー、79年にパリ／ニューヨークでセルロイドを興すカラコスはゴメルスキーを尊敬していたそうで、ふたりは80年代まで何かとつるんでいたという（その辺の事情を教えてくれたのはニューヨークでカラコスと仕事をしていた近藤等則さんだ）。

ワイアット、ピップ・パイルに、ゴングに入るクリスチャン・トリシェやニック・エヴァンス、ケヴィン・エアーズのバンドに行くアーチー・リジェット、そこにゲイリー・ライトやマギー・ベルらが加わっているのだが、『マジック・ブラザー』をロック化したようなブッ飛んだ内容である。♪バナ〜ナ、バナ〜ナが呪文のように染みてくると、悪いクスリを打たれたように中毒化していくので、常識的な人生を歩みたければ聴かない方がいい。（**和久井**）

Daevid Allen & Euterpe
Good Morning

1976年5月：Virgin／V 2054

[A] 1. Children Of The New World / 2. Good Morning / 3. Spirit / 4. Song Of Satisfaction / 5. Have You Seen My Friend? [B] 1. French Garden / 2. Wise Man In Your Heart / 3. She Doesn't She...

『ユー』でラジオ・ノーム・インヴィジブル・トリロジーが完結すると、アレンはピエール・ムーランにゴングをあずけてスペインに渡り、マヨルカ島のミュージシャンを中心にしたバンドとこのアルバムをつくった。もちろんスマイスもいる。『バナナ・ムーン』のジャケ違い再発盤を同年にリリースしているからわかりにくいことになったが、このころはカラコスとヴァージンの関係もよく、彼がロンドンで設立したチャーリーとヴァージンは兄弟会社のようでもあったのだ。

税金の問題とか、子育てとか、やっぱりハッパは欠かせないとかでスペインだったのかもしれないが、アレンのシンガー・ソングライター的な面が出たフォーキーなアルバムとして完成した本作は、彼の曲づくりの巧みさや、ミュージカル・ディレクターとしての才を知るには不可欠の一枚。ヘンテコではあるのだが、あたたかい陽射しが差し込む部屋で思わず眠ってしまったときに見た白日夢のような幸福感がある。（**和久井**）

Daevid Allen
Now Is The Happiest Time Of Your Life

1977年12月7日：Affinity／AFF 3

［A］1. Flamenco Zero / 2. Why Do We Treat Ourselves Like We Do? / 3. Tally & Orlando Meet The Cockpot Pixie / 4. See You On The Moontower / 5. Poet For Sale ［B］1. Crocodile Nonsense Poem / 2. Only Make Love If You Want To3. I Am / 4. Deya Goddess

前作の続編と言っていいマジョルカ産のアルバムだが、ジュアン・ビビリオーニとペプシ・ミランのスパニッシュ・ギターを中心につくろうと計画されたものだったようで（ふたりは曲も書いている）、そこにサム・ゴパルのタブラや、ヴィクター・パーレイノのシンセを加えただけのアコースティックなナンバーが主体。「シー・ユー・オン・ザ・ウォーター」のエレキ・ギター、ベース、ドラムはアレンがプレイしているのではないかと思う（いなたいヴァイオリンもナイス）。「タリー&オーランド・ミート・ザ・クックポット・ピクシー」の前半と「ノンセンス・ラップ」はロンドンのICAで開かれたプラネット・ゴング・ミソロジーのステージで収録されたスピーチをもとにつくられたものだ。

　ワールド・ミュージックとポエトリー・リーディングがパエリアの上に乗っかったような一皿だが、これは面白い。英盤はチャーリーのサブ・レーベルであるアフィニティ、仏盤はタピオカから出た。（和久井）

Daevid Allen
N'Existe Pas!

1979年：Charly／CRL 5015

［A］1. Professor Sharpstrings Says / 2. The Freedom Of The City In A Suitable Box / 3. They Say They Say / 4. Something Tells Me / 5. It's A Fine Air For Fliss / 6. But It's Really Not Real / 7. Because Bar Room Philosophers8. 333 ［B］1. No Other Than The Mother Is My Song / 2. Theme From Hashish To Ashes / 3. The Turkeybirds Breakfart / 4. Rajneesh With Thanks / 5. Non God Will Not Go On Or The Wrong Way To Be Right / 6. O Man You

アコースティック・ギターのペプシ・ミラン、バグパイプのロナルド・ワルゼン、バンジョーのエンジェル・アドゥアナ、サックスのジョージ・ビショップ、パーカッションのクリス・カトラーに、3人のドラマー（ブライアン・ダメージ、パット・オブライエン、ピート・リンマン）というのが参加メンバー。前々作からのエスニック・サイケ・フォーク路線からは少し戻しているものの、無国籍であることに変わりはなく、アレン・ワールドのさらなる広がりを感じさせてくれる。

　はじめに詩や寓話ありきの人だから、音の印象だけで語るのは危険だが、プラネット・ゴング（すなわちヒア・アンド・ナウ）があってこれ、と思うとアレンの思考がいかにポリフォニックかがわかるだろう。リスナーの多くはゴングメゾン辺りであれ？となって、ゴング＝バンド、アレン＝ソロという考え方から脱していくのだが、その10年前からこれかと思うと、してやられた！と頭を掻くしかない。テへへですよ。（和久井）

New York Gong
About Time

1980年：Charly／CRL 5021

［A］1. Preface / 2. Much Too Old / 3. Black September / 4. Materialism / 5. Strong Woman / 6. I Am A Freud
［B］1. O My Photograph2. Jungle Windo(w) / 3. Hours Gone

ジャン・カラコスがパリでセルロイドをスタートさせたとき、いちばん興味を持っていた音楽がポスト・パンクだったという。ニューヨークのノー・ウェイヴ一派と接点を持とうと白刃の矢を立てたのがビル・ラズウェルだった。もともとゴングやマグマが好きだった彼は、カラコスの援助とイーノのアドヴァイスを得てスタジオをつくり、セルロイドへの音源供給を引き受けたのだ。

アレンもそれに乗ってニューヨーク・ゴングを結成。と言っても明確な実体を持ったバンドではなく、コンセプトに合ったミュージシャンを集めて録ったアルバムだった。

ラズウェルが全曲でベースを弾いた以外は、ドラムにビル・ベイコンとフレッド・マー、ギターにクリフ・カルトレッリ、サックスにゲイリー・ウインドとドン・デイヴィス、シンセにマイケル・ベインホーンという布陣で、若きクレイマー（マーク・クレイマー）がオルガンを弾いている。ポスト・パンクでもアレンはアレンだ。（和久井）

Daevid Allen
Divided Alien Playbax 80

1982年：Charly／CR 30218

アレンは80年にアメリカとカナダの28カ所をまわるポエトリーリーディング&アート・パフォーマンス「デイヴィッド・アレン・プレイバックス」のツアーを行った。その際にラズウェルらとのニューヨーク録音（＝前作）を素材にしたテープをつくり、ライヴ・パフォーマンス用のバック・トラックとしたらしく、ここには新作のスタジオ盤にふさわしい形（かな？）に再編集したインダストリアル系の音、リーディングと、少しの歌が収録されている。（和久井）

Daevid Allen
The Death Of Rock & Other Entrances

1982年：Shanghai／HAI 201［12″］

チャーリー系のレーベル、シャンハイから出た5曲（？）入りのポエトリー集。

自家製のバック・トラックに乗せてビートルズやボブ・ディランを語る「ザ・デス・オブ・ロック」、クレイマーのピアノと対峙した「ポエト・フォー・セール」、エリザベス・ミドルトンのピアノに合わせて歌う「タリーズ・バースデイ・パーティ」と、ウィリアム・バロウズの一言が入る「ユー・ネヴァー・イクジステッド・アット・オール」も面白い。（和久井）

Daevid Allen & Mother Gong
The Owl And The Tree

1989年10月：Demi Monde／DMLP 1019

[A] **Owly Side**: 1. The Owly Song / 2. I Am My Own Lover [B] **Tree Side**: 1. I Am A Tree / 2. Lament For The Future Of The Forrest / 3. Hands / 4. Unseen Ally / 5. La Dea Madri

88年にオーストラリアのメルボルン、スプリング・スタジオで録音。〝&マザー・ゴング〟名義となったのは久しぶりにジリ・スマイスとハリー・ウィリアムソンを共作者に選んだからだ。アレンとスマイスの離婚もオリジナル・ゴング解散の要因だったが、その後スマイスはウィリアムソンと再婚して82年にオーストラリアに移住し、マザー・ゴングの活動を続けていた。そこにアレンが合流してしまうのだから何とも自由だが。

A面Owly Sideの2曲はアレン、B面Tree Sideの5曲はスマイス／ウィリアムソンの作。これ以前に3人でカセットを出していたこともあって分業はスムーズだったらしく、ドラムのロバート・ジョージはゴングメゾンのメンバーにもなるのだ。

サックスのロバート・カルヴアートや、元メイソン・プロフィットのティム・エアーズ（ベース）の参加も目を引くが、注目すべきは詩を重視したアレン／スマイスの作風がウィリアムソンの尽力によって安定していることだろう。**（和久井）**

Gongmaison
Gongmaison

1989年：Demi Monde／DMCD 1022

1. Flying Teacup / 2. 1989 / 3. Titti-Caca / 4. Tablas Logorhythmique / 5. Negotiate / 6. We Circle Around / 7. Flying T Dance Mix (Extra CD Track)

本書ではゴングの名がついたものでもアレンやスマイスのソロに近い作品は両者のコーナーに振り分けているのだが、いちばん迷ったのはこのバンドの扱いだ。90年代以降のゴングへの布石と考えればゴングのコーナーに入れるのが適切なのだが、このアルバムの段階ではアレン&マザー・ゴングにディディエ・マレーブが合流したことで〝ゴングらしさ〟が戻ってきただけ、という印象もあるからだ。ところがステージではバンド感が増し、ゴング再編への流れができる。ライヴ盤をゴングのコーナーに入れたのはそういうニュアンスを伝えたかったからである。

ウィリアムソンはアレン／スマイスの〝毒〟を音楽で緩和するのがとても上手い。演奏家目線になりすぎないから〝ゴング〟の当初の狙いからも外れてはいないわけである。スマイスの場合はポエトリーが主体のソロ作とマザー・ゴングの線引きが曖昧でわかりにくいが、アレンに対しては〝ソロ／バンド〟で関与のしかたを変えているのが明らかだ。**（和久井）**

Daevid Allen
Australia Aquaria / She

1990年2月：Demi Monde/DMCD1025

ハリー・ウィリアムソンがプロデュースした歌もののソロ・アルバム。ロバート・ジョージ、グレアム・クラーク、ロバート・カルヴァート、コンラッド・ヘンダーソン（ベース）、バート・ウィローフビー（ディジュリドゥ）をバックに配し、シンガーとしてのアレンの魅力にスポットを当てた佳作である。全体に隙間の多い、素直なアレンジには嫌味がないし、〝エコ〟というテーマが提示された「ガイア」に、ビートニクらしい達観が見えるのにも納得だ。（和久井）

Daevid Allen
Ja-Am - Seven Drones

1990年：Voiceprint／VP102

85年にカセットでリリースした“Nuclear Mystery Temple Drones - F Heart Drones”と“Nuclear Mystery Temple Drones - C# Vice Of Om”を発展させたアルバムで、ウィローフビーのディジュリドゥ、アキム・ギリアンのシンセ、ディディエ・マレーブのフルート、ジュディス・トーンズのハープ、スマイスのヴォイスを各曲に散らしながらオクターブのドローンを聴かせる。当然の如くヒーリング系のアンビエントの体だが、これはこれであり。（和久井）

The Magick Brothers
Live At The Witchwood 1991

1992年：Voiceprint／VP107

ヴォーカル、キーボード、フルート、ディジュドゥのマーク・ロブソン、ヴァイオリンのグレアム・クラークと結成したマジック・ブラザーズのライヴ・アルバム。91年11月10日にマンチェスターのザ・ウィッチウッドで収録された9曲と、10月5日にロンドンのタウン&カントリー・クラブで収録された2曲という内容。このユニットは、ヴァイオリンのグレアム・クラークを加えた92年3月のサンフランシスコ公演のカセットやDVDも残している。（和久井）

Daevid Allen / Banana Moon Band / Gong
Je Ne Fum' Pas Des Bananes

1992年：Legend／KZLM 1501 1

『マジック・ブラザー』直後のゴングと、『バナナ・ムーン』期のソロの未発表音源を集成したコンピレーション。パトリック・フォンテイン（ベース）、マーク・ブランク（ドラムス）とのバナナ・ムーン・バンドでソフト・マシーンの「ホワイ・アー・ウィ・スリーピング？」を演っていたりするので侮れないが、雑然とした内容なので安定してからのゴングが好きな人には不向きだろう。面白いところが沢山ある、非常に興味深い一枚なのだが。（和久井）

Daevid Allen & Kramer
Who's Afraid?

1992年3月：米 Shimmy／060

1. Thinking Thoughts / 2. Love / 3. Who's Afraid? / 4. Shadow / 5. Bopera III / 6. Pretty Teacher / 7. Call It Accident / 8. Song For Robert / 9. C'Est La Maison / 10. More & More / 11. Quit Yr Bullshit

かつてはマーク・クレイマーと名乗りニューヨーク・ゴングに参加していたクレイマーは、その後インディー・シーンの中央に躍り出て、自身のレーベル、シミー・ディスクを興した。他者の活況に目ざとく乗っかるのはアレンの得意技だ。

「調子良さそうだな、お前」

「先輩、一緒にやりますか」

というやりとりが目に浮かぶコラボ作である。

　録音は92年3月にクレイマーのスタジオ〝ノイズ・ニュージャージー〟で行われ、アレンのヴォーカル／ギター以外のすべての演奏はクレイマーが引き受けている。プロデュース、エンジニアリングも彼。ニューヨーク・ゴングのポスト・パンク路線が容易に想像されるが、そうではない。サイケ・マニアであるクレイマーは最初期のソフト・マシーンを再現したかったのだろう。ワイアットのようにドラムを叩き、ラトリッジやエアーズのように弾いているのだからアッパレだ。ジャケをそれ風にすればもっと話題になったと思う。オススメ。（和久井）

Daevid Allen
Twelve Selves

1993年11月：Voiceprint／VP111

90年にロビン・エイリングが設立したヴォイスプリントは、プログレ／ジャズ・ロックの復権をあと押しした奇特なレーベルだ（現在、フローティング・ワールドが受け継いでいる）。ミュージシャンがつくってきたものにノーと言わなかったのか、ゴングの復活は彼の尽力を抜きには語れない。93年1月にメルボルンで録音された本作は、ウィリアムソンにプロデュースを任せたアルバム。アレンの歌とギター以外は打ち込みとキーボードによるものだ。（和久井）

Daevid Allen & Kramer
Hit Men

1995年：米 Shimmy／080

コラボ2作目は93年から95年にかけて断続的に録音されたアルバム。ドラムのビル・ベイコンとクレイマーがつくったトラックにアレンが詩とヴォーカルを乗せたような曲も多いから前作のようなサイケ・ポップ特集にはならなかったが、決して悪くない。アコースティックなワルツ「オー、マイ・プア・ブラザー」などは素晴らしい出来なので買う価値はある。グラス・マスターの制作がニンバスだからか、CDとは思えない音質なのも特筆に値する。（和久井）

Daevid Allen
Dreamin' A Dream

1995年：GAS／AGASCD 007

1. Dear Friends / 2. High Points / 3. Brothers / 4. Big Daddy / 5. Wotsa Use / 6. Garden Song / 7. Came To Find You / 8. The Rapist / 9. Sittin' In A Teashop / 10. Fire Becomes Her / 11. No One's Slave / 12. Tor Song / 13. Dear Friends

93年10月にノイズ・ニュージャーで録音された曲と、94年11月にニューポートはグウェントのサウンド・レコーディング・サーヴィシズで録音された曲を、GAS（＝ゴング認知協会）のマネージャー、クリス・トープがみごとにまとめ、アレンのソロ名義作の中では屈指の一枚となった。

このアルバムはアレンの4人目の子供、イニスの母となるトゥーリアとの〝恋〟の記録とも言えるものだ。88年に全員が女性の〝インヴィジブル・オペラ・カンパニー〟を率いていたトゥーリアに刺激されてゴングメゾンを結成したアレンは、彼女を含むゴングメゾン・バンドでツアーに出たが、セルフ・イニシエーションの活動に熱意を燃やしていたトゥーリアとは袂を分かつことになり、彼女は別の男性と結婚してしまったのだ。ところが93年の始めに帰国したアレンがシドニーの空港で体調を崩すと旦那をおいて駆けつけ、バイロン・ベイのアレンのもとに引越してきた。ふたりはよりを戻し、94年にイニスが生まれたというラヴ・ストーリーである。

当初はクレイマーと始めた録音が優しいアコースティック作となったのは、私生活の変化に由来している。クレイマーとのセッションで残ったのは「ケイム・トゥ・ファインド・ユー」のドラムのみ。結果、ヴァイオリンとギターのグレアム・クラークとのデュオが主体の、シンガー・ソングライター作品のように仕上がったわけだ。ゴング・ファンじゃなくても必聴。（**和久井**）

Daevid Allen
Divided Alien Clockwork Band

1997年10月：Blueprint／BP269

1. Preface / 2. SQ Invocation / 3. When / 4. Well / 5. Bell / 6. Boon / 7. Dab / 8. Gay / 9. Poet For Sale / 10. I Am A Freud / 11. Fastfather / 12. Disguise / 13. Gone & Wondering Waltz / 14. Sex Is A Careless Sea / 15. Death Of Rock / 16. Tally's Birthday Song / 17. Pearls / 18. Bodygas / 19. Froghello / 20. Strong Woman / 21. Smile

80年8月にニューヨークのスクアット・シアターで収録された、ポエトリー・リーディング&アート・パフォーマンス〝デイヴィッド・アレン・プレイバックス〟のライヴ21曲を収録したもので、つまりは82年の『プレイバックス80』の完全版である。

ブルー・プリントからこれが出たのはヴィデオ版と合わせたリリースだったからで、こんなマニアックな映像作品がはたしてどのくらい売れるのか、の様子見であったように思う。

ポスト・パンク時代の貴重な記録ではあるけれど、音だけ聴いていてもよくわからないからDVDで再発してもらいたい。でも、全世界でも百本ぐらいしか売れないかもしれないね。（**和久井**）

Daevid Allen
Eat Me Baby I'm A Jelly Bean

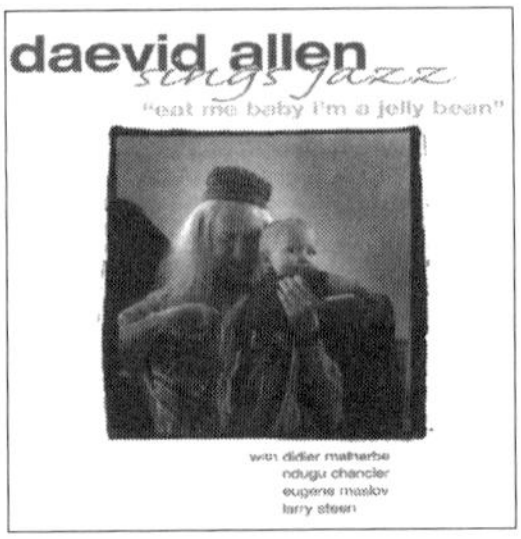

1999年：GAS／AGAS CD016

1. So What / 2. Gold Top / 3. I Can't Get Started / 4. Slow Boat / 5. It Ain't Necessarily So / 6. My Funny Valentine / 7. Au Privave / 8. St. Petersburg Cafe / 9. Salt Peanuts

ヴォイスプリントやGASのアルバムはジャケットが良くない。新作とは思えない、ブートみたいなジャケだとコンピレーションかと思い、「調べてから買おう」となって、結局買い逃してしまうのだ。私は本作を今回初めて聴いたのだが、アレンのジャズ・ヴォーカル・アルバム、いいじゃん！

マイルス・デイヴィスやガトー・バルビエリとのセッションで知られるンドゥグゥ・チャンクラー（ドラムス）、LAのセッションマン、ラリー・スティーン（ベース）、ロシア出身のユージン・マスロヴ（ピアノ）に、マレーブのサックスという布陣で、いきなりマイルスの「ソー・ホワット」なんか演っちゃうのだから、必聴ですよ、これは。当時は日本盤も出ていて、ライナーは小山哲人が書いている。イニスの教育のためにもいいアルバムを自分でつくりかったのかもしれないが、ボンゾ・ドッグ・バンドのヴィヴィアン・スタンシャルを想い起こさせるアレンの歌は最高だ。ジャケで損したよ。（和久井）

Daevid Allen / Harry Williamson
Twenty Two Meanings : The Art Of Glissando Guitar Vol. 1

1999年：Gliss／CD005

グリッサンド・ギターと呼ばれるアレンのギター奏法は〝とくべつ〟だから、いつかはと思っていたのだろう。録音を仕切ったのはウィリアムソン。鍵盤奏者ながら自ら開発した〝エンジェル・ギター〟を弾いているぐらいだから、アレンのプレイには思うところもあり、（本書では取り上げられなかった）「インヴィジブル・オペラ・カンパニー・オブ・チベット」のエスニック／アンビエント路線との整合性も考えての作品だったように思う。（和久井）

Russell Hibbs & Daevid Allen
Nectans Glen

1999年：Voiceprint／VP206

インヴィジブル・オペラ・カンパニー・オブ・チベットの一員だったラッセル・ヒッブスはオーストリアのミュージシャンで、アレンとの連名作以外はリリースもない。ギターを弾き語るシンガー・ソングライターでもあるのだが、アレンと意気投合するぐらいだからビート文学やコメディ、アンビエント・ミュージックにも理解があり、地元バイロン・ベイでちょっと演りたいときの相棒として丁度よかったのかもしれない。悪くないが、入手は困難。（和久井）

Brainville
The Children's Crusade

1999年：米 Shimmy／SHM-5096

1. March Of The Goodbyes / 2. The Revenge Of Spartacus3. The Children's Crusade / 4. Alphaville Beach / 5. Goodbye Mother Night / 6. The Killing / 7. Useless By Moonlight / 8. The Fall Of Colonel Kong / 9. The Revenge Of Clare Quilty10. Brain Villa Eclipse / 11. Merkin Mufley's Lament

引き金になったのはクレイマーとヒュー・ホッパーのデュオ作『ヒュー』だった。アレンに続いてホッパーを抱き込んだクレイマーは、アレン、ホッパー、ピップ・パイルと自分というクァルテットを思いつき、これに3人が乗ったわけである。

ブレインヴィルと名付けられたグループは98年6月に短い英国ツアーを行い、9月にクレイマーのスタジオでレコーディングが始まった。その合間にニューヨークのニッティング・ファクトリーで収録されたライヴは10年後にヴォイスプリントからリリースされる。

ブレインヴィルはセッション的なバンドだと思われていたが、アレン、ホッパー、パイルは98年に〝ブレインヴィル3〟を名乗った新作を発表することになるのだ。

ここで聴けるのはアレンとクレイマーの色が強いサイケデリック・ロックだが、時流を意識したのか、グランジ以降のオルタナ・ロック的なインプロヴィゼイションがふんだんに加えられている。しかし、それが良くなかった。このメンツでアレン／クレイマーの『フーズ・アフレイド？』のようなサイケ・ポップ路線なら受けたと思うのだが、バンドの妙で、そうはならなかったのである。

結局3人がクレイマーの言うことを聞かなくなったのだろうが、スタジオ盤をもう一枚つくっていればサウンドも整理されて展開は違うことになったかもしれない。実に惜しいバンドだ。

（和久井）

Brainville:01
Live In NYC '98

2008年：Voiceprint／VP427

1. Brainvilla / 2. Who's Afraid / 3. Hours Gone / 4. Hope For Happiness / 5. Bullshit & Be / 6. Memories

ブレインヴィル3のプロモーションもかねての蔵出しだったはずだが、ブレイヴィルのライヴは04年にバナナムーン・オブスキュアのシリーズで英国ツアーの模様が明らかになっていたから、聴けるものは全部出たという感じだった。

ここでもインプロに重きを置いた演奏で、「アワーズ・ゴーン」と「バルシット＆ビー」は16分、「ホープ・フォー・ハッピネス」も10分半に及ぶ。おかげで全6曲だが、クレイマーの持ち味が出た「フーズ・アフレイド」と、ソフツの再来と言える「メモリーズ」は一聴の価値あり。

ジャケットのライヴ写真で、アレンおじちゃんがレジデンツのTシャツを着ているのが何ともラヴリー。

（和久井）

Daevid Allen's University Of Errors
Money Doesn't Make It

1999年：米 InnerSPACE／7707

1. Money Doesn't Make It / 2. Prince Of Sidewalk Scooter / 3. False Teacher / 4. Involve Me / 5. Mullumbimby Mother / 6. Submarine Of Salt / 7. Prof. Improbable's Preambule / 8. Cunning Style Construct / 9. Talkwind Upswerve / 10. Wedding Music / 11. Burn Your Money / 12. Can't Buy Me Sex

98年、アレンはサンフランシスコで活動するギタリスト、ジョシュ・ポロックとユニヴァーシティ・オブ・エラーズを結成する。ツアーが楽な小編成のバンドと思っていたブレインヴィルが意外にうまくいかなかったからかもしれないが、ストレートなロックを演奏するバンドを欲していたのだろう。

ポロックは、マイケル・クレア（ベース）、パット・トーマス（ドラムス）を誘ってバンドの形態にし、9月にサンフランシスコのコモーションで本作を録音。セッションではジェイ・ラドフォードのギターやリュート、エリック・ピアソンのフルートも追加され、サイケデリック風味がまぶされることにもなった。ミックスは11月〜12月にコモーションとブラック・アイド・ピッグ・スタジオで行われ、99年1月にメルボルンのスプリング・スタジオで最終的な編集とマスタリングが行われた。シンプルなリズム・セクションとポラックのフリーキーなギターは魅力で、アレンもパンクっぽくノッている。（和久井）

Daevid Allen's University Of Errors
e^2x10=Tenure

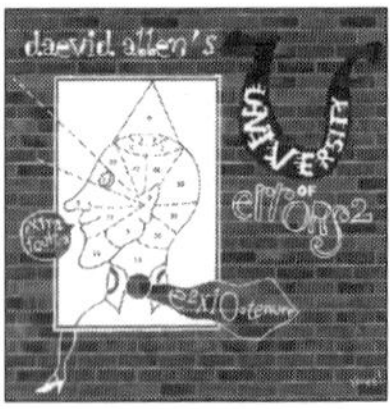

2000年：米 innerSOACE／7715

英GAS盤の方が先にリリースされたようだが、シスコのブラック・アイド・ピッグ・スタジオで録音〜ミックスされ、前作と同じ布陣だから、（権利関係はともかく）アメリカ原盤ということになるだろう。サンフランシスコで活躍するベス・カスターが1曲に参加、「イネスフリー」はW・B・イエイツの詩にサウンドをつけたものだ。テレヴィジョンを思い出させるパンク感／サイケ感と、グランジ以後のオルタナ感の融合はとても好ましい。（和久井）

Daevid Allen's University Of Errors
Ugly Music.4.Monica

2003年：米 Weed／7912

00年8月のUSツアーで収録されたライヴ盤“Go Forth And Errorize”を限定販売したあとブルックリンのスタジオGで録音したのがこのアルバムだった。ドラムがジェイソン・ミルズに代わり、エンジニアのトニー・マイモーンがキーボードを加えているが、アレンのヴォーカルとポロックのギターを中心とするパンクっぽい路線に大きな変化はない。リズムの組み立てや録音に工夫が見られるのが新境地か。ポロックの知性が感じられる佳作だ。（和久井）

University Of Errors
Jet Propelled Photographs

2004年：Cuneiform／RUNE 188

1. That's How Much I Need You Now / 2. Save Yourself / 3. I Should've Known / 4. Shooting At The Moon (Aka Jet Propelled Photographs) / 5. When I Don't Want You / 6. Memories / 7. You Don't Remember / 8. She's Gone / 9. I'd Rather Be With You / 10. Love Makes Sweet Music / 11. Feelin' Reelin' Squeelin' / 12. Hope For Happiness / 13. We Know What You Mean (Soon Soon Soon)

オリジナル・ソフト・マシーンが67年4月に行ったデモ・セッション、通称ジェット・プロペラド・フォトグラフス（ジョルジオ・ゴメルスキーがプロデュース）を再現したアルバム。ベーシック・トラックは03年10～11月にカリフォルニアのロス・アルトス・ヒルズにあるフットヒル・カレッジで録音され、12月にサンフランシスコのクッキー・ジャー・レコーディング・スタジオでオーヴァーダブ。ミックス／マスタリングは04年1月までかけてポール・スタッブルビン・マスタリングで行われた。ドラムがウォレン・ヒューゲルに交代しているが、アレン、ポロック、クレアは変わらず、アディショナル・ミュージシャンも使っていない。

いい企画だったと思うし、アレンがワイアット、エアーズらの曲を歌うのも面白かったが、ジャケットが内容を伝えていないから、カンタベリー・ロックのファンにはまったく知られなかった。ファーストのギアをパロディ化するとか、見せ方を工夫すべきだったね。（和久井）

University Of Errors
Live At The Fleece, Bristol, England, 6 June 2003

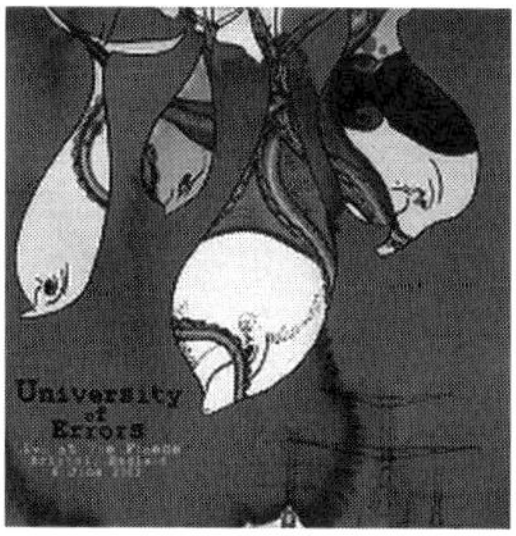

2006年：Subsalt／SUBLIVERRZ 1

1. Hope For Happiness / 2. Wage Slave / 3. Money Doesn't Make It / 4. Involve Me / 5. Rich Men Eat My Voice / 6. So What? / 7. Mystico Fanatico / 8. PHP 2032 / 9. Earthbound / 10. Chainstore Chant / Pretty Miss Titty / 11. O Caroline / 12. Stoned Innocent Frankenstein / 13. Shooting At The Moon / 14. Patapan / 15. Outro

03年の英国ツアーから、6月6日、ブリストルのザ・フリースにおけるステージを収録したライヴ・アルバム。ケヴィン・エアーズがゲスト参加した日の映像も残されているぐらいだから、このバンドのライヴは侮れないのだが、本作を最後のリリースとしたあと現在まで話題になったことがない。

ここでは「ソー・ホワット」や「シューティング・アット・ザ・ムーン」まで演っているし、ポロックは大量の未発表テープを持っていそうだが、ゴング本流とは繋がりが薄いこともあって、あっさり忘れ去られてしまったのだ。

アレンがいるからプログレに分類されているが、音はパンクっぽいから、ゴングのファンがたどり着くことはあまり期待できない。そうすると市場はLAのインディー・シーンということになるけれど、そっちの人たちにはここまで〝サイケな引用が売り〟だと敷居が高いだろう。本書の影響で再評価の声が高まったら嬉しいが、盤が手に入らないし……。（和久井）

Weird Biscuit Teatime
DJDDAY

2005年：Voiceprint／VP371

80年代末からサンフランシスコでスペース・ロック・アルバムをつくり続けるスピリッツ・バーニングの〝Reflections In A Radio Shower〟に参加したアレンは、02年にその主幹ドン・ファルコンと、マイケル・クレア、トリィ・サバテリを誘ってウェアード・ビスケット・ティータイムを結成した。音は〝そのスジ〟だが、覆面バンドみたいで実体の知れないこんなのまで、ヴォイスプリントもよく出したな〜というのがいちばんの感心ポイント。笑える。（**和久井**）

Gong Global Family
Live In Brazil
20 November 2007

2009年：米 Voiceprint／VP520

ゴングと名がついているものの、これはユニヴァーシティ・オブ・エラーズと、インヴィジブル・オペラ・カンバニー・オブ・ティベット（トロピカル・ヴァージョン・ブラジル）が合体したバンドのライヴ盤。つまりはジョシュ・ポロックがブラジル人バンドの中に入っているような格好なのだ。全10曲、約60分のステージはDVDでもリリースされたが、CDもDVDも入手困難になっている。これもヴォイスプリントならではのリリースだった。（**和久井**）

Brainville 3
Trial By Headline

2008年：米 ReR Megacorp／BV3-1

1. Trial By Headline / 2. Dedicated To PQ But She Couldn't Hear It / 3. Ocean Mother / 4. Who's Afraid? / 5. Basement Suite / 6. I Bin Stoned Before / 7. Return To Basement / 8. The Rubiyat Of Honorium Tonsilitisk / 9. Hours Gone / 10. Didditagin

アレンとヒュー・ホッパーがクリス・カトラーを誘って結成したのがブレインヴィル3だ。彼らはスタジオ・レコーディングを残さないまま、06年から07年にかけてワールド・ツアーを行い、再び集まることはなかった。ビップ・パイルとは真逆と言えるカトラーのドラムの方が、アレンの自由なパフォーマンスともホッパーのベースとも相性がよく、器用に〝ドラムに語らせる〟カトラーをアレンは大いに気に入るのだ。

ここに収録されたのは、06年10月22日にテルアヴィヴ、ザッパ・クラブ（6）、07年6月3日にロンドン、ボーダーライン（4）、6月10日にベルリン、ボールハウス（その他7曲）で収録されたもので、選曲・編集はカトラーによる。

インナーに映るセット・リストも9曲だから、これがレパートリーのすべてなのかもしれないが、ポイントはアレンのギタリストとしての技量がこれまでのどんなアルバムよりもよく判ること。歌いながらこれって、ちょっとスゴイよ。（**和久井**）

You Me & Us
Poesy At Play

2014年：Bonobo's Ark／BAR003

1. O I (t) A / 2. Masta Builda / 3. Too Many Answers / 4. Madamme O / 5. I Don't, Can't / 6. F-Poem / 7. It Has Just Begun / 8. Da-I-Na-Ma-I-To / Deta

ユー・ミー＆アスは、アレン、クリス・カトラーと、ロンドン在住の日本人ピアニストＹｕｍｉＨａｒａのトリオ。これは13年10月末から11月にかけて行われたジャパン・ツアーを記録したライヴ・アルバムで、10月31日の秋葉原クラブ・グッドマン（4、5）、11月1日の所沢モージョ（2）、5日の名古屋・得三（3）、8日の博多アット・ホール（1、7）、12日の渋谷Ｌｉ－Ｐｏ（6、8）の計8曲が収録されている。

アレンのスタイルはブレインヴィル3のときとさほど変わっていないが、Ｙｕｍｉの鍵盤が多彩なことが大きく作用して、リーディングのナンバーのドラマ性が高い。それが核となったからか、3人で空間づくりに走ったときの幅がブレインヴィル3よりも格段に上なのだ。パーカッシヴなピアノにカトラーが応えるシーンにも緊張感があるし、アレンはさらにギターの使い方がうまくなっているから、演奏に不足はない。限定リリースだったのですでに入手困難だが、これは佳作。（**和久井**）

Daevid Allen Weird Quartet
Elevenses

2016年：Purple Pyramid／CLO 0043

1. TransLoopThisMessage / 2. Imagicknation / 3. The Latest Curfew Craze / 4. Kick That Habit Man / 5. Secretary Of Lore / 6. Alchemy / 7. The Cold Stuffings Of November8. Grasshopping / 9. God's New Deal / 10. Dim Sum / In Alphabetical Order11. Killer Honey / 12. Under The Yum Yum Tree Cafe13. Banana Construction

名前が変わっているが、これはウェアード・ビスケット・ティータイムのセカンド・アルバムとして録音されたもので、基本は、アレン、ドン・ファルコン（キーボード）、マイケル・クレア（ベース）、トリィ・サバテリ（ドラムス）のクァルテットだ。サン・ブルーノとデリー・シティで録られたベーシック・トラックに、リモートで各自がオーヴァーダビングしていて、アレンはオーストラリア、クレアはハワイ、サバテリはＬＡのイースト・ベイ、アディショナル・ドラマーのポール・シアーズ（ザ・マフィンズ）はアリゾナから参加している。

長くても5分半の曲が13曲というのが聴きやすく、現代的なサイケデリック・ロックにアンビエント的なキーボードを混ぜているのが気持ちよかったりもする。一方に初期のソフト・マシーンのような感じがあるのはサバテリのドラムが若いころのワイアットに似ているからか。これがアレンの遺作となったことを考えると、いろいろと納得できる一枚だ。（**和久井**）

デイヴィッド・アレン Banana Moon Obscura シリーズの全貌

和久井光司

BASCURA 1：
Daevid Allen & Euterpe: Studio Rehearsal Tapes 1977
（Bananamoon Obscura／BMOVP001CD）

″バナナムーン・オブスキュラ″はデイヴィッド・アレンが自ら編纂した未発表音源のアーカイヴ・シリーズで、当初の計画では全20タイトルのCDコレクションとなるはずだった。

しかし、限定1000枚というスペシャル感はともかく、ペラペラの紙ジャケの裏に簡単なデータが入っているだけの粗悪なつくりのわりに、値段が高かったせいで評判が悪く、04年に9枚、06年に8枚を出して止まり、結局17枚しか出なかったのだ。残り3枚がいかなるものだったのか気になるが、06〜07年にレーベル表記なしで限定発売された“Microcosmique-Five Semitones-Tones For Healing & Meditation”“Mikrokozmik-Sacred Geometry 3”“Mikey Cosmic -Sacred Geometry IV”という3枚のヒーリング／メディテーション・アルバムが、本来は″バナナムーン・オブスキュラ″に入る予定だったのではないかと思えるのだ。

それはともかく、80年代末から自身の未発表音源をせっせと整理しては音盤化してきたアレンにすれば、「ボブ・ディランやビートルズなんて本人非可動のショーバイじゃねーか」と思っていたはずで、だからオリジナル・アルバムとしてリリースするのは躊躇われたものをすべて出してやろうと目論んだのではないだろうか。

その志は買うが、この17枚なら64ページのブックレットを付けた箱入りのセットにして1万円ぐらいじゃないか？ で、世界限定2000セット。そのぐらいの方が聴いてもらえたのではないかと思う。

ヴォリューム1は、77年の新生ゴングがパリのヒッポドローム公演に向けてマヨルカのデヤで行ったリハーサルからの11曲は、アレン、スマイス、ジャン・バビリオーニ、ペペ・ミラン、クラウドヘアリー・ペペ・リバという布陣である。

ヴォリューム2は、アレン、ヒュー・ホッパー、ピップ・パイルのトリオで始まったブレインヴィルの最初のUKツアーでライヴ録音された7曲を収録。

スマイス、ハリー・ウィリアムソンらとのメディテイション／ヒーリング・ミュージックを収録したヴォリューム3は、23分の及ぶ「パスト・ライヴス」がメインの4曲入り。このシリーズ以外ではリリースできなかったものだろう。

ヴォリューム5、ユニバーシティ・オブ・エラーズの『ライヴ・イン・シカゴ』は、00年8月12日にシカゴのスキャバス・タバーンで収録された11曲に、8月9日のニューヨーク、ニッティング・ファクトリーでの4曲を加えた充実のライヴ・アルバム。良い。

　ヘンテコなのがヴュリューム6で、テルミンのニコレッタ・ステファンズと、ニッティング・ファクトリーで行ったライヴを収録。ステファンズとのデュオはほかでは聴けないから貴重だが、エレクトロニックでアブストラクトな内容は、リスナーを選ぶはずだ。

　ヴォリューム7は、オークランドのクリエイターたちと組んだdASというユニットでの録音で、タイトルが示すとおりのミステリアスな内容。あっちこっちに飛んで行ってはこういうことをやっているんだから、面白いオジちゃんだよね。
　8、9はディヴィデッド・エイリアン・プレイバックス80のアーカイヴで、聴けるものは全部出したという感じ。絶対食えないデカ盛りみたいなものだから、途中でギヴ・アップ。死んだエイリアンに追いかけられる夢を見そうだ。
　ヴォリューム10は、インヴィジブル・オペラ・カンパニー・オブ・オズと、メルボルンのスタジオで90年にレコーディングした10曲を収録している。ハリー・ウィリアムソンの鍵盤などが入っているから、マトモ。

　マジック・ブラザーズ（グレアム・クラーク、マーク・ロブソン）とのライヴ15曲を収録したヴォリューム11も聴きやすいアルバムだ。グラストンベリー

BASCURA 2：
Brainville: Live in the UK

BASCURA 3：
Self Initiation

BASCURA 4：
Daevid Allen & Russell Hibbs：Bards Of Byron Bay

BASCURA 5：
University Of Errors: Live In Chicago

BASCURA 6：
Daevid Allen & Nicoletta Stephanz: Live@The Knitting Factory NYC

BASCURA 7：
Divided Allen & Das: The Mystery Disque (Das Dus Dae Dus Das)

BASCURA 8：
Divided Allen Playbax (Disk 1)

BASCURA 9：
Divided Allen Playbax (Disk 2)

BASCURA 10 :
Invisible Opera
Company Of Oz -
Melbourne Studio
Tapes

BASCURA 14 :
Radio Art 1984

BASCURA 11 :
Magic Brother: Live
In Glastonbury Town

BASCURA 15 :
Daevid Solo @ The
Axiom Cheltenham
1988

BASCURA 12 :
Daevid Allen & Don
Falcone: Glissando
Grooves

BASCURA 16 :
Daevid Allen -
Gong On Acid

BASCURA 13 :
Daevid Allen & Walter
Funk: Altered States
Of Alien KWISP

BASCURA 17 :
Guru & Zero: Beauty
and The Basket Case

と言ってもフェスではなく、小さなライヴハウスでの録音だ。

ヴォリューム12は、ドン・ファルコンが率いるサイケ集団、スピリッツ・バーニングとの録音。アレンのグリッサンド・ギターをフィーチャーしているが、カルト教団の集会みたいでもある（笑）。

ノン・クレジットだがバンドはユニヴァーシティ・オブ・エラーズで、オルタード・ウォルター・ファンク（ジョシュ・ポロックの変名？）とのデュオ名義となっているのがヴュリューム13。アブストラクトでノイジーな空間が記録されている。『レディオ・アート１９８４』と題されたヴォリューム14は文字どおりのもので、オーストラリアのラジオ番組で放送するためにつくられたポエトリー・リーディングを集成。

ヴォリューム15はソロ・パフォーマンスのライヴ盤。全13曲だが、16分を超える「アワーズ・ゴーン」が入っているからけっこう長い。「マジック・ブラザー」も演ってたり。

73年夏、『エンジェルズ・エッグ』制作中のゴングの即興は『ゴング・イン・ザ・70ズ』というアルバムにもなっているが、ヴォリューム16に収録されたのはその別ヴァージョン。68分を超えるインプロ大会だ。

ヴォリューム17は、グルこと河端一とのデュオ。02年にふたつのフェスで収録された即興を編集したものである。

Gilli Smyth
Mother

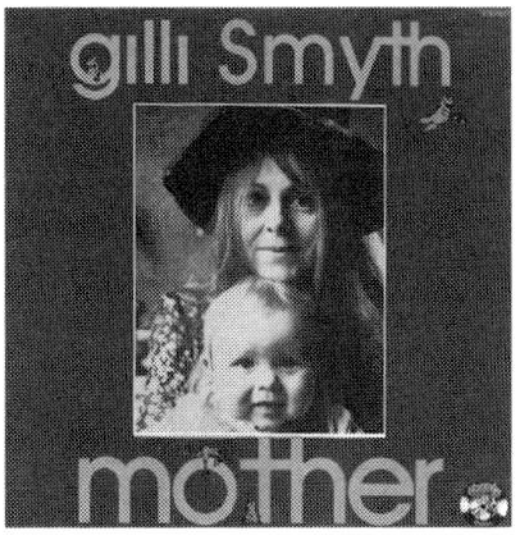

1978年12月：Charly／CRL 5007

［A］1. I Am A Fool / 2. Back To The Womb / 3. Mother / 4. Shakti Yoni / 5. Keep The Children Free / 6. Prostitute Poem (Street Version) / 7. O.K. Man, This Is Your World ［B］1. Next Time Ragtime / 2. Time Of The Goddess / 3. Taliesin

ジャケットの顔に惹かれて、誰もが一度は手にするアルバムだ。タイトルも『母』だし。

ゴングではずいぶんブッ飛んでるけど、ソロ・アルバムではきっと優しい歌を唄っているのだろう、と、思うよね。だって裏ジャケのクレジットを見ると、ディディエ・マレーブとかピップ・パイルとかクリスチャン・トリシェなんて知った名前もあるし、もちろんアレンもいる。ヴォーカル：ジリ・スマイスって記されてる曲もあるから、そこそこポップな内容を期待するでしょ。

ところがそうはいかない。歌も唄ってはいるけれど、ポエトリー・リーディングが大半。聴いたそばから理解できる英語力がないと楽しめないのである。

サウンドはそんなに激しくないし、ジャズ・ロックのインプロみたいでもないから、難なく聴けるのだが、詩がわからないから作品としての価値を測れないのである。スマイスはいつもこういうだと思っていいが、最初からこれってアレンより一貫しているかも。　**（和久井）**

Mother Gong
Fairy Tales

1979年：Charly／CRL 5018

［A］Wassilissa / 1. Three Riders / 2. The Baba-Yaga's Cottage / 3. The Forbidden Room / 4. Time Machine / 5. Flying / 6. Wassilissa Returns Home7. Through The Machine Again8. The Baba-Yaga ［B］The Three Tongues1. The Shoemaker's Son / 2. Land Of The Dogs / 3. The Frog / 4. An Irish Inn In Rome / 5. The Arena / 6. Turtles / 7. Birds / 8. The Feast / The Pied Piper / 9. Hamelin / 10. Rats Amok / 11. An Angry Crowd / 12. Rat-Rock / 13. A Thousand Guilders? / 14. Children! / 15. Magic Land

バンドになって『おとぎ話』ならだいぶ違うんじゃないかと思うのが人の子だが、ヨーコ・オノとかこの人（奇しくも同い年）は常人ではないから、そういうつもりで立ち向かわないと、この後に及んでヨーコさんを「ビートルズを解散させた女」だと思っているビートルズ信者と同じになってしまう。

おとぎ話を朗読してるんだからタイトルに偽りなし。ハリー・ウィリアムソンというまともなパートナーを得て、音づくりは彼に委ねているから、朗読でも前作とはずいぶん印象が違うし、ときどき唄うところにエフェクトをかけているから、サントラ（劇伴）みたいでもある。つまり、けっこうドラマティックなのだ。

結果、スマイス／マザー・ゴングのアルバムの中では名作と謳われ、何度も再発されることになった。ニック・ターナーのフルートとオーボエ、マレーブのサックス類、エドゥアード・ニーブラのギターが聴きどころで、その辺りのカンタベリーっぽさが人気の秘密。　**（和久井）**

Mother Gong
Robot Woman

1981年1月：Butt／003

[A] 1. Disco At The End Of The World / 2. Robot Woman / 3. Machine Song / 4. The Sea / 5. Searching The Airwaves [B] 1. Billi Bunker's Blues / 2. Military Procession / 3. Customs Man - Rapist / 4. Fire / 5. Red Alert / 6. Stars / 7. Australia

アレン／ゴングの〝ラジオ・ノーム・インヴィジブル〟に対抗するかのような3部作となった〝ロボット・ウーマン〟は、スマイスが得意とするおとぎ話をスティーム・パンク的なSF長篇とした傑作ミュージカルだ。79、80、81年のグラストンベリー・フェスティヴァルに連続出演したことで人気を摑み、バンドとして非常に充実していたマザー・ゴングは、その後、スマイス、ウィリアムソン、マレーブに、ギターのヤン・アーメリック、ベースのデイン・クラネンバーグ、ドラムスのガイ・エヴァンスの布陣となったが、クラネンバーグが落ち着かなかったのか、ここではヒュー・ホッパーが2曲のベースを担当。なかなかの快作に仕上がっている。**（和久井）**

Mother Gong
Robot Woman 2

1982年9月：Shanghai／HAI 100

[A] 1. Suggestive Station / 2. This Train / 3. I Wanna Be With You / 4. The Moving Walkway / 5. The Upwardly Mobile Song / 6. Tigers Or Elephants / 7. Mirror [B] 1. You Can Touch The Sky (All Work No Play Makes) / 2. 1999 / 3. Crazy Town / 4. Angry Song / 5. Looking For / 6. Leotards

資金が続かなかったのか、第2作はチャーリー系のシャンハイからのリリースとなったが、快調ぶりは変わらず、物語は発展していく。「ザ・ムーヴィング・ミルキーウェイ」のベーシック・トラックに、ウェールズでニック・ターナーと録音した78年夏の4トラック音源が使われているものの、前作と同じメンバー（ベースはクラネンバーグとウィリアムソン）で、サウンドは揺るぎない。このまま『3』まで続けて出れば評価も違ったはずだが、完結編まで4年も待たされたため、〝ロボット・ウーマン〟は未完に終わったのかと思ったほどである。結果カンタベリー・ロックの『ガラスの仮面』的な（笑）、面白いけど困った迷作になってしまうのだ。**（和久井）**

Mother Gong
Robot Woman 3

1986年12月：Shanghai／HAI 109

[A] 1. It's You And Me Baby / 2. Faces Of Woman [B] 1. Lady's Song / 2. Woman Of Streams / 3. I'm Sorry / 4. Men Cry

80年代末に中古レコード屋でこのアルバムを見つけたときは、「は？　いつ出たの？」と思ったし、ジャケットの雰囲気同様サウンドも変わっているので、あれれ、と思った。録音はメルボルンのスプリングス・スタジオとリッチモンド・レコーダーズで、音はウィリアムソンがひとりでつくっているようなもの。おまけにアレンがギターを弾いたり、アレン／スマイスの子供オーランドが唄っていたりするから、当初の〝ロボット・ウーマン〟がこれで完結したとは思えないのである。だって最後の曲が「マゼンタ（パート1）」だもん、え？って思ったよ。実にトリッキー。続きは93年の『シー・メイド・ザ・ワールド～マゼンタ』に持ち越されるのだ。**（和久井）**

Mother Gong
with Special Guest Tom the Poet - Live 1991

1991年：Mothermusic／MM101

のちにヴォイスプリントからジャケ違い盤が出る91年のライヴは、スマイス、ウィリアムソン、ロバート・カルヴァートに、ゲストのトム・ザ・ポエトを加えて行ったUSツアーで収録されたものだ。85年にオーストラリアでスマイス&トム・ザ・ポエト名義のカセット“Living On The Brink”を出したのが縁で、一緒に旅をすることになったらしい。エフェクトをかけたリーディングにカルヴァートのフリーキーなサックスや打ち込みドラムが絡む。（**和久井**）

Mother Gong
Wild Child

1994年2月：Demi Monde／DMCD 1026

1. Time / 2. Augment / Lady / 3. Today Is Beautiful / 4. Crazy Town / Fire / 5. We Women / 6. Child / 7. Superboots / 8. Room 1 / 9. Room 2 / 10. Aere

91年ツアーに合わせてリリースしたカセット版がオリジナルで、CDは94年に出た。

89年秋にウェールズのフォエル・スタジオで行われたセッションは、ウィリアムソンとカルヴァートに、コンラッド・ヘンダーソン（ベース）、ロバート・ジョージ（ドラムス）が主たるメンバー。その後メルボルンのスプリング・スタジオでミックスが行われたようだ。

スマイスのリーディングに頼っていては、マザー・ゴングの新作としては弱いと思ったのだろう、ウィリアムソンとカルヴアートが曲を書き、フュージョン的な演奏をしているのだが、ジャズ・ロックという感じでもないし、スペース・ロック的なサイケ感もないから、〝ゴング感〟は薄い。ウィリアムソンは多くのリスナーを得るためにこうしたのだろうが、スマイスにはそういう考えはないだろう。聴きやすく、演奏も悪くないのだが、これでいいの?という気持ちにもなる。どっちも間違いではないからとても評価しずらいアルバムだ。（**和久井**）

Mother Gong
She Made The World - Magenta

1993年：Voiceprint／VP134

あいだにアレン&マザー・ゴング名義の『ザ・オウル・アンド・ザ・ツリー』や前作などが挟まったこともあってすっかり曇ったが、これが〝ロボット・ウーマン〟の続き——というかスピンオフ企画みたいなもので、〝マゼンタが世界をつくった話〟になっているのだ。

もはやサウンドは劇伴化していて、ウィリアムソンの技量がどうとも言えないところまで来ているから、スポークン・ワード作品として接するべきだろう。ジャケも酷い。（**和久井**）

Gilli Smyth
Every Witches Way

1993年：Voiceprint／VP139

カルヴァートを中心とするスティルボーン・フロッグ・バンドや、カンガルー・ムーンというジャズ・バンドとの共演も含まれているため、ジャズっぽいところが多く、即興の面白さがよく出ている傑作だが、ヴィジュアルでイメージを大きく変えるなどしないと、ソロ名義となった意味が伝わらない。とくに92年に収録されたライヴ2曲が素晴らしく、スマイスのソロ作の中では屈指の傑作なのだが、そういう中身を想像させるジャケじゃないよね。（和久井）

Mother Gong
Tree In Fish

1994年：米Tapestry／76000-2

1. The Ally / 2. Love Poems / 3. Lament / 4. Between Us / 5. She Smiled / 6. The Mother Goddess / 7. Cafe Reflections / 8. The House Is Not The Same / 9. Space Tango / 10. The Beach Is Hot / 11. Balein / 12. Touch / 13. Tree I / 14. Tree II / 15. Wilful Housewife / 16. Crying / 17. Man / Woman

88年から91年にかけてスプリング・スタジオで録音したテイクをウィリアムソンがまとめたもので、限定リリースだった米タペストリー盤は17曲入りだった。ヴォイスプリント版はグラストンベリー・フェス（ディディエ・マレーブを含む布陣）で録音された「グリーンフィールズ」を追加して曲目／曲順をいじった16曲ヴァージョンなので、オリジナルの仕様にこだわる人は要注意だ。

『ワイルド・チャイルド』と同じ、ウィリアムソン、カルヴァート、ヘンダーソン、ジョージというメンバーだから、ちょっとフュージョンぽい路線。それがちょっと安っぽく感じられる原因だろうし、詩のテーマとリンクしているはずのジャケットの絵も田舎くさい。ライヴを観て、意味がわかった人が買って帰るようなCDになっているのはどうかと思うのだ。ヴォイスプリントも、ワールドワイド版にするならもうちょっと考えればよかったのに、と思う。作品はたくさん出しゃいいってもんじゃない。（和久井）

Mother Gong
Eye

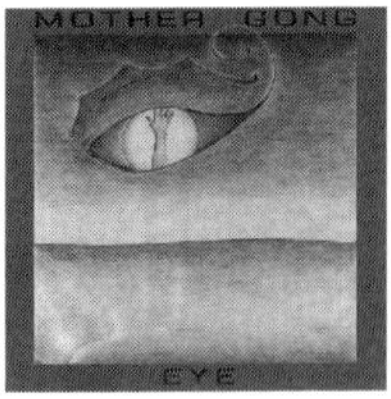

1994年：Voiceprint／VP176

ベースがダグ・カーに変わっての新作だが、スプリング・スタジオ録音の11曲に、トム・ザ・ポエトが参加したりのライヴ6曲を加えているから、新機軸のエスニック路線が面白いのに、相変わらずなところが新しさを曇らせてしまった感がある。部分部分は悪くないから苦はなく聴けるけれど、トム・ザ・ポエトのパフォーマンスなんか、ここに必要かな？ ソウルっぽい女性コーラス隊と共演した「アンシェント」とか、けっこう面白いのに。（和久井）

Gilli
It's All A Dream

2001年：Gliss／CRL 5021

ウィリアムソンやカルヴァートの相変わらずぶりが嫌になったからか、息子オーランドにプロデュースを任せ、アレンの家から近いタイガー・アイ・スタジオで録音したのが本作だ。

　アレンもウィリアムソンも参加しているが、オーランドのプログラミングとキーボードが主体。エレクトロニックとダブをバックにリーディングを軸にしたヴォイス・パフォーマンスを繰り広げるというアルバムになった。しかしこのCDは激レアなんだよね。（和久井）

Gong Matrices - Gilli Smyth
Parade

2004年：Voiceprint／VP353

1. Welcome To The Parade / 2. Annunaki / 3. Demon Barbie And The Super Computer Matrix / 4. Seas / 5. Battlefield (W.Rendra) / That's All Right George / 6. Email From The Most High / 7. The Driver's Seat / 8. Virtual Lover / 9. Mystery

90年にサンフランシスコで開かれたプログレッシヴ・ミュージック・フェスティヴァルでピエーシェ・マクドウェルと共演したスマイスは、彼のプロデュースでアルバムをつくることを思い立ち、ベイエリアの若手ミュージシャンと本作をレコーディングした。プログラミング、キーボード、ベース、タンブーラなどのマクドウェルに、フルートとヴァイオリンのエーヤー・フランクファター、ギターのジェイムズ・ロトンディというのがその布陣で、新古典派とも言えそうな彼らの上品な演奏に合わせて、スマイスは魅力的なリーディングを繰り広げる。

　これ一枚で終わったのは残念だけれど、充分な〝やりきった感〟があるので、本人も納得できたのではないかと思う。今世紀に入ってからの傑作と言えばこれだろうし、パフォーマーとしての到達点も感じられる。ゴング関係の人たちは即興性を重んじたステージで持ち味を発揮するから発掘ライヴ盤もありがたいが、私はこういうアルバムこそ評価したい。（和久井）

Gilli Smyth & Daevid Allen
Short Tales & Tall

2005年9月：Voiceprint／VP368

スマイスとアレンが書いた14篇の童話を収録したアルバムで、アートワークもアレンが手掛けている。タスミン・スマイス、ジャジー・アレン、イニス・アレンといった子供たちも朗読に参加したファミリー・アルバムだが、誰がこの元夫婦の子供なのかと考えると複雑な気持ちにもなる。感情的にどうではなく、その場にあることを前向きに受けとめてしまえる強さが生んだアルバムとも言えるので、〝自由〟の尊さを考えた方がよさそうだ。（和久井）

Gilli Smyth, Daevid Allen & Orlando Allen
I Am Your Egg

2005年：Voiceprint／VP376

1. End St. Station / 2. Sacrifice / 3. Melting Love / 4. Slinky Ones / 5. River Song / 6. Ship Of Fools / 7. Midnight Sun / 8. Undeniably / 9. Time Dilation / 10. Hungry Lion / 11. Mechanical Schoolmistress / 12. Palestine / 13..Memory

母、父、息子のアルバムは、オーランドと同世代の若いミュージシャンや、ユニヴァーシティ・オブ・エラーズのジョシュ・ポロック、アシッド・マザー・ゴングの河端一も参加しての世代を超えたサイケリック大会となった。つまりは〝何でもあり〟なのだが、アレンのアコギ弾き語りにオーランドがスペイシーな音をつけ、スマイスがウィスパーで加わる「シップ・オブ・フールス」が絶品なので、これはぜひとも入手していただきたい。そんな中にハリー・ウィリアムソンがいるのも可笑しいし、スマイスのリーディングは相変わらずだが、オーランドがさまざまな環境音をつけているのが効いて、ちゃんと〝世界〟が描かれているのだ。（**和久井**）

Mother Gong
Glastonbury Festival 1979–1981

2005年7月：Voiceprint／VP363

1. Dogs / 2. Dreaming It / 3. Rats Amok / 4. Robot Woman 1 / 5. Birds So High / 6. Beautiful Country / 7. Evidance / 8. Disco At The End Of The World / 9. Robot Woman 2 / 10. Machine Song / 11. Searching Airwaves / 12. Customs Man

ゴングもマザー・ゴングもグラストンベリー・フェスティヴァルのメイン・ステージで人気を博したのは有名。これは79年と81年のライヴを集成した発掘盤で、〝ロボット・ウーマン〟を核にして繋いであるのがミソだ。〝大舞台で壮大なストーリーが披露されたとき〟を再現しようとしているのはいいが、例によってヴォイスプリントは伝え方がヘタだから肝心の〝そこ〟に評価が及んでいない。まず、フェスのステージを遠くから撮ったジャケットがブートみたいでダメだけれど、ブックレットの中身では『ロボット・ウーマン』のアナログ盤についていたマンガが再現されているのだから、わかってないわけじゃないのだ。見せ方が逆でしょ。（**和久井**）

Mother Gong
Mother Gong 2006

2006年：Voiceprint／VP404

Part 1: 1. Welcome To The Parade / 2. George Bush / Four Horseman / 3. Invisible / Voices In Your Head4. I Am A Witch / 5. Demon Barbie / 6. You Are My Virtual Lover / 7. Email From God / 8. Palestine / 9. I Remember Ancient Magics **Part 2**: 10. The Whisperer / 11. Honeypath

05年のグラストンベリー・フェスで披露されたアンコンヴェンショナル・ゴング・ギャザリングのステージからの9曲に、スタジオ録音の2曲を加えて、06年のマザー・ゴングを示したオーランドのプロデュース作。ライヴは、スマイス、マレーブ、クラーク、ワヨ・デ・ピックス（シンセ）、ティム・ホール（ベース）に、オーランド（ドラムス）という布陣だが、スタジオ録音でのオーランドは、ミクロコスミークやワヨ・デ・ピックスがつくったトラックに、スマイスやアレンの声を加えるDJとして存在し、マザー・ゴングをトランスの方向に導いているのだ。オールド・ファンには理解しがたいからしれないが、彼が考える〝サイケ〟はこれなんだと思う。（**和久井**）

Mothergong
O Amsterdam

2007年：Voiceprint／VP423

06年11月にアムステルダムで開催されたアンコンヴェンショナル・ゴング・ギャザリングのステージから、マザー・ゴングによるライヴ9曲を収録したアルバム。プロデュースはスマイス、ドラムはオーランドで、マレーブ、クラーク、ワヨ・デ・ピックス、ティム・ホールという布陣。ウィリアムソンが録音、ミックスしているからそれなりのものに仕上がっているが、これがマザー・ゴングの最後のアルバムでよかったのかな？とも思うのだ。（和久井）

Gilli Smyth
Paradise

2012年：Flamedog／FD007

スマイス最後のスタジオ録音盤は、オーランドにプロデュースを任せ、アレンの部分参加を仰ぎながら、04年の『パレード』でものにした生楽器の弦や管を活かした新古典派的なサウンドと、DJ感覚の音響空間の融合を試みたようなアルバムになった。本人は「こんなイメージにして」と言って、できあがったトラックにリーディングやウィスパーを乗せただけなんだろうが、まぎれもない〝ジリ・スマイスの作品〟になっているところが、さすが。（和久井）

Mother Gong
The Robot Woman Trilogy

2019年：Madfish／SMABX1097

[1] Robot Woman 1 [2] Robot Woman 2 [3] Robot Woman 3 [4] Robot Woman Xtra: 1. Trepidance / 2. Disco At The End Of The World - Demo / 3. Harry - A Future / 4. Robot Woman Live At KCMO / 5. Rat Rock Instrumental / 6. Slow Slither / 7. Searching The Airwaves And Today's Army / 8. Machine Song - Dub Remix / 9. Customs Demo / 10. Australia Intrumental Dub / 11. War Is Over - Armageddon - Wassillissa Flute / 12. Tigers / 13. Chinese Puzzle / 14. 1999 Dub / 15. Is It Real Or Am I Dreaming? - Magic Land / 16. Flying Through The Machine / 17. Gliss With Matthew Arnold / 18. Magenta - 100 Years Old With Life After Life

ゴングの『ラジオ・ノーム・インヴィジブル・トリロジー』をハードカヴァー・ブック仕様のパッケージにした拡大版（4枚組）と対になった企画で、『ロボット・ウーマン1』『2』『3』に、デモ、ライヴ、オルタネイト・ヴァージョンをまとめた『ロボット・ウーマン・エクストラ』を加えた4枚組。こちらもハードカヴァー・ブック仕様で、オリジナルLPに付いていたマンガが再現されているのが嬉しい。

ウィリアムソンがすべての音源を管理しているからマザー・ゴングの場合はこういったアーカイヴに無理がなく、70年代末からのおよそ10年の収穫がわかるようになったのがいい。

と言ってもゴングと違うのは、バンドとしての到達点はあまり目指されておらず、〝ジリ・スマイスの表現〟のためにメンバーが動く、という姿勢が明確なことだ。そういう意味では、さしたる主張はせずに〝ハリー・ウィリアムソンのバンド〟をつくった旦那がキーマンだと思えてくる。（和久井）

Steve Hillage
Fish Rising

1975年4月：Virgin／V 2031

[A] **Inglid / Involution**
Solar Musick Suite: 1. Sun Song (I Love Its Holy Mystery) / 2. Fish / 3. Meditation Of The Snake [B] **Outglid / Evolution**: The Salmon Song; 1. Salmon Pool / 2. Sun Moon Surfing

アーザケル、カーン、ゴングと渡り歩いたカンタベリー・シーンを彩る重要人物のひとり、スティーヴ・ヒレッジの初ソロ作。ゴング在籍中の74年9月よりマイク・ハウレット、ピエール・ムーランとベーシック・トラックの制作を始め、最終的に学生時代からの友人だったデイヴ・ステュアート、ティム・ブレイク、ディディエ・マレーブらゴングのメンバーもずらりと顔を揃えたアルバムとなった。曲はいずれもゴングのバンド・メイトであり、のちにヒレッジとシステム7として活動するミケット・ジローティとの共作で、ゴングに通じる極めてスリリングなアンサンブルと、後にシステム7でアンビエントな嗜好を一気に顕著化させる、ヒレッジらしいスペイシーな音作りが絶妙のバランスで共存。超絶な演奏と浮遊感が波状的にやってくる様はもはや曲ごとに区切ることすら無意味に思える。ある意味、キング・クリムゾンをも凌駕する究極のプログレッシヴ・ロックなアルバムといえる強力作である。（**犬伏**）

Khan
Space Shanty

1972年：Deram／SDL-R 11

[A] 1. Space Shanty (Inc. The Cobalt Sequence And March Of The Sine Squadrons) / 2. Stranded (Inc. Effervescent Psycho Novelty No. 5) / 3. Mixed Up Man Of The Mountains [B] 1. Driving To Amsterdam / 2. Stargazers / 3. Hollow Stone (Inc. Escape Of The Space Pilots)

69年にアーザケルを脱退したスティーヴ・ヒレッジが、元クレイジー・ワールド・オブ・アーサー・ブラウンのニコラス・グリーンウッド（ベース）、ディック・ヘニンガム（オルガン）とともに結成したバンド、カーン唯一のアルバム。当初はピップ・パイルがドラムを叩いていたが、ロバート・ワイアットの誘いを受けゴングに加入したため、元ドクター・ケーズ・ブルースバンドのエリック・ピチーが参加、その後ヘニンガムも脱退したためヒレッジの旧友、デイヴ・ステュアートが加わり（クレジット上はゲスト扱い）アルバムは完成している。本作は典型的かつ伝統的なプログレッシヴ・ロック作に仕上がっており、特にヒレッジとステュアートのスリリングな絡みは絶品。ヘヴィーな中にも叙情性があり、最後を飾る「ホロウ・ストーン」のドラマティックな展開も見事だ。この後ヒレッジが脱退、グリーンウッドはカーン人脈を引き継ぎ72年に傑作ソロ作“Cold Cuts”（Kingdom / KVL9002）を完成させている。（**犬伏**）

Steve Hillage
L

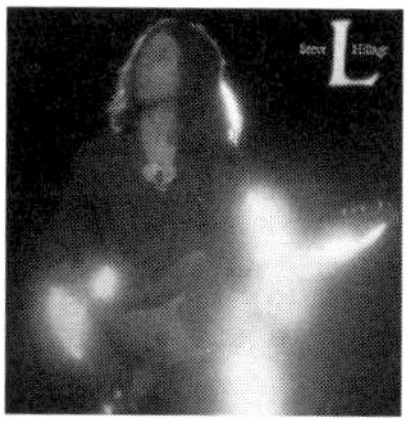

1976年9月24日：Virgin／V 2066

[A] 1. Hurdy Gurdy Man / 2. Hurdy Gurdy Glissando / 3. Electrick Gypsies [B] 1. Om Nama Shivaya / 2. Lunar Musick Suite / 3. It's All Too Much

前作『フィッシュ・ライジング』発売後の75年12月、ゴングのロンドン公演を終えたスティーヴ・ヒレッジはバンドを脱退、2枚目のソロ・アルバム制作にあたりトッド・ラングレンをプロデューサーに起用し76年5〜6月にニューヨークで本作の録音を開始している。

ドノヴァンの「ハーディー・ガーディー・マン」で幕を開け、ビートルズの「イッツ・オール・トゥ・マッチ」で終わるという構成はもちろんのこと、ヒレッジのスペイシーな嗜好がラーガ・ロックに絡みあう様はインパクト絶大だが、腕利きのユートピアが加わったことで仕上がりは意外にも端正。米国でチャート入りした唯一のヒレッジ作品となった。

（犬伏）

Steve Hillage
Motivation Radio

1977年：Virgin／V 2777

[A] 1. Hello Dawn / 2. Motivation / 3. Light In The Sky / 4. Radio [B] 1. Wait One Moment / 2. Saucer Surfing / 3. Searching For The Spark / 4. Octave Doctors / 5. Not Fade Away (Glid Forever)

トッド・ラングレンのプロデュースによる前作『L』は英10位の大きなヒットを記録したが、スティーヴ・ヒレッジは米国でプログレッシヴ・ロックの人と見られることを嫌ったという。そんな経緯もあり、本作は当時彼が心酔していたファンクからの影響が反映されたものとなった。

77年7月にロスで録音がスタート、当初『レッド・アルバム』と『グリーン・アルバム』の2枚に分け制作が進められたが、本作は『レッド〜』が改題され完成。ダンサブルな曲調、ロスならではの乾いた音像、プロデューサーのマルコム・セシルによる手製ポリフォニック・シンセサイザーの活躍と、前作とは大きく印象が異なるアルバムとなった。

（犬伏）

Steve Hillage
Green

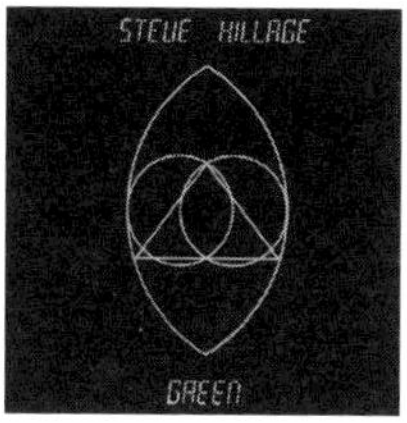

1978年：Virgin／V 2098

[A] Green Rock1. Sea-Nature / 2. Ether Ships / 3. Musick Of The Trees / 4. Palm Trees (Love Guitar) [B] OM Rock / 1. Unidentified (Flying Being) / 2. U.F.O. Over Paris / 3. Leylines To Glassdom / 4. Crystal City / 5. Activation Meditation / 6. The Glorious Om Riff

ピンク・フロイドのニック・メイスンを共同プロデューサーに迎え制作されたスティーヴ・ヒレッジのソロ第4作。曲の大半は77年にスティーヴ・ヒレッジとミケット・ジローティによって書かれており、前作『モチヴェイション・ラジオ』制作の際に計画された2枚のうち、当初は『グリーン・アルバム』となる予定（タイトルの『グリーン』にその名残がある）だったもの。ヒレッジは本作でローランド製ギター・シンセサイザー、GR-500を多用し空間を浮遊するようなサウンドを実現、それはピンク・フロイドのようでもあり、一時は〈プログレ〉的な自身の印象を嫌ったヒレッジの最も〈プログレ〉らしい姿が本作には捉えられている。

（犬伏）

Soft Machine Legacy
Live Herald

2005年：仏・Musea／FGBG 4617.AR

スティーヴ・ヒレッジの初ライヴ作品で、『L』ツアーより77年3月26日のレインボー・シアター公演をメインに、78年の『モチヴェイション・ラジオ』ツアーからの3曲が加えられている。LP時代には最後に4曲のスタジオ作品も収められていたが、CD化に際しこれらは別のアルバムへ移されている。参加メンバーが異なる〈プログレ〉期と〈ファンク〉期のライヴが並んだ本作だが、ヒレッジの音には一切のブレがなく、両者に違和感はまったくない。（犬伏）

Soft Machine Legacy
Rainbow Dome Musick

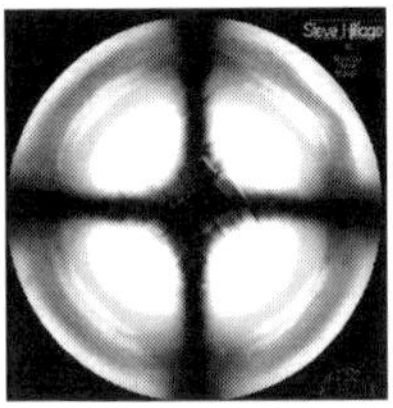

2005年：仏・Musea／FGBG 4617.AR

「ライヴ・アルバムの次は音が変わる」という話をよく聞くが、これはまさにその典型的作品。スティーヴ・ヒレッジのスペイシーなギターによって始まった音の〈空間表現〉は進化を続け、その意識はシンセサイザーに代表される電子楽器へと向かったが、その極みとなった本作には、すでに歌や楽器の概念すら存在しない。これは〈アンビエント・ハウス〉の開祖的作品であり、ヒレッジとミケット・ジローティによる〈システム7〉の雛形でもある。（犬伏）

Soft Machine Legacy
Open

2005年：仏・Musea／FGBG 4617.AR

前作で〈アンビエント〉な音を極めたスティーヴ・ヒレッジだったが、79年リリースの本作で彼はその成果をバンドへフィードバックした。シンセサイザーの音がシーケンサー的に用いられるあたりはまるでザ・フーのようだが、アンビエントな感触とポップな楽曲の融合は成功、本作は来るべき80年代を予言したような仕上がりとなった。なお、本作はCD化に際し『ライヴ・ヘラルド』収録のスタジオ曲等を追加、曲順も大幅に変更されている。（犬伏）

Soft Machine Legacy
And Not Or

2005年：仏・Musea／FGBG 4617.AR

前作『オープン』で再びバンドに立ち返ったスティーヴ・ヒレッジだったが、本作は彼とミケット・ジローディのふたりによってほぼ〈打ち込み〉のみ（ギターとヴォーカル以外はリズムも含めすべて電子楽器によるもの）で作られている。ヒレッジによるとレーベルが彼に〈ロック・バンド〉を求めたことへの対抗心から生まれたものらしいが、80年代の音からの影響も含め、彼らにとってこれは通過しなくてはならない道だったのだろう。（犬伏）

Steve Hillage
For To Next

1983年：Virgin／V2244

6曲入りアルバム『アンド・ノット・ソー』と対をなす作品だが、こちらは全曲がインストゥルメンタルとなっている。両者をセットにしたパッケージも発売されたが、元々はそれぞれ別のアルバムとしてリリースされたものだった。『アンド〜』同様、全曲打ち込みによるものだが、ゴング時代のナンバーを改作した「ナイツ・テンプラー」やヒレッジの『フィッシュ・ライジング』収録曲をリメイクした「スティル・ゴールデン」も収録されている。（**犬伏**）

Soft Machine Legacy
BBC Radio 1 Live In Concert

1992年3月：Windsong／WIN CD 014

92年に発掘リリースされたアルバムで、ロンドンのパリス・シアターで収録されたBBCラジオの人気番組〈イン・コンサート〉から、スティーヴ・ヒレッジの76年12月と79年4月出演分の録音がまとめられている。それぞれメンバーが異なる演奏だが、『ライヴ・ヘラルド』のようにそれらがひとつの公演であるかのように編集されている。発掘ものながら録音状態は良好、〈打ち込み〉に走る前のバンド期のヒレッジを捉えた貴重なアルバムである。（**犬伏**）

Steve Hillage
Düsseldorf

2017年：Madfish／SMACD1084

17年に突如リリースされた発掘音源で、79年の『ライヴ・ヘラルド』ツアーより3月28日にドイツ、デュッセルドルフで行われたショウの全曲が収められている。おそらくは記録用に収録されたものと思われるが、ステレオで収録されており録音状態も良好。当時既にアンビエントな方向を目指しながらもグルーヴ感溢れるライヴを披露、素晴らしいアンサンブルが体感できる。「トーキング・トゥ・ザ・サン」は、これが現存する唯一のライヴ録音だ。（**犬伏**）

Steve Hillage
The Golden Vibe

2019年：Madfish／SMACD1155

19年にリリースされた目下最新の発掘録音もので、スティーヴ・ヒレッジによるエフェクティヴなギターのみが14曲収められている。これらはすべて73年5月に仏、サンズにあったゴングの共同生活空間、通称〈ゴング・ハウス〉にて録音されたもので、すべてが音質良好とはいい難いが、ヒレッジのエコーを効かせたトリップ感溢れるギターが堪能できる。16年発売のCD22枚を収めたゴングのボックスに一部公開済みだったものの、これが最長版である。（**犬伏**）

システム7
カンタベリーとクラブ・ミュージックの交錯

梅村昇史

スティーブ・ヒレッジとミケット・ジローディによるアンビエント・テクノ・ユニット、システム7は91年に活動を開始した。

まずは、ヒレッジがやろうとしていることは一貫してサイケデリック・ミュージックであることを踏まえておきたい。80年代後半、レイヴ・カルチャーと電子音が結びついてアシッド・ハウスが誕生し、ムーヴメントとしての〝サイケデリック〟が復興する。その後90年代のクラブでは、カンタベリー・ロック以上の細分化を行いながら、DJによるダンス・ミュージックの更新があった。システム7の音楽は、アンビエント、ハウス、テクノ、トランス、ドラムンベース、さらにそこから派生する様々な変種が鳴り響く巨大なパーティーの海の中で流動していくサイケデリック・ミュージックである。

ヒレッジはテクノ・ユニットとしては稀有な存在のギタリストであり、そこからは常にゴングから派生した音を聴き取ることができる。初期の段階からジ・オーブのアレックス・パターソン、デリック・メイ、カール・クレイグ、ローラン・ガルニエなどテクノのアイコン的アーティストとコミュニティを形成しているのもすごい。あらためてゴングが生み出した磁場の大きさを感じてしまう。

91年の第1作『システム7』は、今聴くと、いかにも当時のクラブ・ミュージックという感が強い。女性ヴォーカルの起用など、実は彼らには合っていない気がする。92年の『77』ではヴォーカルを排し、のちにトランスというジャンルに発展するトラックを確立。94年の『ポイント3』は「ファイアー」「ウォーター」の2枚のアルバムで構成され、前者は〝アンビエント〟後者は〝ダンサブル〟というふたつの方向性に振り分けて、音響の快楽の機能性を明確にしている。私見ではここまでがシステム7の〝初期〟だ。

96年の『パワー・オヴ・セヴン』は、〝ノイ！〟

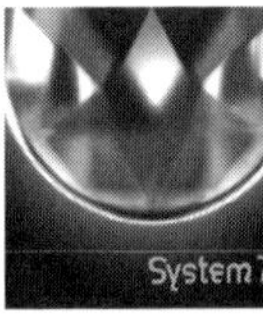

System 7
System 7
1991年：Virgin／DIXCD102

System 7
Point 3 - Water Album
1994年10月：Butterfly／BFLCB11

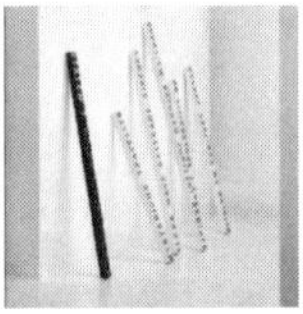

System 7
Point 3 - Fire Album
1994年10月：Butterfly／BFLCA11

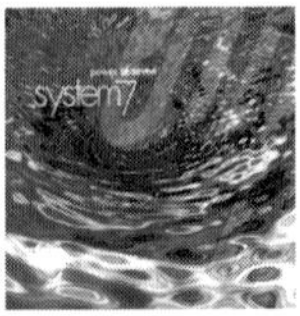

System 7
Power Of Seven7
1996年2月：Butterfly／BFLCD 16

のサンプリングでクラウト・ロックがルーツだと表明し、ブリープ音のブレンドをスケールの大きい組曲へ発展させた重要作。97年の『ゴールデン・セレクション』は、76年の『L』からサンプリングしたドン・チェリーのトランペットにトラック・メイクの冴えを見せ、01年の『セヴンス・ウェイヴ』は水とサーフィンをキーワードにして、オーガニックな深みを増幅させている。90年代後半からの3作は、クラブ・ミュージックの枠を越えた、システム7のグルーヴ・ミュージックの完成形と言ってよい。ヒレッジのギタープレイも、テクノというコンテクストの中で、奏法と機材の新しいマニュアルを確立したかのような、閃めきに満ちた唯一無比の表現になっている。

00年代以降は03年『ライヴ・トランスミッション』や『エンカンタド』、11年『アップ』など、良質の作品をリリースするものの、新しい一手がなかなか出せなくなってきた。05年には〝ミラー・システム〟という別ユニットを立ち上げ、チル&ダウンテンポの路線を模索しはじめる。15年にはミラー・システムの『Nポート』、システム7の『Xポート』、共同名義の『N+X』と、これまでのキャリアを自己検証する連作を制作した。

ある種の安定と停滞の中にいた00年代において、08年の『フェニックス』は最重要作だ。手塚治虫の『火の鳥』に着想を得たコンセプト・アルバムで、アンビエントとトランスの空間で70年代のようなエモーショナルなギターが際立つプログ・ロック的作品になっている。多くの日本人ミュージシャンだけでなく、デイヴィッド・アレンの参加に驚かされる。さらに注目したいのは、同作をきっかけにした、人力トランスバンドROVOとの共演だ。13年の共作『フェニックス・ライジング』では、サイキックでソリッドなROVOの演奏をバックにヒレッジがギターを弾きまくり、マハビシュヌ・オーケストラのカヴァーまで披露している。73年のゴングが40年後に超現実的にビルド・アップしたかのようだ。『フィッシュ・ライジング』から『フェニックス・ライジング』まで、ヒレッジは常にサイケの海で自由に泳ぐ魚だった。

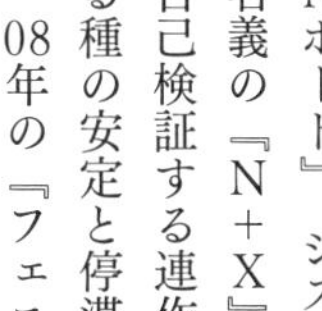

System 7
Seventh Wave
2001年8月：A-Wave／AAWCD007

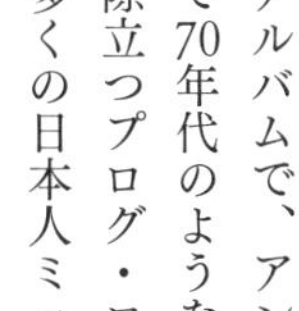

System 7
Phoenix
2008年1月：A-Wave／AAWCD012

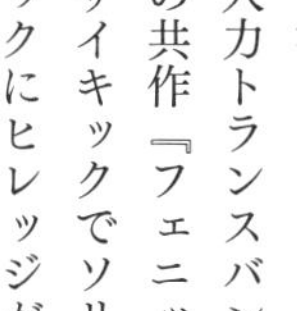

Rovo & System 7
Phoenix Rising
2013年9月：G-Wave／AAGWCD004

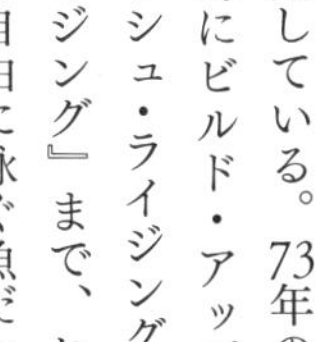

System 7 / Mirror System
N + X
2015年3月：A-Wave／AAWCD017

Gong
Shamal

1976年2月：Virgin／V 2046

［A］1. Wingful Of Eyes / 2. Chandra / 3. Bambooji ［B］1. Cat In Clark's Shoes / 2. Mandrake / 3. Shamal

〈ゴング三部作〉と称されるアルバムの最後を飾った傑作、『ユー』発売後にバンドの中核を担っていたデイヴィッド・アレンとジリ・スマイスが脱退したため、バンドはドラマーのピエール・ムーランへ引き継がれる。彼は76年に〈ピエール・ムーランズ・ゴング〉の名でバンドを再編成、自身の嗜好を前面に出した創作活動を始めたが、本作『シャマール』はその間に挟まれた時期に制作されたこともあり、両者の音楽性がミックスされたユニークな作品となった。それは、このアルバムのラインナップが〈シャマール・ゴング〉と呼ばれ別扱いされていることでもよくわかる。

スティーヴ・ヒレッジとミケット・ジローディがゲストで参加、ここに収録された6曲とも表情がそれぞれ大きく異なっていることから、その後の方向性を探っているかのようにも思えるが、アルバムには散漫な印象は皆無。それは、プロデュースを務めたニック・メイスンによる端正な音作りが功を奏しているのだろう。（**犬伏**）

Gong
Gazeuse!

1976年9月：Virgin／V 2074

［A］1. Expresso / 2. Night Illusion / 3. Percolations - Part 1 / 4. Percolations - Part 2 ［B］1. Shadows Of / 2. Esnuria / 3. Mireille

69年から続いたゴングの名はデイヴィッド・アレンの脱退で閉じられるべきだったかもしれない。しかし、ゴングとヴァージンの間にはまだ契約が残されており、バンドはゴングを継続する必要があった。

そんな事情を踏まえ、本作『ガズーズ！』は引き続きゴング名義の作品となったが、その実態は『シャマール』から続くピエール・ムーラン主導体制によるピエール・ムーランズ・ゴングのデビューに相当するものだ。

本作の主軸となるのは、新加入のアラン・ホールズワースによる伸びやかなギターとパーカッションの数々で、中でもムーラン、実弟のブノア・ムーラン、ミレイユ・バウアーの3人が披露するヴィヴラフォンが、アルバム全体のムードを牽引している。全曲がインストゥルメンタルとなり、デイヴィッド・アレンの時代の瞑想的なムードこそ失われたが、ドラマー主導によりパーカッションが活躍する極めて優れたジャズ・ロック・アルバムである。（**犬伏**）

Gong
Expresso II

1978年2月：Virgin／V 2099

［A］1. Heavy Tune / 2. Golden Dilemma / 3. Sleepy ［B］1. Soli / 2. Boring / 3. Three Blind Mice

78年に発売されたゴング名義のラスト・アルバムではあるが、実態はピエール・モーランズ・ゴングによるセカンド・アルバム。アラン・ホールズワースを含む前作同様のラインナップに加えミック・テイラーがゲスト参加、一聴して彼とわかるソロを冒頭のナンバー「ヘヴィー・チューン」で披露している。その後のピエール・モーランズ・ゴングの中心メンバーとなるドイツ人ギタリスト、ボン・ロザガ（彼はツトム・ヤマシタへ送ったデモがゴングのマネージャーに渡り参加の機会を得たという）が1曲で参加、本作は彼のメジャー・デビュー作品となった。本作で彼らはヴァージンとの契約を満了、次作より新天地アリスタでの活動がスタートする。 （**犬伏**）

Pierre Moerlen's Gong
Downwind

1979年：Arista／SPART 1080

［A］1. Aeroplane / 2. Cross-currents / 3. Downwind ［B］1. Jin-Go-Lo-Ba / 2. What You Know / 3. Emotions / 4. Xtasea

アリスタに移籍、ピエール・モーランズ・ゴング名義で79年にリリースされた記念すべきファースト・アルバムで、アラン・ホールズワースが前作を最後に離脱、新メンバーとなったロス・レコードがロック色の濃い、かつ的確なプレイを随所で聴かせている。異彩を放つポップなヴォーカル曲にヒットを欲したアリスタの強い意向が窺えるが、マイク・オールドフィールド（ピエールとブノアのムーラン兄弟は前年に彼のアルバムに参加していた）やスティーヴ・ウィンウッド、ミック・テイラーら豪華な顔ぶれが並んでいるのも、ホールズワースの代わりになるスター・プレイヤーをアルバムに置きたかったアリスタの意図が反映されているのかもしれない。 （**犬伏**）

Pierre Moerlen's Gong
Time Is The Key

1979年10月：Arista／SPART 1105

［A］1. Ard Na Greine / 2. Earthrise / 3. Supermarket / 4. Faerie Steps / 5. An American In England ［B］1. The Organ Grinder / 2. Sugar Street / 3. The Bender / 4. Arabesque Intro / 5. Arabesque / 6. Esnuria Two / 7. Time Is The Key

前作『ダウンウィンド』と同じ79年にリリースされたアリスタ移籍後のセカンド・アルバム。『エクスプレッソII』にゲスト参加したボン・ロザガが正式にメンバーとなる一方で、それまで重要な役割を果たしてきたパーカッショニスト、ブノア・ムーランとフランシス・モーズが脱退したことでバンド・メンバーは3人に。そのため、かつてメンバーだったアラン・ホールズワースが3曲に、のちにロジャー・ディーンのイン・カフーツで活躍するキーボーディストのピーター・レマーが9曲にゲスト参加、レマーはポリムーグも用いるなどヴィヴラフォンに代わる楽曲の軸を担っており、本作における最重要プレイヤーとするにふさわしい活躍を見せている。 （**犬伏**）

Pierre Moerlen's Gong
Live

1980年：米 Arista／AB 4279

[A] 1. Downwind / 2. Mandrake / 3. Golden Dilemma [B] 1. Soli / 2. Drum Solo / 3. Esnuria / 4. Crosscurrents

80年にリリースされたピエール・ムーランズ・ゴングにとって初のライヴ・アルバムで、アルバム『ダウンウィンド』発売後のツアーより79年2月16日のパリ公演と3月11日のロンドン公演から7曲が選ばれている。メンバーは基本的に『ダウンウィンド』を踏襲したものだが、スタジオでは『タイム・イズ・ザ・キー』よりメンバーとなるボン・ロザガが早くもステージに立ち、ロック感溢れるプレイを披露、さらにライヴ冒頭を飾る「ダウンウィンド」ではスタジオ版同様にマイク・オールドフィールドがゲストで登場し会場を大いに盛り上げている。ムーラン主導のゴングによるスタジオ作品はしっかりと作り込まれたもので、卓越した演奏力とミニマル・ミュージックのような構築美の共存が大きな魅力だが、ステージではそれらに加え、ムーランのドラム・ソロを始めとしたインタープレイが随所に見られる。本作は彼らの極めて高い演奏力、表現力を捉えバンドの本質に迫った重要なアルバムといえるだろう。（犬伏）

Pierre Moerlen's Gong
Leave It Open

1981年：独 Arista／202 955

88年発売のアリスタにおける4枚目のアルバムで、アルト・サックスの名手、チャーリー・マリアーノが2曲でゲスト参加、フランシス・モーズが復帰し「イッツ・アバウト・タイム」ではキーボードを弾くピエール・モーランに代わりドラムをプレイするなど大きな活躍を見せている。ボン・ロザガのロック色が強いギターに加え、80年代らしい音作りが行われており、それまでにない都会的なムードが漂っているのも本作の大きな特徴である。（犬伏）

Pierre Moerlen's Gong
Breakthrough

1986年：ARC Music／EUCD 1053

独のニュー・エイジ系レーベル、ユーレンシュピーゲルより86年に発売されたアルバムで、ムーランの作曲パートナーでもあったハンスフォード・ロウを除く全員が入れ替わった実質上の新バンドによる作品。2曲でムーランがヴォーカルを披露、他にもコーラス入りの曲があり、多くの曲で主旋律をモーグ・シンセサイザーのソロが担っている。かつての緊張感はどこへやら、まるでイージー・リスニング作品のような佇まいのアルバムである。（犬伏）

その他のゴング作品／発掘アルバム

犬伏 功

88年発売の『セカンド・ウィンド』はリイシュー・レーベルとしておなじみの独ラインからリリースされたスタジオ作品で、残念な仕上がりだった『ブレイクスルー』から一転、音作りこそ80年代特有の硬質な手触りながら演奏の緊張感が復活、最後を飾る「クラッシュ・アンド・コー」ではピエール・ムーランとアレックス・サンギネッティが左右のチャンネルに分かれ、超絶なドラム・バトルも披露している。98年発売の“Full Circle” Live 1988”(米Outer/OM-1006)は『セカンド～』発売に際しブレーメンで6月に行われたライヴを収めたもので、スタジオのフィルターを経ないバンドそのものの迫力に圧倒される。ヴィヴラフォンが際立った04年発売の『ペンタナイン』は久々のスタジオ作品となったが、ムーランが翌年5月に急逝、これが最後のアルバムとなった。10年発売の『トリビュート』は、05年にムーランが仏の若い音楽家とともに始動したピエール・ムーランズ・ゴングの最終メンバーによる追悼作で、最後にムーランによるデモ「コンテンポップ」も収められている。

“Gong In The 70's” (Voiceprint/VP406)は06年に発売されたゴング時代のレア・トラック集で、細かな録音時期は不明ながら、デイヴィッド・アレン在籍時の72～74年のライヴとリハーサル音源が収められている。いずれも録音状態はよく、ゴング絶頂期の演奏を楽しむことができる。

13年発売の『パリ・バタクラン1976』はアルバム『シャマール』発売後に行われたツアーより、76年1月30日のパリ公演を収めたもので、AMラジオ並みの音質で随所にカットがあるものの、最初期のムーラン主導のゴングを捉えた貴重なもの。14年には同ツアーの英国公演を収めた“Sheffield City Hall 1976” (Gonzo Multimedia/HST160CD)も発掘リリースされている。

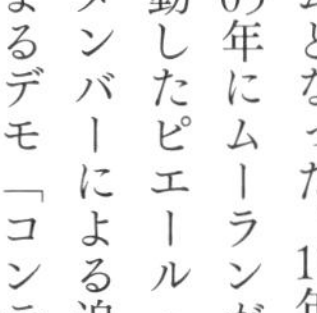

Pierre Moerlen's Gong
Second Wind
1988年：独Line／LICD 9.00698

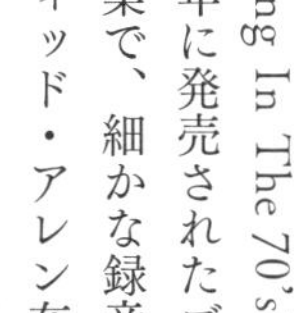

Pierre Moerlen's Gong
Pentanine
2004年：仏Musea／FGBG 4606.AR

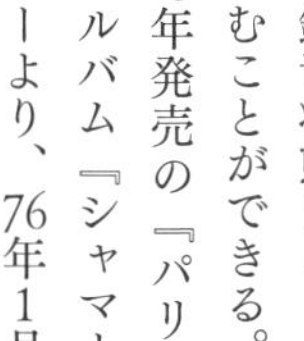

Pierre Moerlen's Gong
Tribute
2010年：仏Association Pierre Moerlen's Gong Tribute／PMG2010

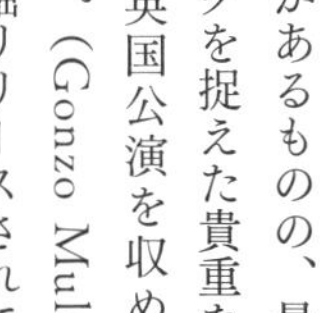

Gong
Paris Bataclan 1976
2013年：Gonzo Multimedia／HST161CD

PLANET OF CANTERBURY
FAIRY TALE FOR CANTERBURY
VOLUME TWO
梅村昇史
Shoji Umemura
ファズの森の変調サウンドをコントロールすることによって彼らはスタイルを確立した。
オレたちジャズでもロックでもない。一体、何なんだ？
あらゆるカオスと方法の自由な融合ってやつさ。
ソルト・ミシンはアートロックの彗星としてツアーにあけくれる。
ツアに疲れたアーレンは、バンドを脱退。
こいつと一緒になるってことで……
彼らの最強のツールは、"カンタベリー・リヴァーブオルガン・ホーン"だ。
ムーグやメロトロンよりもクールだぜ。
それは、新しい音楽、レコード、そして電気の妖精を生み出す、偉大なマシーンだった。

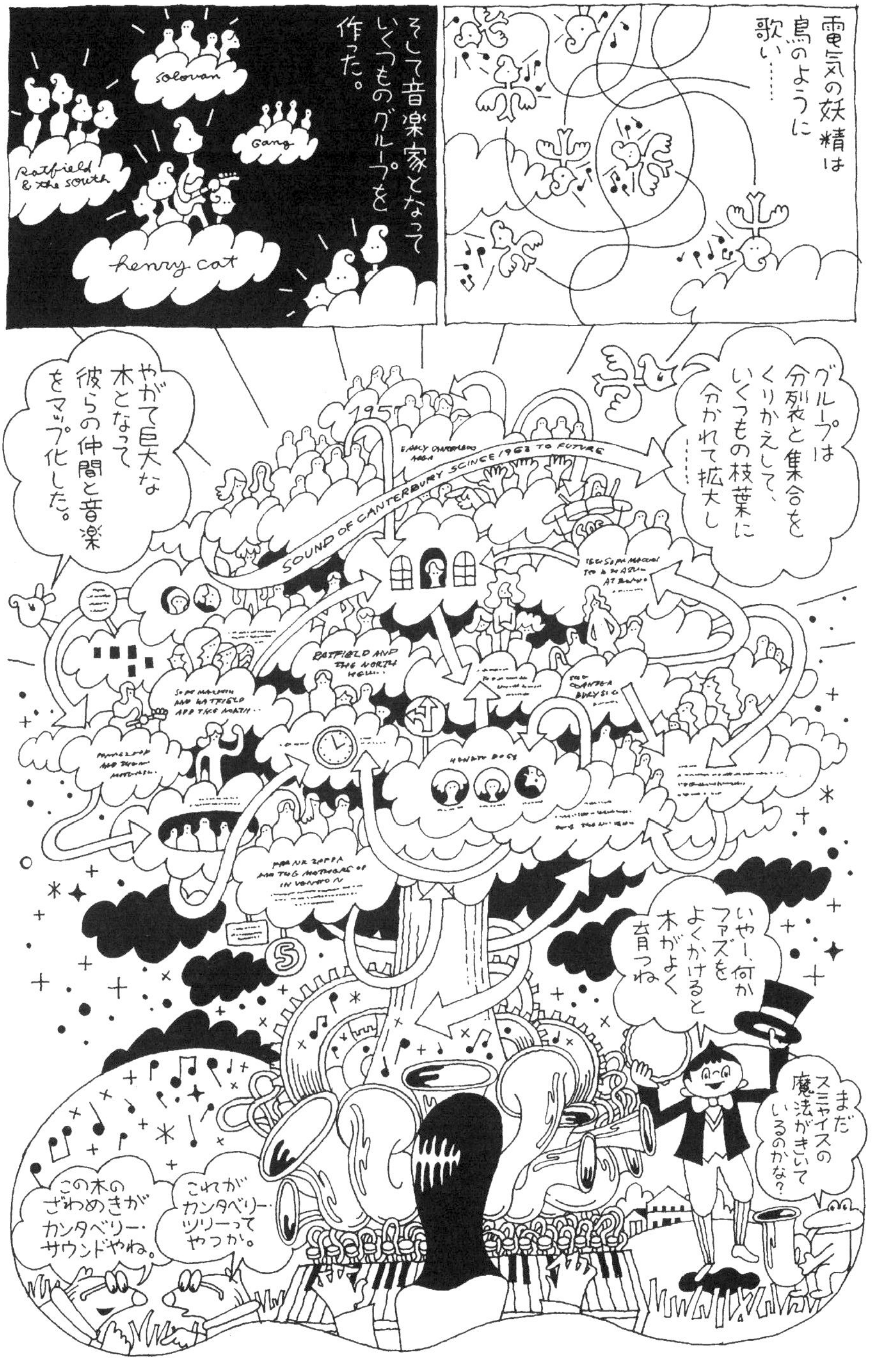
電気の妖精は
鳥のように
歌い……
そして音楽家となって
いくつものグループを
作った。
solovan
Gang
Ratfield & the south
henry cat
グループは
分列と集合を
くりかえして、
いくつもの枝葉に
分かれて拡大し……
やがて巨大な
木となって
彼らの仲間と音楽
をマップ化した。
SOUND OF CANTERBURY SCINCE 1963 TO FUTURE
いやー、何か
ファズを
よくかけると
木がよく
育つね
まだ
スミャイスの
魔法がきいて
いるのかな?
この木の
ざわめきが
カンタベリー・
サウンドやね。
これが
カンタベリー・
ツリーって
やつか。

それから時は流れて、カンタベリー大学の歴史学部では……

このようにぃ〜〜。カンタベリー・ロックは拡大をつづけぇ〜〜。

真に別次元のオルタナティヴなシーンを形成したのでありますぅ。

先生、そのシーンはどこにあるんですか?

それってロックですか?ジャズですか?

そんなとこ行ったことないよ。

テクノは含まれます?

よし、私がもっと教えてやろう。

学生諸君まずはこのお茶を飲みたまえ。

現実の地図にはないもうひとつの自由な音楽の世界、それがカンタベリーさ。音楽好きのボヘミアンのための仮想空間の様なものかもね。

CANTERBURY 2022
カンタベリーのミュージシャンたちはお互いに音楽家をシェアしてプレイしつづけるんだ。

CANTERBURY 1970
オレたちはそんなに上手くなかったけど自分なりにネタをかき混ぜてオリジナルをでっちあげたってわけ。奇妙だったけど、気にいってもらったみたいだね。

The END
2022 SHOJI UMEMURA

Chapter 6

Slapp Happy / Henry Cow

Tetsuto Koyama / Akira Yamanaka / Koji Wakui

鏡の時代、鎚の時代——〝蜜月〟から〝散開〟へ

小山哲人

79年にキャメルの一員として日本を訪れたリチャード・シンクレア＆デイヴ・シンクレアを例外とすれば、本書で取り上げられているカンタベリー・ロックの主要アーティストで最初に来日公演を行ったのはフレッド・フリスである（81年7月）。これは若い読者には少し意外かも知れない。折しも、レコメンデッド・レコーズの極東ブランチとして名乗りを上げたフールズ・メイト誌がロック・イン・オポジション（RIO＝ロック反対派）関連レコードの輸入販売を開始。故・北村昌士編集長が熱烈に働きかけて実現した来日だった。東京での公演をスタッフとして手伝った関係でフリスとは直接に言葉を交わし、ライヴの一部始終も間近に見ることができた。単身やってきたフリスが持ち込んだのはハンドメイドのダブルネック・ギター。ヘッド側にも折り畳み式ピックアップを2個装着、ステレオ・アウトを2台のアンプに繋ぐなど機材も配線も複雑怪奇をきわめていた。

AMMのキース・ロウ譲りの〝テーブル・トップ・アプローチ〟による変幻自在のインプロヴィゼーション、机上に乱雑にぶちまけられた釘や木片、ゴムなどを駆使したプリペアード・ギター奏法にも驚かされたが、なにより感銘を受けたのはたったひとりで機材を運び、神経質そうに調整し、ワイヤリングし、万全の演奏を準備するフリスの姿。音楽産業とそれに付随する既存システムへの従属を拒否、コンサート／ツアーの運営～レコード制作から流通へ至る一切を自らの手で行ったRIOの基本姿勢をフリスも共有、実践していたのである。

フリスはかつて『デスプリット・ストレイツ』『イン・プレイズ・オブ・ラーニング』の2作でのスラップ・ハ

ッピー＆ヘンリー・カウの共同作業について〝鏡の時代から鎚の時代への移行〟と位置づけて語ったが、グループ内部の力学構造上は音楽と思想の両面で急進性を強めるティム・ホジキンソン／クリス・カトラーとの軋轢から〝非政治的分子〟ピーター・ブレグヴァド／アンソニー・ムーアが弾き出された恰好となる。しかし、先鋭化を加速するＲＩＯムーヴメントも数年後には自己解体。組織的にはカトラーが中心となったレコメンデッド・レコーズの運営へ力点を移していくのである。カウの発展形であるアート・ベアーズ、ユニヴェル・ゼロなどＲＩＯ所属のヨーロッパ先鋭グループの新作を配給するのと同時に、カトラーが真先に手掛けたのがファウスト、そしてスラップ・ハッピーのドイツ・ポリドール時代の作品のリイシューだった。

伝説的プロデューサー、ウーヴェ・ネテルベックが仕掛人となって制作したそれらのアルバムは独本国盤、英国盤ともに発売当時はまったく売れなかったから、ほとんどのファンにとって内容も装丁も未知のアイテム。再発への期待がどれほど大きかったか想像してほしい。

透明ジャケ＆ディスクのファウスト『ファウスト』、収録曲のイメージ・イラスト9葉が付属した漆黒ジャケのファウスト『ソー・ファー』に比べれば地味だが、果たして、初めて目にするスラップ・ハッピーのデビュー作『ソート・オフ』はずいぶんと奇妙なものだった。

彼方に湖を望む田園風景を俯瞰で切り取った一枚の写真。木々が黄色く色づいていることから季節は秋だろうか？　しかし、画面中央で石造りの橋梁手前に立っているのはワンピース水着姿の女性では？　と、ディテールを少し注視したところで、これが何枚かのカラー・プリントの切り貼り合成であることに気付く。風景を透視するアイ・レヴェルこそ共通だが、パララックスは意図的に撹乱され、歪んだ遠近感が生じている。何の変哲もないジャケット写真に仕組まれた視覚的段差の謎……。

そう、ピンク色のフレーム内に収められたトロンプ・ルイユ的なお遊びは、そのままグループの音楽性にも当て嵌まるものだった。ビートルズやヴェンチャーズを始めポップ・アイコンの意匠や断片が挿入されるが、それらは元の文脈から微妙に引き離され、異なった解釈で新しい音像／記憶に置換される。アメリカ生まれのシンガー・ソングライター兼グラフィック・アーティストのブレグヴァド、その学友で実験映画の付帯音楽制作をしていたムーア、ムーアの恋人でハンブルクの元クラブ歌手、ダグマー・クラウゼという米英独の男女混成トリオが織り成すポップ／反ポップ、前衛／後衛の折衷音楽。『ソート・オフ』とは常に対照的に語られるヴァージンでの再録音『スラップ・ハッピー』に関してもムーアは次のように発言、スラップ・ハッピーにとっての〝ポップ〟を考える際の大きな示唆を提供する。

「どちらかを選んで、どちらかの方が大事だということは言いたくない。ヴァージンから出したヴァージョンの方がコマーシャルだからあまりいいものではなくて、コマーシャルじゃないものの方がいいという判断はよくないと思っているからだ」

ムーアとブレグヴァドの高踏的趣味や歌詞に顕われる屈折した暗喩と諧謔、実験的好奇心の有為性を認めつつ、カウはそれらと袂を分かつことになった。ブレグヴァドの後を追ってジョン・グリーヴスも離脱、自己否定／自己検証を突き詰めるポレミックな作業の過酷さは想像に難くない。あの時代の彼らの試行錯誤を目撃した者として、もうひとつ興味深い事実を書き記しておこう。

82年、フールズ・メイト誌はフリスに続いてザ・ワークを招聘した。ホジキンソンが結成した4人組、ザ・ワークは〝ブルジョワ的〟テクニックを率先して放棄、ニュー・ウェイヴ的サウンドとメッセージの直截性でカウのスピン・オフとしてはもっともラディカルな存在だった。誰もが自明のものと疑わないロック・コンサートでのPAシステムの中央制御と一方向性を批判、メンバー各自が簡易ミキサーを携えて自身のポジションでモニター・バックを調整しながら、インプロヴィゼーション・ロックを〝激烈に〟演奏したのである。カトラーも臨時参加した豊島公会堂と中野公会堂での2回のライヴ・パフォーマンスでは、確かにその有様を視認。ザ・ワークのようなスタイルのバンドでこの方法が有効だったかは疑問だが、インタラクティヴ&スポンテイニアスな音楽／音場の生成を目指すコンセプトは理解できた。カトラーはその後、ハイナー・ゲッベルスらと組んだカシーバーにおいてドラム・キットの電気化とサンプラー導入の実験を始める。16チャンネルのミキサーを使用した現在の機材構成ト・ループ2系統のインプット＋エフェクトに、ザ・ワークでの経験が生きているのではないか。

スラップ・ハッピー

ヘンリー・カウ

Anthony Moore
Pieces From The Cloudland Ballroom

1971年：独 Polydor／2310 162

［A］1. Jam Jem Jim Jom Jum［B］Side Of The Late Night / 1. Mu Na H-Uile Ni A Shaoileas / 2. A.B.C.D. Gol'Fish

60年代にはアート・スクールで現代音楽を学ぶ一方で、ピーター・ブレグヴァドとポップ・ソングを歌っていたというアンソニー・ムーアは、70年にハンブルクに渡り、「フィルム・クリティック」という雑誌を編集していたウーヴェ・ネテルベックと出会った。映画音楽の制作をファウストやムーアに依頼するようになった彼は、やがてポリドールのプロデューサーとなり、ファウストやムーアを世に出すのである。

というわけで、初期の3枚では実験性の高い現代音楽を形にしたムーア。本作に収録されたのは、3人でお経のような呪文を唱え続けることから生まれる偶然のズレを記録した「ジム・ジェム・ジム・ジョム・ジュム」と、ミニマルな2曲。（和久井）

Anthony Moore
Secrets Of The Blue Bag

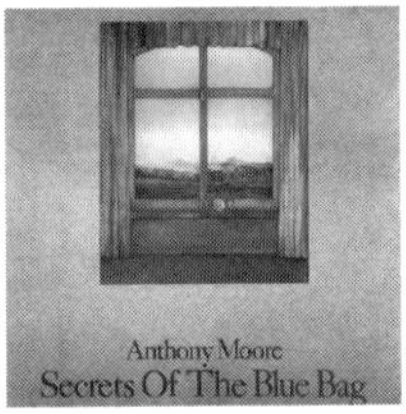

1972年：独 Polydor／2310 179

［A］1. Secrets Of The Blue Bag 1 / 2. Secrets Of The Blue Bag 2［B］Secrets Of The Blue Bag 3

第2作はドレミファソと弾き続けるヴァイオリンに、第2ヴァイオリンやチェロ、ファゴットが単純な裏メロを加えていく実験をした「パート1」、メインを女性のソプラノ歌手に変えての「パート2」、メインをチェロに変えた「パート3」で、人力では反復ができないことを示した「ブルー・バッグの秘密」のみを収録した過激なアルバムだった。音色は室内楽だし、不協和音やノイズを出すわけでもないのにアヴァンギャルドというのが凄いが、もちろんこんなものが売れるわけはなく、親友ブレグヴァドと、妻ダグマー・クラウゼとのスラップ・ハッピーを稼働させることになるのだ。とんでもない展開だよね。ネテルベックはどう思ってたんだろ？（和久井）

Anthony Moore
Reed Whistle And Sticks

1972年：独 Polydor／2310 250

［A］Red Now I Wonder, Part 1t
［B］Red Now I Wonder, Part 2

3枚目はサンプル盤がつくられたものの当時は発売されなかった環境音特集。98年にブループリントからリリースされたジャケ違いのCDで、幻の〜と謳われていた内容を知ることになったのだが、もちろん名盤ではなくて迷盤。これならジョン・レノンの愛人メイ・パンの回顧録でも買うって、とビートルズでそこそこ稼いでる私は思ったわけですよ。あれから24年、本書の刊行を祝すように先日オリジナル・ジャケットで復刻したCDが発売され、夏にはアナログ盤も出るそう。カタカタ、カサカサ、コロコロ、チーンって音がずーっと入っているだけなのでオススメはできませんが、ジョン・ケイジだってこんなことやってないから稀有ではある。（和久井）

Anthony Moore
OUT

1976年：Virgin／V2057

［A］1. Stitch In Time / 2. A Thousand Ships / 3. The River / 4. Please Go / 5. You Tickle / 6. Lover of Mine ［B］1. Johnny's Dead / 2. Dreams of His Laughter / 3. Catch A Falling Star / 4. Wrong Again / 5. Driving Blind / 6. The Pilgrim

75年にヴァージンとソロ契約を交わしたムーアが、潤沢な制作費を得て録音した初のポップ・アルバムだったが、これもサンプル盤までつくられながら発売中止になってしまったのだ。我々は97年のヴォイスプリント版〝手話ジャケ〟CDで初めて聴いて内容の素晴らしさに打ちのめされ、1ダースぐらいの疑問符を頭の中で踊らせたものだった。

本国にもないと言われるヒプノシス・デザインのオリジナル・ジャケットを持っていたのは、かつて『ロック・マガジン』を出していた故・阿木譲さんで、20年のドラッグ・シティ版のジャケは阿木さん所有のLPから復刻されたのである。

雑誌の編集長でラジオ番組も持っていた阿木さんは当時の配給元、日本コロムビアからカセットとジャケットを提供され、亡くなるまで大切にしていたそうなのだ。奇跡と言っていいよね。

実は私にはひとつの推理があって、かの筒美京平さんもこのアルバム当時聴いていたんじゃないかと思うのだ。だって、フレーズのリズムがバックとズレていくのが画期的な1曲目「スティッチ・イン・タイム」のイントロって、斉藤由貴の「卒業」の元ネタでしょ。カセットを持っていなかったとしても、音楽家なら一度聴いたら忘れないイントロだから、筒美さんはどこかで聴いて〝ズレ感〟を憶えていて、いつか使ってやろうと思っていたんじゃないかと思う。イントロなんかアレンジャーがつくるんじゃないの？と言うなかれ。関ジャニの番組で筒美作品の特集が組まれたとき、アレンジャーとして「卒業」に関わっていた武部聡志さんが、「イントロまで筒美さんの譜面に書いてあった」と証言していたのだ。間違いない。駆け上がるフレーズの音だってほとんど同じだし。

それはともかく、ピーター・ジェナーがプロデュースし、アンディ・サマーズ、ケヴィン・エアーズ、デイヴィッド・ベドフォードらが参加したこのアルバムは大傑作だ。珠玉のポップ・チューンが詰まったロックの裏名盤である。（和久井）

A. More
Flying Doesn't Help

1979年 : Quango／HMG 98

［A］1. Judy Get Down / 2. Ready Ready / 3. Useless Moments / 4. Lucia / 5. Caught Being In Love ［B］1. Time Less Strange / 2. Girl It's Your Time / 3. War / 4. Just Us / 5. Twilight (Uxbridge Road)

『アウト』が出なかったからゲンを担いだのか、A・モアと名前を変えてのアルバム。ロンドンのザ・ワークハウスでの録音で、ドラムはチャールズ・ヘイワード、クリス・スレイド、共同プロデューサーでもあるローリー・レイザンら。ベースはマット・アーヴィング、サム・ハーリーらだ。ギターやキーボードはムーアが自ら演奏している。ブレグヴァドと共作した「ウォー」以外はすべて自身の詩曲だが、前作と比べるとかなりニュー・ウェイヴ寄りという印象だ。同時期のケヴィン・エアーズやジョン・ケイルに近い感じと言えば伝わるだろうか。

ヴォーカルもアレンジ／演奏も妙にぶっきらぼうだから（意識的に体温を出さなかったのだろう）メロディが歪んで聴こえるけれど、曲はどれもよくできていて、ソングライターとしての高い力量が感じられる。

英国盤LPのジャケットは、シルヴァー、レッド、イエロー、パープルの4色があり、ドイツ盤、カナダ盤はデザインが異なっている。（和久井）

Anthony More
World Service

1981年 : Do It／RIDE 7

［A］1. Run Right Back/ 2. Pieces Of The Puzzle / 3. World Service / 4. Fat Fl ［B］1. Broke'n Idle / 2. Outta Angels / 3 The Argument / 4. Nowhere To Go

今度はアンソニー・モア名義。ニュー・ウェイヴ時代は変名とか渾名みたいな名前が流行ったものだ（本作のドラマーはレオとオーブ、ベースはマット、シンセやギターも弾いたプロデューサーはラ・ブルーと名乗っている）が、アルバムごとに変える人は珍しい。

「プロークン・アイドル」ではオリー・ハルソールがギターを弾いているが、誰が演奏しているからどうということもない感じ。このころは匿名的な方がクールだったから、バック・ミュージシャンの個性はほとんど見えない。ロック・バンドが家族や友だちへの感謝を歌ってしまう時代に育った世代は、こういう突き放すような表現をどう思うのだろう？ 怖い感じがするのかな？ 俺なんか背筋がピンとするんだけど。

録音はスイスのサンライズ・スタジオと、ロンドンのザ・ワークハウス。マスターはニンバスだが、そのわりに音がよくないのは録音のせいか。もうちょっとクリアな音で聴きたいアルバムである。（和久井）

Anthony Moore
The Only Choice

1984年：Parlophone／EJ24 02101

［A］1. Find One Voice / 2. The Only Choice / 3. No Parlez / 4. Humana / 5. Souvenirs ［B］1. Industrial Drums2. Goodbye Kisses / 3. Your Stars / 4. The Conference / 5. O For The Ocean

いま聴くととっても80年代っぽい打ち込みやドラムの音が気になってしょうがないが、名門パーロフォンと契約できて気合が入ったのは明らか。ポップな曲が並んでいるし、ヴォーカルのキーを前作より1〜2音上げて、声の抜けをよくしている。私は前2作を持っていたこのアルバムをリリース時に買ったので、最初に聴いたときは「同じ人？」と思ったぐらい。とにかく声が違うのだ。

参加ミュージシャンの個性を排しているのは前2作と同じだが、シンセ多めでシャープなサウンドは同時期のウルトラヴォックスやシンプル・マインズみたいでもある。ミッジ・ユーアやジム・カーほど歌が〝こない〟のがちょっとヘナチョコに感じらる原因なのだが、メロディの組み立てはこの人がいちばん上手いかもしれない。

その後ポップ・シーンでの仕事で目立ったのは、ピンク・フロイドやジュリアン・レノンに作詞で関わったことだが、こういうソロ作もせめてもう一枚欲しいところだ。（和久井）

Anthony Moore, Tobias Grewenig & Dirk Specht
The April Sessions

2021年：Sub Rosa／SRV512

［A］1. Collidions / 2. Zero Crossings
［B］1. Descender / 2. The-Hake

96年にドイツはケルンのアカデミー・オブ・メディア・アーツの教授に就任したムーアは、00〜04年に同校の校長を務めた。スラップ・ハッピー以外の活動はほとんど知られていないが、10年にはアープことアレクシス・ゲオルゴッポウロスとのデュオ作を発表している。

その後はThe Missing Present Bandとの“The Present Is Missing”（16年）や、配信オンリーのソロ作“Arithmetic In The Dark”（19年）などをリリースし、21年には本作を限定LPという形で世に出した。

いずれもミニマル・ミュージック作品で、面白いとは言い難いが、音楽と環境の関係を学問にしてきたわけだから、レコードが〝テキスト〟ということになるのだろう。

ロック・ファンにとってはスラップ・ハッピーの人だが、学術方面ではアカデミー・オブ・メディア・アーツの元・校長という立場。そこからも音楽と環境を語れそうだが、きっととっても真面目で、とっても変態なのかもしれない。（和久井）

Slapp Happy
Sort Of

1972年：Polydor／2310 204

［A］1. Just A Conversation / 2. Paradise Express / 3. I Got Evil / 4. Little Girl's World / 5. Tutankhamun / 6. Mono Plane［B］1. Blue Flower / 2. I'm All Alone / 3. Who's Gonna Help Me Now / 4. Small Hands Of Stone / 5. Sort Of / 6. Heading For Kyoto

ウーヴェ・ネテルベックと知己を得て、独ポリドールで最初の実験的ソロ・アルバム『ピーシズ・フロム・ザ・クラウドランド・ボールルーム』を制作したムーアは、よりポップなアプローチを行うグループの結成を制作サイドからもちかけられる。こうして72年春、学生時代の旧友ブレグヴァド、ガールフレンドだったダグマーを誘って奇妙なポップ・トリオ、スラップ・ハッピーが結成された。同年5〜6月にかけてファウストの活動拠点だったヴュメの廃校でレコーディングされたのが本作である。プロデュースはネテルベックで、『ピーシズ〜』に続いてファウストのメンバーがバッキングに加わったのも自然な流れだった。

3分前後のコンパクトな楽曲が並ぶ構成で、ネテルベックの意図した通りに、聞き馴染みのある英米産ロック／ポップスの意匠がそこかしこに感じられる。「モノ・プレーン」でのワイルドなシャウトは『ホワイト・アルバム』でのジョン・レノンを彷彿させるし、「ソート・オフ」はヴェンチャーズばりのギター・インスト、「ツタンカーメン」に至っては「ウォーク・ドント・ラン」そのもののフレーズが調子っぱずれに引用されるという具合なのだ。サウンドの表層部分はいくぶん狂騒的なフォーク・ロックというイメージだが、ダグマーがリード・ヴォーカルを取る「ブルー・フラワー」「アイム・オール・アローン」「フーズ・ゴナ・ヘルプ・ミー・ナウ」での伸びやかな叙情性は2年後にイギリスで制作されたヴァージン盤で大きく開花する。

ファウストの最初の2作品と同様に、『ソート・オフ』は英国でもポリドールから発売されたが、ライヴ・バンドとしての実態がないために、有効なプロモーションは不可能。セールスはまったく奮わず、ヴァージンでの再デビュー以降に彼らを知り、魅力に取り憑かれたファンが探し始める頃には市場から完全に姿を消していた。80年にレコメンディド・レコーズから再発されるまで、本盤はまさに〝幻の処女作〟だったのである。（**小山**）

Slapp Happy
Slapp Happy

1974年：Virgin／V 2014

［A］1. Casablanca Moon / 2. Me & Paravati / 3. Half-Way There / 4. Michelangelo / 5. Dawn / 6. Mr. Rainbow［B］1. The Secret / 2. A Little Something / 3. The Drum / 4. Haiku / 5. Slow Moon's Rose

《スラップ・ハッピー／奇想天外三人組〜〝めちゃ幸せ〟という名前の音楽そして超個性的な三つの風狂と異才をめぐっての後先（あとさき）》

75年に日本コロムビアから発売された国内盤初版のライナーノーツは、故・間章のこんな書き出しで始まる。まわりくどい言い回しは氏の文章のいつもの特徴だし、情報不足による誤謬が散見されるのも仕方ない。しかし、ムーアの実験的ソロ・アルバム制作の経緯やおそらく当時の日本では誰も聴いたことがなかったであろう『ソート・オフ』について触れつつ、スラップ・ハッピーの音楽を「ポップのアンチ・テーゼ」ととらえるなど、論考の主旨は正鵠を射ていた。

73年に新興プログレッシヴ・レーベルとして発足したヴァージンは、英国市場でのクラウト・ロックの可能性に着眼する。ファウストとともにドイツ・ポリドールからリクルートしたのがスラップ・ハッピーだった。ファウストの未発表録音を『テープス』として発売する一方、ヴァージンはのちに『アクナルバサク・ヌーム』となるスラップ・ハッピーの音源はサスペンデッドとして録り直しを要求する。そのセッションに参集したのはやはりレーベル繋がりの面々が多く、ヘンリー・カウのジョフ・レイ、コーマスのロジャー・ウートン、ファウストからもジャン・エルベ＝ペロンが呼ばれていた。グループのパブリック・イメージを代表する名曲「カサブランカ・ムーン」で、メランコリックなヴァイオリンを披露したのはグレアム・プレスケット。ルイス・フューレイやメトロなど、同時期の〝モダン・ポップ〟作品への貢献で知られる名手だ。

コンティネンタル・タンゴの偽装に続き、「ミー・アンド・パーヴァティ」ではシャンソンのノスタルジーが隠れ蓑に。『アクナルバサク〜』とはネガ／ポジのように語られることが多いが、2作の異なった趣向は決して対立項ではない。〝ポップ〟への撞着と対象化がより巧妙になったと見るべきだろう。（小山）

Slapp Happy / Henry Cow
Desperate Straights

1975年：Virgin／V 2024

［A］1. Some Questions About Hats / 2. The Owl / 3. A Worm Is At Work / 4. Bad Alchemy / 5. Europa / 6. Desperate Straights / 7. Riding Tigers ［B］1. Apes In Capes / 2. Strayed / 3. Giants / 4. Excerpt From The Messiah / 5. In The Sickbay / 6. Caucasian Lullaby

《ヨーロッパは疲れきった眼を開き…》とダグマーがしゃくり上げるように歌う「ヨーロッパ」冒頭のフレーズ。80年に初めて国内盤が紹介されたときの邦題「悲しみのヨーロッパ」が定着している本作だが、かつて竹田賢一氏の優れた論考で使用された「絶望一直線」なる直截的命名こそ相応しいと感じているファンも多い。ブレグヴァドが描いた石版画のカヴァー・アートもアルバムの重苦しいイメージを増長する。再びブレグヴァドの歌詞から援用するなら、《虚ろな平準化》とも言うべき視点から西欧近代の合理主義や価値観、思考の黄昏を見据えんとする姿勢をスラップ・ハッピーとカウは共有していた。

ヘンデルの「メサイア」をストレートなロックに変換したアプローチにも安易なメランコリーを拒否する姿勢は一貫している。「バッド・アルケミー」では歌詞の音節に合わせて不規則に刻まれる楽曲の小節線を、柔軟に乗り越えていくカトラーのタイトなドラミング。見事というほかない。（小山）

Slapp Happy
Acnalbasac Noom

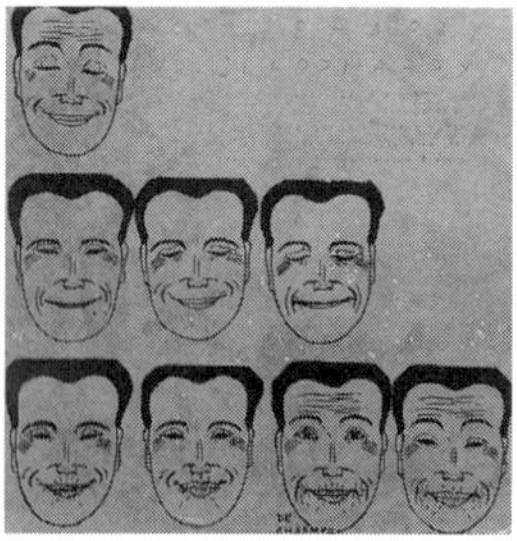

1995年：Recommended／RR 5

［A］1. Casablanca Moon / 2. Me & Paravati / 3. Mr. Rainbow / 4. Michelangelo / 5. The Drum / 6. A Little Something ［B］1. The Secret / 2. Dawn / 3. Half-Way There / 4. Charlie 'N Charlie / 5. Slow Moons Rose

唐突な比較を承知で持ち出すならば、60年代グリニッチ・ヴィレッジで左翼フォークの旗手だったデイヴ・ヴァン・ロンクが、4人組バック・バンド、ハドソン・ダスターズとともに録音した67年ヴァーヴ盤で聴ける剝き出しの〈ガレージ・フォーク・ロック〉。それに比肩する鮮度抜群のバンド・サウンドを背景に、高踏的屈折を重ねたスラップ・ハッピーの〈うた〉が無防備に聴こえてきたのだから、本作が80年に発掘リリースされた時は心底驚いた。

コンセプチュアル&ダダイスティックなクラウト・ロッカーとしてのイメージばかり肥大していたファウストが、これほど豊富なロックの演奏語彙を有していたことにも。「カサブランカ・ムーン」と並ぶ人気曲「Mrレインボー」では、ムーアが弾くオルガンの断続音がまるで夏の終わりを告げる蜩の鳴声のように（？）たなびきながら消えていく。ふとした〈ためらい〉や〈息継ぎ〉で柔軟に呼応するファウストの伴奏。なんという侘び寂びだろうか！（小山）

Slapp Happy
Ça Va

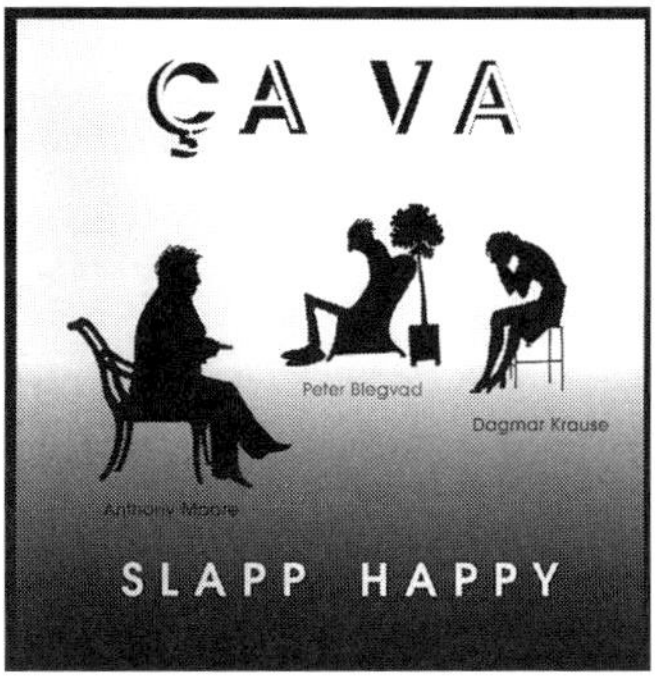

1998年：V2／VVR1001662

1. Scarred For Life / 2. Moon Lovers / 3. Child Then / 4. Is It You? / 5. King Of Straw / 6. Powerful Stuff / 7. A Different Lie / 8. Coralie / 9. Silent The Voice / 10. Working At The Ministry / 11. The Unborn Byron / 12. Let's Travel Light

90年代に入り、ブレグヴァドはソロと並行してジョン・グリーヴス／クリス・カトラーともチームを組んで優れた作品を着実にリリース、熱心なファンを獲得していた。一方でイギリスのタブロイド新聞、インディペンデント紙にシュールなコミック「レヴァイアサン」の連載を持つなどグラフィック・アーティストとしても活躍する。ムーアは映像関係の付帯音楽の仕事を継続しながら、ケルンのアカデミー・オブ・メディア・アーツでニュー・メディア担当教授に就任。ハニバルから発表したソロ作でブレヒト歌いとしての評価を確立したダグマーは、サンプラーを操るマリー・ゴヤッテとのデュオで新しい試みに挑戦していた。

三者三様に歩んでいた彼らにグループ再結成と新作の提案を持ちかけたのはラフ・トレイド・レーベルの創始者であり、かつてロバート・ワイアットの復帰にも手を差し伸べたジェフ・トラヴィス。リチャード・ブランソンが興した新レーベル、V2との契約もまとまり、97年夏にロンドンにあるジュールス・ホランド所有のスタジオで録音されたのが本作である。ムーアとは長くコラボレーションを重ねてきたローリー・レイサムがプロデュース。すべてのマティリアルを新たに書き下ろす、という当初の計画こそ実現しなかったが、ブレグヴァドが自身のソロ用に書き溜めていたアイディアを流用するなどしてアルバムは完成した。

レコーディングではムーアがキーボードとリズム・プログラミング、ブレグヴァドがギターとベースを手掛け、テレミン、サズや各種パーカッションなどによる色付けは2人で分担。「パワフル・スタッフ」(ブレグヴァド)、「コラリー」(ムーア)以外のリード・ヴォーカルはすべてダグマーが担当した。現代的なサウンド・プロダクションも得意なレイサムだが、丁寧に織り上げられた電子音響は奇を衒うことなく、3人の肉声／生演奏と素直に溶け合っている。年を重ねた成熟とともに、なおも持続する実験精神がしっかりと感じられる傑作だ。(小山)

Dagmar Krause, Anthony Moore, Peter Blegvad
Camera

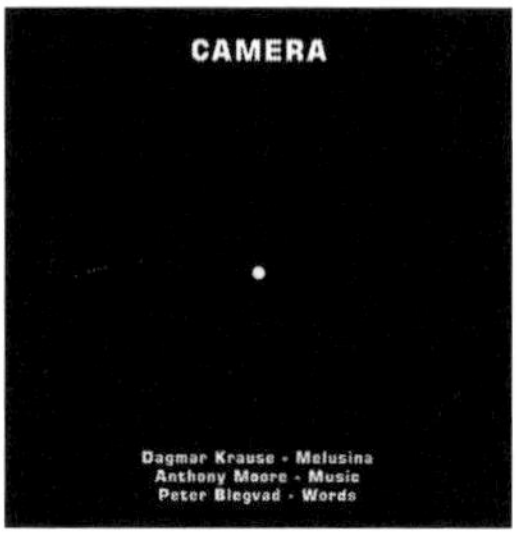

2000年：Blueprint／BP332

1. Who, How, Where, When, Why? / 2. That Morning / 3. Please Step Quickly In (When You Enter This Room / Thirty Years Ago) / 4. Your Exemption Isn't Recognised (For Thirty Years) / 5. I Have Given Up Trying To Decide (A Delectable Breeze) / 6. I've Come Into A Country / 7. It's Been Night In Here For Years / 8. Camera Is Rising / 9. It's Possible / 10. To Commemorate Your Visit / 11. It's Painful, Beautiful / 12. Well I See You're Grateful / 13. It Seems So Long Ago / 14. The Office / 15. I Heard Every Word / 16. Exit Mr. Taft / 17. The Light Of The World / 18. Now The Prison's On The Outside / 19. What Was That? (When A Poet Says A Flower) / 20. Here In Camera / 21. What Was Camera? A Chimera / 22. Forecast Was Weak / 23. My Exemption Is Withdrawn / 24. I Said Freeze / 25. Melusina Asked For Water (A Recipe A Remedy) / 26. But Taft Is Still At Large / 27. Alright Melusina / 28. Your Sacrifice Is Meaningless / 29. Now You Know As Much As I

イギリスのチャンネル4テレビで93年に放映された1時間のTVオペラのオーディオ版となるのが本CD。その特異な内容からよほど熱心なファンの間でしか聴かれていないようだが、98年のグループ復活へ向けての重要な足掛かりとなる作品だ。廃屋の〈キャメラ＝部屋〉に引き籠るミステリアスな女性、メルシーナをダグマーが演じ、収税吏フォアキャストとの間で不条理なドラマが展開する。すべての歌詞／台詞をブレグヴァド、管弦楽で演奏されるスコアをムーアが担当。音響／キャスティングに関わるスタッフとしてローリー・レイサム、デイヴィッド・カニンガムの名もクレジットされている。

管弦のオスティナートが強迫的に響く一部パートはマイケル・ナイマンの作風を想起するが、同じ時代に実験音楽の学究だったムーアの出自を考えれば当然かも知れない。ダグマーのアルト・ヴォイスが非可逆的なスクリプトを優美になぞりながらドラマは意外な結末へ。これは大変な力作です。（小山）

Slapp Happy
Live In Japan - May, 2000

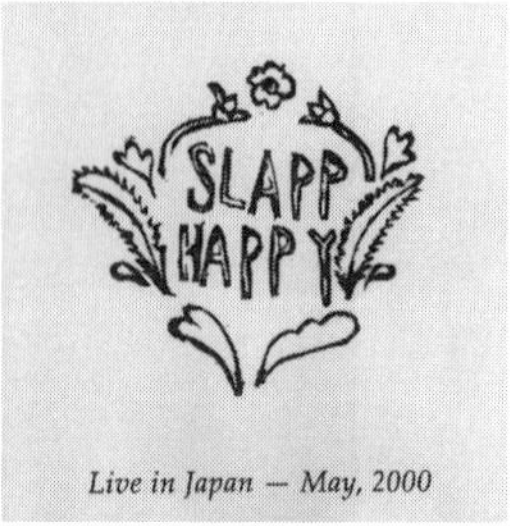

2000年：日 F.M.N. Sound Factory／FMC-021

1. King Of Straw / 2. Slow Moon's Rose / 3. Michelangelo / 4. Riding Tigers / 5. Small Hands Of Stone / 6. Haiku / 7. Is It You? / 8. Casablanca Moon / 9. Moon Lovers / 10. Strayed / 11. A Little Something / 12. I'm All Alone / 13. The Unborn Byron / 14. Scarred For Life / 15. Who's Gonna Help Me Now? / 16. Let's Travel Light

「なんとしても日本へ行きたい」
「チケットはどうすれば？」

22年前の春、まだ貧弱なインターネット環境にもかかわらず、海外のマニアックなカンタベリー・ファンが集まる掲示板はスラップ・ハッピーの日本公演で熱く盛り上がっていた。それもそのはず、スラップ・ハッピーがライヴ公演を行ったのは82年、ロンドンICAでのただ一度のみ。その彼らがいきなり日本で、しかも延べ9回ものロングラン公演を行うというのだ！

東京／京都／札幌でのライヴからベスト・テイクを選りすぐった本作を改めて聴き直すと、3人の奇跡的なパフォーマンスと会場に流れていた幸福な時間をまざまざと思い出す。来日2年前の『サ・ヴァ』はもちろん、『デスプリット・ストレイツ』を含む4作品からまんべんなく選曲された16曲。ギターとキーボード、3人のヴォーカル・ハーモニーという最少編成の演奏だが、細部まで完璧にコントロールされた音楽はなんとも優美で官能的。録音とマスタリングも素晴らしい。（小山）

Henry Cow
Legend

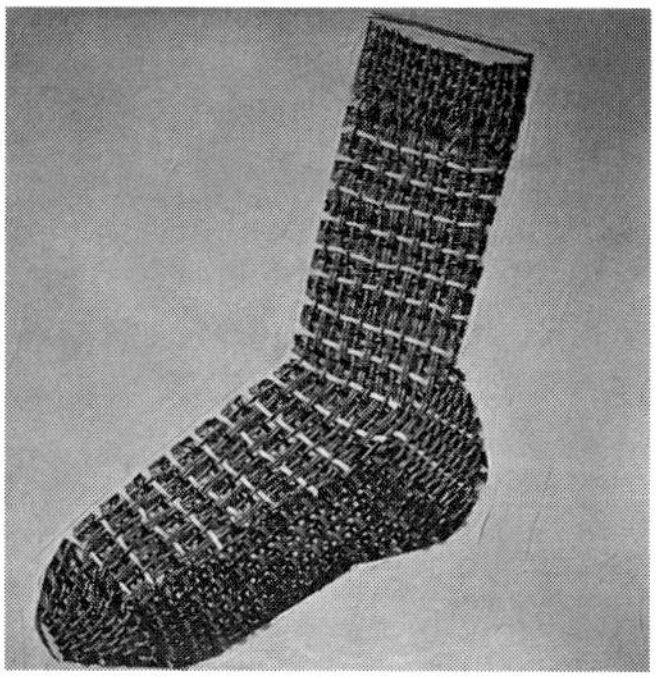

1973年：Virgin／V 2005
［A］1. Nirvana For Mice / 2. Amygdala / 3. Teenbeat Introduction / 4. Teenbeat ［B］1. Nirvana Reprise / 2. Extract From 'With The Yellow Half-Moon And Blue Star' / 3. Teenbeat Reprise / 4. The Tenth Chaffinch / 5. Nine Funerals Of The Citizen King

ヘンリー・カウ、それは同時代を歩んだピンク・フロイドやソフト・マシーンらと共鳴するようにして生まれ、強固な思想を持った運動体「ロック・イン・オポジション（RIO、俗称レコメン系）」の旗手となり、後に世界中へとその遺伝子を伝播するオリジンとなったグループであった。

彼らのキャリアは、68年6月のピンク・フロイドの前座としてスタートする。ケンブリッジ大学の学生だったフレッド・フリス（ギター）、ティム・ホジキンソン（サックス他）の2人を中心に、クリス・カトラー（ドラム）、ジョン・グリーヴス（ベース）、ジェフ・リー（サックス他）らが顔を揃え、第一期のラインナップが誕生する。その後、ゴングやケヴィン・エアーズらとの共演、そして『ジョン・ピール・セッション』への出演を果たし、高い評価を得た彼らは73年5月にヴァージンと契約した。そのわずか2週間後には、デビュー・アルバムとなる本作の制作にとりかかっている。なおカヴァー・アートのイメージは、「Leg End（足先）」と「Legend（伝説）」のダブル・ミーニングに由来する。

冒頭を飾る「ニルヴァーナ・フォー・マイス」は、彼らのキャリアを代表する一曲だろう。ツイン・ホーンによる雄々しいファンファーレで幕を開け、迷宮のように入り組んだ展開へと雪崩れ込んでいく。作曲と即興、緊張と緩和。さまざまな要素が現れては消え、徐々に堆く積み上げられていく音塊は、強迫観念的なホーンの猛射による最終パートでピークに達し、カタルシスを迎える。

最終曲には本作で唯一のヴォーカル・ナンバー「ナイン・フューネラルズ・オブ・ザ・シチズン・キング」が据えられた。フランス君主制の崩壊、そしてダダイスムを主題としており、体制へのアンチテーゼと消費文化への警鐘を暗喩している。これは、彼らが自らのイデオロギーを重視していたことの証左であり、それが運動体「ロック・イン・オポジション」へと結実するのである。（山中）

Henry Cow
Unrest

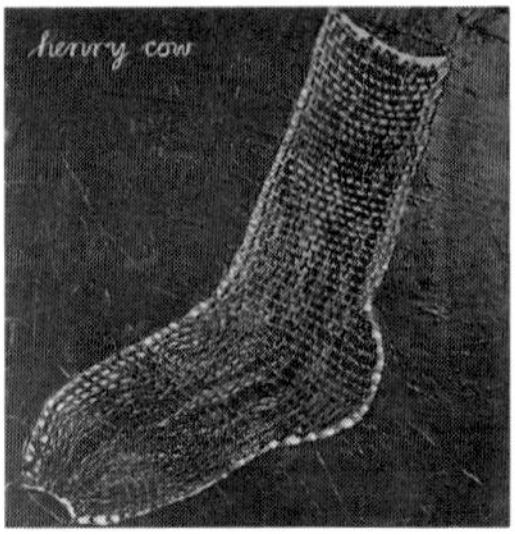

1974年：Virgin／V 2011

[A] 1. Bittern Storm Over Ulm / 2. Half Asleep; Half Awake / 3. Ruins [B] 1. Solemn Music / 2. Linguaphonie / 3. Upon Entering The Hotel Adlon / 3. Arcades / 5. Deluge

デビュー作のリリース直後となる73年11月、彼らはシェイクスピアの戯曲『テンペスト』の劇音楽を手がけたが、その過程で生まれた楽曲が本作へと繋がっていく。時間的な制約から前半を作曲、後半を即興で組み上げた作品となったが、緻密かつ大胆な、彼らのふたつの顔を余すことなく収めた、随一の完成度を誇る一枚となった。

　ヤードバーズの「ガット・トゥ・ハリー」から着想を得たオープニング曲「ビター・ストーム・オーヴァー・ウルム」、美しく雄弁でありながら、精密で奇怪なサウンド・ストラクチャーを構築した「ハーフ・アスリープ／ハーフ・アウェイク」と好曲が続く。そして何よりも、フィボナッチ数列を用い、無限回廊のように螺旋を描くジャズ・ロック・サウンドを創出した、フリス作曲の「ルインズ」の存在こそが、本作を名盤たらしめている。なお、本作はジャーマン・ロック・グループ、グルグルのウリ・トレプテと、ロバート・ワイアットに捧げられている。（山中）

Henry Cow, Slapp Happy
In Praise Of Learning

1975年：Virgin／V 2027

[A] 1. War / 2. Living In The Heart Of The Beast [B] 1. Beginning: The Long March / 2. Beautiful As The Moon- Terrible As An Army With Banners / 3. Morning Star

ファウストやマイク・オールドフィールドなど、数々のレーベル・メイトと活動を共にする中で、ヘンリー・カウにとって最も重要な転機となったのが、スラップ・ハッピーとの出会いだった。スラップ・ハッピー側はアルバム制作にあたり、彼らに共作を提案した。その成果として、75年にはジョイント・アルバム『デスパレイト・ストレイツ』を発表している。その完成直後、ヘンリー・カウがスラップ・ハッピーを吸収合併するかたちで、時を移さず本盤の制作にとりかかったのである。

　ここではカンタベリーの構成要素ともいえる、ユーモアや牧歌的なうたごころは完全に消失した。16分超の長尺曲「リヴィング・イン・ザ・ハート・オブ・ザ・ビースト」をはじめ、曲名や歌詞に政治的傾向を散りばめ、革新的で革命的なアヴァン・ロックへと歩を進めたのだ。

　しかし本作の録音後、音楽性の相違から、スラップ・ハッピー組のピーター・ブレグヴァドとアンソニー・ムーアはバンドを去っている。（山中）

Henry Cow
Concerts

1976年：Caroline／CAD 3002

［A］1. Beautiful As The Moon: Terrible As An Army With Banners / 2. Nirvana For Mice / 3. Ottawa Song / 4. Gloria Gloom / 5. Beautiful As The Moon Reprise ［B］1. Bad Alchemy / 2. Little Red Riding Hood Hits The Road / 3. Ruins ［C］1. Oslo ［D］1. Groningen / 2. Udine / 3. Groningen Again

より明確になった彼らの資本主義へのアンチテーゼは、皮肉にも彼らの活動の場を狭めていく。そして前作発表後、ライヴを活動の中心に置いた彼らは、次第にその軸をヨーロッパ各国へと移すこととなる。

本作はのちにボックス・セットに収録されることとなったものの、ファンの間では長く親しまれ、名作として語り継がれてきた2枚組ライヴ・アルバム。75年8月に収録された、最後の『ピール・セッション』出演時の音源を皮切りに、74年~75年のイギリス、イタリア、ノルウェイでのライヴ音源を収めている。

彼らのアイドル、ロバート・ワイアットとの共演曲「リトル・レッド・ライディング・フッド・ヒッツ・ザ・ロード」(原曲は『ロック・ボトム』に収録)では、ワイアットのスキャットが虚空を舞い乱れ、マッチング・モウルのカヴァー「グロリア・グルーム」では、ダグマー・クラウゼの気高い歌唱が冴え渡る。これぞカンタベリー・ファン感涙の一枚だ。(山中)

Henry Cow
Western Culture

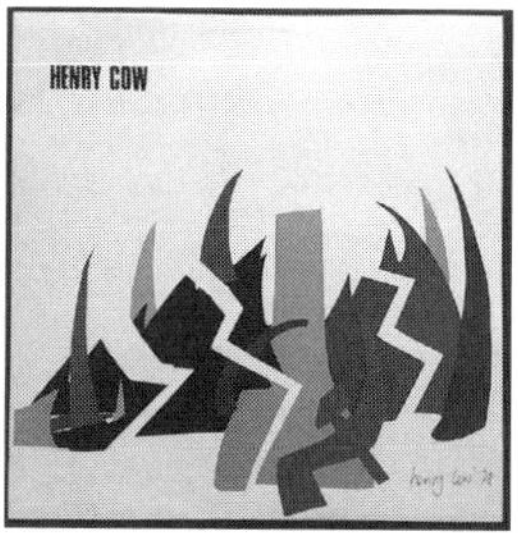

1978年：Broadcast／BC1

［A］History & Prospects1. Industry / 2. The Decay Of Cities / 3. On The Raft ［B］Day By Day / 1. Falling Away / 2. Gretels Tale / 3. Look Back / 4. 1/2 The Sky

77年10月にヴァージンと袂を分かつことになった彼らは、ラスト・アルバムの制作にとりかかる。その際の作曲プロセスにおいてバンド内で意見が二分し、妥協案として採用されたものが、ホジキンソンとクーパーの作曲によるインストゥルメンタルをヘンリー・カウ、フリスとカトラーによるヴォーカル曲を新しいグループ、アート・ベアーズとしてリリースするというものだった。

バンド解散直前というムードも手伝ってか、全作品の中でも最も張り詰めたテンションに包まれており、異様なまでに先鋭化したサウンドに満ちている。

既存のロック的音楽の定型からは遠く離れ、予定調和を否定するかのような挑戦的な音像の構築を果たしており、本作においてある種「RIO的」ともいえる、アヴァン・ロックの極みを提示してみせたのだ。

そしてヘンリー・カウは、のちにレコメンデッド・レコーズからリリースされることとなる、多くのバンドたちの礎となったのである。(山中)

Henry Cow
40th Anniversary Box - The Road: Volumes 1–5

2008年：ReR Megacorp／HC 40
［1］The Beginnings［2］1974–5［3］Humburg［4］Trondheim 1［5］Trondheim 2

ヘンリー・カウとカンタベリー・シーンとの確かな連帯を確認できる、活動初期の音源を中心としてCD5枚に収録したボックス・セット。中でも最初期音源となる、71～73年のアルバム・デビュー以前のデモ音源が興味深い。特に「ムーン・イン・ジューン」的ストラクチャーによって組み上げられた、ソフト・マシーン・シンドロームな名曲「ケイム・トゥ・シー・ユー」は格別だ。哀感に満ちたワイアット的シンギング、そして切り裂くファズ・オルガンを契機に転調する、そのあまりにカンタベリー的な振る舞いは、オリジナル・アルバムでは決して見られないものだろう。

他にも、同じく初期音源よりデイヴ・ステュアートが参加したデモ版「ティーンビート」を収録。さらに、ヘンリー・カウによるエッジィな演奏にワイアットの即興スキャットが絡み付く、ソフツ・カヴァー「ウィー・デッド・イット・アゲイン」を収録した75年ライブ音源他、これでもかと貴重な音源がコンパイルされている。（山中）

Henry Cow
40th Anniversary Box - The Road: Volumes 6-10 With DVD

2008年：ReR Megacorp／HC 41
［1］Stockholm & Goteborg［2］Later And Post-Virgin［3］Bremen［4］Late［5］DVD：Vevey 1976

彼らの活動後期にあたる76～78年の音源を収録した4枚のCDに、貴重な彼らの動く姿を捉えた映像を記録したDVDを加えたボックス・セット。

78年3月12日、英ニュー・ロンドン・シアターにて開催された記念すべき第1回「ロック・イン・オポジション・フェスティヴァル」の音源や、同月に独ラジオ・ブレーメン用にスタジオ・ライヴで収録された、30分超に及ぶ即興大作「ブレーメン」が目玉。ほかにも拡大再解釈されマッチョなジャズ・ロック・サウンドへと転生した「ティーンビート2」、のちにアートベアーズの『ホープス・アンド・フィアーズ』で再演される、ヘンリー・カウ版「オン・スーサイド」の77年ライヴ音源等が収録されている。

最も注目すべきDVDには、76年8月25日にスイスのテレビ放送用に収録された、屋外ライヴの映像を75分に渡って収録。座して爪弾くプレイ・スタイル、充満する尋常ならざる空気感、そんな彼らの特異性を目で確認すべし。（山中）

Henry Cow
The Henry Cow Box Redux: The Complete Henry Cow 50th Anniversary

2019年：ReR Megacorp／HCGK

［1］Lag End［2］Unrest［3］Desperate Straights［4］In Praise Of Learning［5］Western Culture History & Prospects［6］Concerts 1［7］Concerts 2［8］Beginnings［9］1974–5［10］Humburg［11］Trondheim 1［12］Trondheim 2［13］Stockholm & Goteborg［14］Later And Post-Virgin［15］Bremen［16］Late［17］DVD：Vevey 1976

ヘンリー・カウ結成40周年を記念して制作された2種のボックス・セットは、それぞれ限定1500セット（日本では紙ジャケット仕様の限定盤が200セットのみ制作された）ということもあり、早々に販売終了。しばらくの間入手困難な状態が続いていたが、次の節目となる50周年に、めでたく拡大版として再リリースされている。

ここには同じく40周年の際にリリースされていた、スラップ・ハッピーとの連名作を含めたスタジオ・アルバム全5作をコンパイルしたボックス・セット"40th Anniversary Box-The Studio: Volumes 1–5"（ReR Megacorp / HC 42 [5CD]／08年）も同梱。さらに、先のボックスの予約者特典CDとして限定配布されていた、72〜78年のアウトテイクやライブ音源によって構成されたレア音源集『ア・カウ・キャビネット・オブ・キュリオシティーズ』（特に76年3月26日独ハンブルグ公演の「ルインズ・エクストラクト」は名演！）をも収録しており、彼らのキャリアのほぼ全てを網羅した決定版となっている。

なお、40周年記念ボックスに収められた音源は、すべて単体でのリリースもされており、自身の好みに絞ってアクセスすることも可能となった。

また、初期3作品は91年にイースト・サイド・デジタル・レコーズからCDが再発されているが、その際にメンバーによる大胆な改変が行われている。ボーナス曲の追加やリミックスだけにとどまらず、『レジェンド』収録曲「アミグダラ」への（当時はバンド参加前だった）クーパーの追加演奏他、新たなオーヴァー・ダブも施されており、聴き比べが実に楽しい。99年の再CD化以降は、オリジナル・ミックスへと戻されているため、今では91年版は貴重な存在といえるだろう。

なお、リミックス版3作品すべてが収められたボックス・セット"The Virgin Years"（US・East Side Digital / ESD 80482-80502 [3CD]／1991年）もリリースされている。（山中）

Art Bears
Hopes And Fears

1979年：Rē／2188

[A] **Áhá - Palace Courtyard**: 1. On Suicide / 2. The Dividing Line / 3. Joan / 4. Maze / 5. In Two Minds [B] **Mer - Irrigated Land**: 1.Terrain / 2. The Tube / 3. The Dance / 4.Pirate Song / 5. Labyrinth (Daedalus, Lamenting) / 6. Riddle / 7. Moeris, Dancing / 8. Piers

メンバー個々の強固な意思、そしてそれに伴って生まれた厳格な協議制を強いたヘンリー・カウ。それが故に、彼らは次第に自身のソロへと活動の場を移していったが、こぼれ落ちるアイデアを端から試し、仕上がった作品をことさら省みることもなく、シンプルで自由な創作を目指したのがアート・ベアーズだった。彼らは誕生したその時から、決して個々の存在が強い繋がりを持った、いわゆるロック・バンドであったことはない。あくまでフリス、カトラー、クラウゼの3人によるプロジェクトだったのだ。

彼らのデビュー作である本作は、ヘンリー・カウの最終作『ウエスタン・カルチャー』録音時に副産物として生まれたこともあり、暗鬱としたヴァイブスに満ちている。そんな中で異彩を放つのが、「イン・トゥー・マインズ」。さながらザ・フーのように、ワイルドにギターとドラムをブン回し、(あくまで彼らなりの)メインストリーム然としたロック・サウンドを鳴らしてみせている。 **(山中)**

Art Bears
Winter Songs

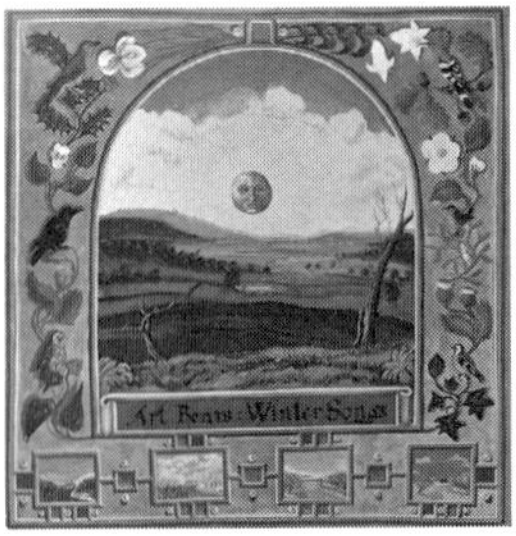

1990年：Rē／0618

[A] 1. The Bath Of Stars / 2. First Things First / 3. Gold / 4. The Summer Wheel / 5. The Slave / 6. The Hermit / 7. Rats & Monkeys [B] 1. The Skeleton / 2. The Winter Wheel / 3. Man & Boy / 4. Winter / War / 5. Force / 6. 3 Figures / 7. 3 Wheels

プロジェクトの3人だけによる、初めての純粋なアルバムとなった本作は、その多くが1〜2分の小品である14曲で構成されている。本作以降、すべての楽曲において作曲はフリス、作詞はカトラー、演奏は3人のみと一貫しており、ヘンリー・カウの残り香はさらに減退している。既存のロックの文法から大きくはみ出した、反世俗的ともいえる殺伐とした多重録音ヴォーカル、エフェクトを過剰摂取した実験音響的ギター・サウンド、トリオらしからぬダイナミズムをもたらすドラミング、そして多用される逆回転を始めとしたスタジオ・ギミック。ヘンリー・カウに比して楽器数こそ少ないが、つんざくノイズから完全な沈黙までをも駆使し、シンプルでありながらも多層的なサウンドを生み出している。同年に米ラルフ・レコーズでシングル・カットされ、作中最もキャッチーともいえる狂騒的アート・パンク・ナンバー「ラッツ&モンキーズ」も配されており、本作こそ彼らを代表する一枚と言えよう。 **(山中)**

Art Bears
The World As It Is Today

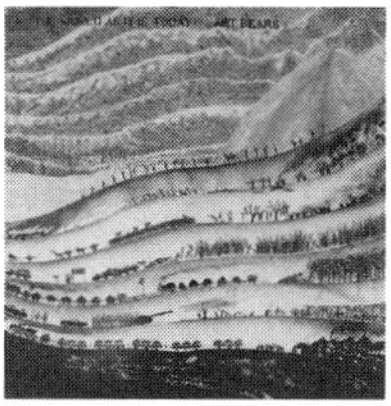

1981年5月：Rē／6622

トリオとしての定型化したバンド・フォーマットからはさらに離れ、先鋭的なプリペアド・ギターや苛烈なノイズ・シンフォニーによるサウンドが増大、前作以上に荒涼としたテクスチャーが全体を覆い尽くしたラスト・アルバム。レコードでは45回転仕様だったため30分程度の収録にとどまるが、その密度はことさらに濃い。クラウゼの絶叫にも似た慟哭が刺し迫る絶歌「フリーダム」など、その特異な音像は新たなアート・フォームへと昇華している。（山中）

Art Bears
Revisited

2003年：ReR Megacorp／ab4/5

アート・ベアーズの結成年である78年に始まったRIOシーン。本作は彼らの結成25周年を記念するとともに、RIOの壮大な歴史を集約させたともいえる、シーンの立役者たちが一堂に会した2枚組トリビュート・リミックス・アルバム。ボブ・ドレイク（シンキング・プレイグ他）、ザ・レジデンツ、バイオタ、大友良英&グラウンド・ゼロ、宇都宮泰（アフター・ディナー）他、世界の異才たちが産んだ解体再構築集成、ここに極まれり。（山中）

Art Bears
The Art Box

2004年：ReR Megacorp／ábOX

［1］Hope And Fears ［2］Winter Songs ［3］The World As Ot Is Today ［4］Are Bears Revisited ［5］Free Box CD

同じく結成25周年を記念して制作された、彼らのキャリアを総括する決定版6CDボックス・セット。アルバム全3作に加え、『リビジテッド』も収録されているが、ここでは本ボックスにのみ追加されたボーナスCDに注目したい。アート・ベアーズにゲッペルス／ハース、トム・コララを加え、83年にライブ限定で結成された伝説的RIOスーパー・バンド、ダック&カヴァーによるアート・ベアーズ・カヴァーを収録。ほかにもピーター・ブレグヴァドとマルク・オランデル（アクサク・マブール）が帯同した79年ヨーロッパ・ツアー音源等も収録されており、ファンにとっては非常に価値あるものになった。

なお08年のヴィクトリア国際音楽祭において、アート・ベアーズ・ソングブックが始動している。クラウゼは不在ながら、ジーナ・パーキンスやカーラ・キルシュテット等、アヴァン・シーンの女性トップ・プレイヤーを招き入れ、トリオからグループへとサウンドの拡張を果たしている。（山中）

フレッド・フリス、求道者の足跡

山中 明

RIOシーンが世界中へと拡大していったのも、彼の残した名作群と精力的な活動によるところが大きかっただろう。ここではいちギター・プレイヤーとしてのみならず、コンポーザーとして、インプロヴァイザーとして、そして何よりもアクティビストとして八面六臂の活躍を遂げた、フレッド・フリスの偉大なる足跡を追っていこう。

彼のソロ・デビュー作となるのが、ヘンリー・カウ在籍時の74年に制作された『ギター・ソロズ』。のちの（時としてシニカルな）ユーモアが含まれた彼の音楽性とは異なり、ここでは徹頭徹尾ストイックな世界が貫かれている。着座して弦を弾き、擦り、引っ叩く。俗に「シゴキ系」と呼ばれるような、一本のプリペアド・ギターによる、モノクロームな即興作品となっている。

フリスは数多くのソロ・アルバムを残しているが、その中でも最も重要度が高いのは米・ラルフからの三部作になるだろう。まず、ヘンリー・カウ解散後初となる80年『グラヴィティ』は、A面がスウェーデンのサムラ・ママス・マンナ、B面がアメリカのマフィンズとの共演作。ヘンリー・カウでの緻密で構築的な音楽とは距離を置き、伝承音楽の旋律をふんだんに取り入れながら、リラックスした柔和なサウンドと、それと相対するかのようにエッジの効いたバンド・サウンドとを両立させている。

続く81年にリリースされた『スピーチレス』では、A面にフランスのエトロン・フー・ルーブランを、B面にマサカーを招き入れている。前作と同傾向の作品ながら、世界中の様々な音楽を吸収しながら猛進する、痛快なアヴァン・ロック・サウンドへと昇華した秀作である。そして三部作最後となる『チープ・アット・ハーフ・ザ・プライス』は、4トラックのテレコを片手に、独り宅録にて制作されている。散らばったアイデアと遊ぶかのよ

Fred Frith
Guitar Solos
1974年：Caroline／C 1508

Fred Frith
Gravity
1980年：米 Ralph／FF 8057-L

Fred Frith
Speechless
1981年：米 Ralph／FF 8106

Fred Frith
Cheap At Half The Price
1983年：米 Ralph／FF 8356

うに、ギターを弾きデジタル・シンセを奏で、笑い叫び歌う。デビュー作の真反対の音楽性を示すかのような、無邪気なアヴァン・ポップ・サウンドは実に魅力的だ。

なお、彼は79年にニューヨークへと移住しているが、それ以降、アヴァンギャルド・シーンの住人たちと実に多くのコラボレーションを行なっている。ジョン・ゾーン、レジデンツ、マテリアル、イクエ・モリ等々、そのワイドレンジな活動には枚挙にいとまがないが、自身のバンドも結成している。

その中でもまず取り上げておきたいのが、マサカーだろう。トリオ編成によるインスト・グループでありながら、高度なテクニックに裏打ちされたフリーキーな演奏に、直情的でアグレッシブなパンク・グルーヴが交配した、ある種キャッチャーともいえるサウンドは多くのファンを獲得している。特に81年のデビュー作『キリング・タイム』は、今もなお名作の呼び声高い一枚だ。なお、類似バンドとしてディス・ヒートが挙げられるが、次作『ファニー・バレンタイン』以降はリーダー、チャールズ・ヘイワードがメンバーとして実際に加入している。

また、「炎のチェリスト」の異名を取る早世の天才、トム・コラと結成した、スケルトン・クルーも重要だ。ギター、ヴァイオリン、キーボードと矢継ぎ早に楽器を持ち替え、スティックでシンバルとベースの弦を叩き、歌いながら足ではバス・ドラムを踏み倒す、その大道芸じみた前衛的なスタイルは、聴く(特に見る)ものに鮮烈な印象を残すだろう。

最後にキャリア最重要作といえる、彼の果てなき音楽の旅を描いた90年公開のドキュメンタリー映画『ステップ・アクロス・ザ・ボーダー』に触れておこう。アメリカ、ヨーロッパ、そして日本と、各地を訪問しアーティストと(カモメとさえ)音楽で会話する。貴重な映像と数々の名演を収めており、RIOシーンを一望するとともに、一人の前衛芸術家の偉大な足跡を捉えた、音楽史に刻まれるべき名作である。サウンド・トラックCDもリリースされているが、ぜひ一度映画を見ていただきたい。

Massacre
Killing Time
1981年：Celluloid／CEL 6597

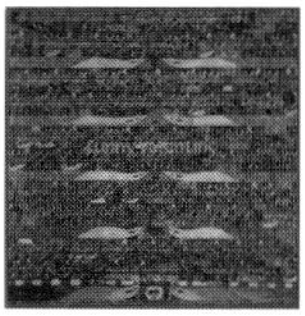

Massacre
Funny Valentine
1998年：米 Tzadik／TZ 7601

Skeleton Crew (Fred Frith, Tom Cora)
Learn To Talk
1984年：Recommended／RR 05

Fred Frith
Step Across The Border
1990年・RecRec／ReCDec 30

アフター・ヘンリー・カウ

山中 明

本稿ではヘンリー・カウ解散後の活動と、各メンバーのソロ活動の中から、特に重要と思われる作品をピックアップしていく。

ヘンリー・カウが産んだＲＩＯシーンとは何か。音楽面においてその答えを体現する作品を示すとすれば、『レコメンデッド・レコーズ・サンプラー』であることに疑う余地はないだろう。それは、ヘンリー・カウ、アート・ベアーズに始まり、ファウスト、アクサク・マブール、ユニヴェル・ゼロ、ディス・ヒート、ロバート・ワイアット、Ｒ・スティーヴィー・ムーア等々、ＲＩＯと共鳴する世界各国の先鋭的なアーティストが結集した、2枚組オムニバス・アルバムにして名作である。ヘンリー・カウのアルバム未収録で集団歌唱による名曲「ヴィヴァ・パ・ウブ」など、貴重な音源も多数収録されている。なお、ジャケットにはラメを用いた特殊な装丁を施し、プレスはそのクオリティーに定評があるニンバス・レコーズで行うなど、彼らはレコードというプロダクトにおいても、独立レーベルとしての自らの立ち位置を表現している。

また、ヘンリー・カウは彼らのアイドル、ロバート・ワイアットと幾たびかの共演を果たしているが、その最大の成果といえるのが、ミニ・アルバム『ラスト・ナイチンゲール』だろう。84年の炭鉱労働者ストライキのために集った、特別プロジェクト（フリス不在のヘンリー・カウ＋ワイアット）によって制作されており、悲哀に満ちたワイアットの声が強く美しく鳴り響く、カンタベリー史においても傑出した一枚となった。

また、各メンバーはヘンリー・カウ脱退後も旺盛な活動を続けており、数多くのソロ作を残しているが、ここでは彼らが結成したグループを中心に触れていく。

クーパーは多種多様なグループへと参画しているが、カトラーやクラウゼと結成したニューズ・フロム・バベルに注目したい。彼ら

Various
Recommended Records Sampler
1982年5月1日：Recommended／R.R.^ eight & nine

Various
The Last Nightingale
1984年：Rē／1984［12″］

News From Babel
Letters Home
1986年：Rē／1··14

The Work
I Hate America
1981年3月：Woof／002［7″］

のセカンド・アルバム『レターズ・ホーム』では、ワイアットがゲスト参加しており、多くの曲でその美声が堪能できる。

また、ホジキンソンのキャリアの中で最も重要な活動といえるのは、80年に結成したザ・ワークだろう。彼は（意図して）プレイしたことのなかったハワイアン・ギターを手に取り、アート・パンク然としたサウンドを展開、5枚のアルバム（うち一作はカセット・オンリー）を残している。中でも彼らのデビュー・シングル『アイ・ヘイト・アメリカ』は、激情に駆られたかのように一心不乱にタイトルを連呼する、RIOシーンきってのアジテーション・ソング・アンセムとして、強烈なインパクトを放っている。なお、ザ・ワークの活動は断続的でもあったが、その間を埋める別働隊、ザ・モームスにも注目したい。彼らはよりストレートなサウンドを志向し、フックの効いたメロディーを歌い上げているが、誤解を恐れずに言うのであれば、レコメン式ギター・ポップといった佇まいだ。

ジェフ・リーは、バンド加入前よりカンタベリー・シーンで活発な活動を続けていたこともあり、キャリアを通して多くのバンドに関与している。ここではそんな中から、バンド脱退後に創設した自身のレーベル、MCCBでの活動に注目したい。

76年よりジェフ・リーを中心に活動を始め、次第に不定型なエクスペリメンタル・ロック集団となったレッド・バルーンは、78年にMCCBよりシングル・デビューを果たす。そしてその翌年には、ヘンリー・カウのメンバーらが一堂に介した、セカンド・シングル『マキシマム・ペナルティー』を残している。特にA面収録の同名曲は、アクサク・マブールの80年作とも近似する名曲だが、本作にもマルク・オランデルが参加している点も興味深い。また、覆面アーティストによる変名グループ（ここでのジェフ・リーはDaddy Long-legs）、ザ・ブラック・シープにも触れておこう。アートワークそのままに、人を食ったかのような腰砕けの頓狂ウェイヴは、ドギツいブラック・ユーモアが好みな好事家にはピッタリだろう。

The Black Sheep
Animal Sounds
Volume One
1981年:MCCB／005［12″］

Red Balune
Maximum Penalty
1979年:蘭 MCCB／002［7″］

The Momes
Spiralling
1989年：Woof／011

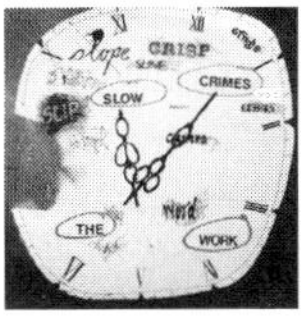

The Work
Slow Crimes
1982年4月：Woof／003

クリス・カトラー、即興と構築の道程

山中 明

フリスはプレーヤーとして純粋な音の求道者であったのに対し、カトラーは思想家として、そして何よりもレーベル・オーナーとしての顔を持ち、世界中の「真に進歩的な」アーティストたちとの架け橋を担った、RIO草創期の功労者である。しかし、本稿ではそんな彼の裏方としての側面ではなく、類稀なるドラム・スキルを持った、いちアーティストとしての顔にスポットを当ててみよう。

実に100以上の作品にクレジットされ、フリスと並び多作であった彼の作品群において、最も高い評価を受けるのは、カシーバーでの活動だろう。82年に結成されたカシーバーは、ドイツのフリー・シーンですでにその存在を確固たるものとしていた、アルフレート・ハルトとハイナー・ゲッベルス、彼らとは即興グループのメンバーとして知己を得ていたクリストフ・アンダース、そしてカトラーの4人によるグループだった。

彼らのファースト・コンセプトは、「作曲された音楽を即興で創る」という非常に特殊なものだった。カトラーによる詞、そしてアンダースによる詞の使用法、その2点のみが事前に用意されたが、演奏や構成等は完全な即興で行われ、録音も一部を除きライヴ録音となっている。デビュー・アルバム『マン・オア・モンキー』において、すでに作曲と即興の境界は消失している。まるで緻密に作曲されたかのような構成を持ちつつも、即興の偶発性と特有の熱狂を帯びた音像を創り上げ、真にプログレッシヴな、エクスペリメンタル・パンク・サウンドを打ち鳴らしてみせた。

しかし、ほどなくして即興から構築へと興味を移した彼らは、コンセプトの変更を志向する。セカンド・アルバム『ビューティー&ザ・ビースト』において、彼らは綿密に構築された楽曲の制作に乗り出すが、その意図に反するかのように、暗鬱とした不定型の楽曲が並ぶこととなる。なお、本作にはワイアッ

Cassiber
Man Or Monkey
1982年：独 riskant／4005

Cassiber
Beauty & The Beast
1984年：Rē／0110

Cassiber
Perfect Worlds
1986年：独 Riskant／4018

Cassiber
A Face We All Know
1990年：ReR Megacorp／ReR C

トでも馴染み深いシック「アット・ラスト・アイ・アム・フリー」のカヴァーも含まれており、その音楽性の変化が見てとれる。

その後、ハルトの脱退によりさらなる変化が求められた彼らは、ともすれば曖昧さをはらむ即興を抑制し、トリオとしてより強固な、そしてより完全な形態を目指した。サード・アルバム『パーフェクト・ワールズ』で提示されたその新しいコンセプトは、ラスト・アルバム『ア・フェイス・ウィー・オール・ノウ』にて完成を迎える。サンプリング・ヴォイスを仕込んだキーボードをぶっ叩き、アジテーターのごとく濃密な詞をがなり立て、カットアウトするかのように裁断されたグルーヴが交錯する。その過激かつ革新的なサウンドを生んだ彼らは、今ではシーンを象徴するグループの一つとして高い評価を得ている。

なお、彼らはある限定された期間のみ、特別な編成を試みている。83年末から84年初頭にかけて、ライヴでのみ活動したダック・アンド・カヴァーは、スケルトン・クルーの2人とダグマー・クラウゼらが参加しており、まさにオールスターといったいった顔ぶれだ。彼らが唯一残したライヴ音源は、"Rē Records Quarterly Vol.1 No.2"に収録されている。また、83年にイタリアのストーミー・シックスと融合したグループ、カシックスは、"Rē Records Quarterly Vol.1 No.3"に音源を残している。

また、92年にはカトラーとハルトに加え、クラウゼとフリス、そしてドイツの前衛作曲家、ルッツ・グランディーンらが集い、アルバム『ドメスティック・ストーリーズ』を制作している。ここではその名が表すように、カシーバーとアート・ベアーズの融合ともいえるようなサウンドを実現している。

最後に、イタリアのRIO系グループ、La 1919との共演作"Jouer. Spielen. To Play"にも触れておく。カトラー、そしてチャールズ・ヘイワードらも参加した、スーパー・バンド然とした本作は、破綻なきエクスペリメンタル・ロックをオーバーダブなしの完全即興で演じる、カシーバー同様のコンセプトを持った一枚となっている。

Various
Rē Records Quarterly
Vol. 1 No. 2
1985年9月1日：Rē／0102

Various
Rē Records Quarterly
Vol. 1 No. 3
1986年1月6日：Rē／0103

Chris Cutler / Lutz Glandien with Dagmar Krause, Fred Frith, Alfred Harth
Domestic Stories
1992年：ReR Megacorp／LSM

La 1919 / Chris Cutler / Charles Hayward / Roberto Zorzi
Jouer. Spielen. To Play
1994年：Materiali Sonori／MASO CD 90063

John Greaves / Peter Blegvad / Lisa Herman
Kew. Rhone.

1977年：Virgin／V 2082

［A］1. Good Evening / 2. Twenty-Two Proverbs / 3. Seven Scenes From The Painting “Exhuming The First American Mastodon” By C.W. Peale4. Kew. Rhone. / 5. Pipeline / 6. Catalogue Of Fifteen Objects And Their Titles
［B］1. One Footnote (To Kew. Rhone.) / 2. Three Tenses Onanism / 3. Nine Mineral Emblems / 4. Apricot / 5. Gegenstand

ジョン・グリーヴスの初リーダー作がヴァージンからリリースされたのは、もちろんヘンリー・カウでの実績があったからだろうが、ピーター・ブレグヴァド、リサ・ハーマンとのユニットとしてのデモが存在しなければレコード会社を動かすことはできなかったはずだ。ホーンや弦を絡めてコンテンポラリー・ジャズと現代音楽とロックを融合させ、オペラティックとも言えるヴォーカル・パートも魅力としたこのアルバムの完成度はとんでもないが、ギチギチに詰まりすぎという感じもするので、3人だけのデモを聴いてみたくなる。おそらくそれは近年のグリーヴスのソロに近い、英国産とは少し趣の違う〝ヨーロッパ感〟が出たものではないかと思うのだ。ベーシストだからか、音楽を〝うしろから見ている〟ようなところが、この人の独特な批評性の根幹だと思えるので、これより前の、最初の最初が明らかになると、ある意味では散ってしまっているさまざまが、エピソード1に収束するような逆の理解が可能になるのではないかと思うのだ。

それはいま、この段になってから——ジョン・グリーヴスは1950年2月23日にウェールズのプレスティティンで生まれ、64～68年はザ・レイ・アーヴィング・ショウバンドのウッドベース奏者として過ごした——とプロフィールを挿入するようなことなのだが、英国ロック界でも屈指の〝わかりにくい人〟を捉えるには、キャリアをズタズタに切り離して、聞き手の都合で再構築する方が、かえってわかりやすいのではないだろうか。

本作はヴァージンに残るプログレッシヴ・ロックの極北に位置するような名作だが、ある意味ではスラップ・ハッピーやヘンリー・カウ以上にリスナーを突き放すようなところがあるから、こっちが視点を変えた方がいい。

クラシックやジャズを〝狂騒〟に走らせたアヴァンギャルドな精神がプログレッシヴ・ロックたる所以だけれど、グリーヴスがここに至った〝衝動〟にこそ興味がある、という話だ。（和久井）

John Greaves
Accident

1982年：仏 Europa／6313 408

[A] 1. Photography / 2. Irma / 3. Milk / 4. Accident (Skin Of The Teeth)5. Sad Emission [B] 1. Salt / 2. Wax / 3. Ruby / 4. The Rose Sob / 5. Silence / 6. For Bearings

初のソロ・アルバムは81年から82年にかけて、パリのスタジオ・ソラリスで録音されたものだ。キーボードも弾くエンジニアのアーマッド・フリードマンを右腕に、基本はフランス人のミュージシャンをバックにしているが、ドラムはピップ・パイルとカート・ラストで、パイルはシンセ・ドラムも担当。生の弦や管も加えているのだけれど、グリーヴスのヴォーカル、キーボード、ベースを主体としたニユー・ウェイヴ路線で、キュー・ローンとは違う考え方でつくられたのは明らかだ。

　歌詞を含めて習作っぽいし、いま聴くと〝らしくない〟と思えてしまうが、彼なりの〝時代〟への対応が興味深くもあるので、決して侮れない。英国のニュー・ウェイヴ勢よりもニューヨークの先鋭的なクリエイターに近いセンスが、現代音楽的な弦や感から感じられるのが面白いところと言える。

　ジャン・カラコスとセルロイド・レーベルの力を借りて制作され、パリとニューヨークからの発信となった。（和久井）

John Greaves
Parrot Fashions

1984年：仏 Europa／JP 2016

[A] 1. Always Be New To Me2. Bad Alchemy / 3. Rosetta's Song / 4. Swelling Valley [B] 5. The Bee Dream6. Dead Heads Duped / 7. How Beautiful You Are / 8. Jaloozy / 9. The Price We Pay

これは、パロット・ファッションズという〝バンドのアルバム〟と考えていい。ヴォーカル、ピアノ、ベース、シンセのグリーヴスに、女性ドラマーのミレイル・バウアー、チェロのデニス・ヴァン・ヘッカー、ギターとトロンボーンのフランシス・オヴィデというのがそのメンバーで、クリストファー・ブレグヴァドがバッキング・ヴォーカルで加わっている。

「バッド・アルケミー」のようなロック・ナンバーもあるのだが、ヨーロッパ的なバラードをクラシカルな編成で聴かせた「ロゼッタズ・ソング」や、ピアノとチェロのシークエンスからニュー・ウェイヴ的なファンクに転じる「スウェリング・ヴァレイ」で表出されたバンドの個性はいま聴いても面白く、グリーヴスの音楽的な幅や懐の深さに感心させられるのだ。シンガーとしてのスタイルが決まったのもここで、うまくはないが味のあるヴォーカルにはじわじわとヤラれていく。手に入りにくいアルバムだけれど、これはオススメだ。（和久井）

John Greaves
La Petite Bouteille De Linge

1991年：仏 La Lichère／CD LLL 117

1. Solitary / 2. The World Tonight / 3. Deck Of The Moon / 4. Old Antiquity / 5. Rose C'est La Vie / 6. Lullaby / 7. Almost Perfect Lovers / 8. Le Garçon Vert / 9. Let Her Go / 10. Dedans

John Greaves
Little Bottle Of Laundry

1997年：Blueprint／BP232

プロデューサーも務めたザ・ロッジでの活動を経て制作され、当初はフランスのみでリリースされた久々のソロ・アルバム。録音は90年4月〜11月にパリのスタジオで行われたが、断続的だったのが功を奏して、メンバーを代えながらじっくり練られていったのがわかる秀作となった。

ピップ・パイルや前作で重要な役を担ったフランシス・オヴィデもいるが、弦やホーンを絡めて〝ヨーロッパ〟を感じさせるサウンドに仕上げているから、個々のプレイよりも音楽監督としてのグリーヴスの存在が曲を追うごとに極まってくる感じで、文句のつけようがないのである。

リ・シェール・ブラス・バンドを名乗った「ル・ギャルソン・ヴェール」は、英国のブラス・バンドの伝統をフリー以後のジャズに転がして大きな成果を残したマイク・ウエスト・ブラス・バンドがパリにやって来たかのようだし、アルバムの核となる「ローズ・セ・ラ・ヴィ」が最後にリフレインするのも効いて、トータリティの高いアルバムに仕上がっている。

世界的にはまったく知られていなかった本作が聴かれるようになったのは、ブレグヴァドが描いたジャケに変えて英題にした97年のブループリント盤が登場してから。しかしそれも現在は廃盤なので中古市場で探してもらうしかないが、いまなら安価で入手できるだろう。

カンタベリー・ロックを発展させた独自の音楽表現が、実に頼もしい。　**（和久井）**

Greaves, Cunningham
Greaves, Cunningham

1995年7月：日 Eva／WWCX 2030

1. The Mirage / 2. The Magical Building / 3. The Other Friend / 4. One Summer / 5. The Emerald Isle / 6. The Other World / 7. The Frost / 8. The Inside / 9. The Red Sand / 10. The Fine Friends / 11. The Open Book / 12. The Same Way / 13. The Map Of The Mountain

ビートルズでも知られる「マネー」や、ジェイムズ・ブラウンの「セックス・マシーン」を無機的なビートに変容させ、インダストリアルという概念を世界に知らしめたフライング・リザーズの実体、デイヴィット・カニンガムとのデュオ作である。

ジャケもオルタナなイメージだからミニマルな環境音楽を特集したアルバムかと思いきや、歌もの中心で、意外とポップだったりするから意表を突かれるのだ。

録音は88年から91年にかけてロンドンのカニンガムのスタジオで行われ、一部の曲に、ジャッコ・ジャクジクがヴォイス、清水靖晃（！）がサックスとクラリネット、クリストファー・ブレグヴァドがアコーステイック・ギターで参加。　**（和久井）**

John Greaves
Songs

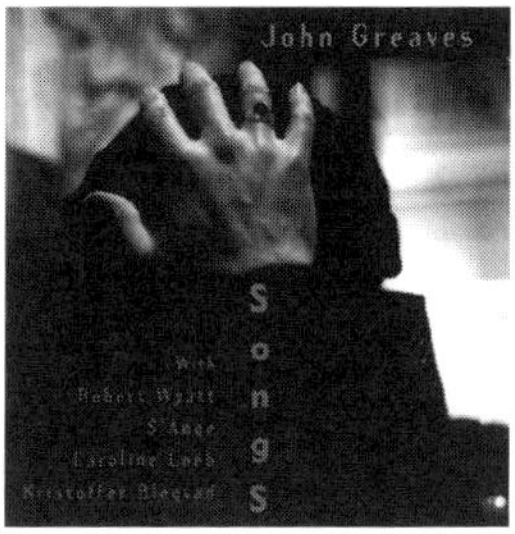

1994年：Resurgence／RES112

1. Old Kinderhook / 2. The Song / 3. Swelling Valley / 4. The Green Fuse / 5. Kew. Rhône. / 6. Eccentric Waters / 7. Silence / 8. The Price We Pay / 9. L'Aise Aux Ex-Sans-Trique10. Back Where We Began / 11. Gegenstand

93年から94年にかけてパリで録音。ソロは約10年ぶりということもあったからか、ザ・ロッジや、ブレグヴァド／カトラーとのトリオとは一線を画したグリーヴスの〝個〟が、豊潤な香りを放つものになった。

ロバート・ワイアット（パーカッション）、エルトン・ディーン（アルト・サックス）、デイヴィッド・カニンガム（ギター）の参加が目を引くが、サウンドの彩となっているのはミレイル・バウェールのヴィブラフォンだったりするし、グリーヴスのアコーディオンが新しい味になっているのも見逃せない。

フランス生活も長くなり、自然に身に染みたのか、シャンソンの〝粋〟が大きな個性となってきているのもいいところで、もはや〝たたずまい〟がたまらなくカッコいいのだ。

普通のロック・ファンには注目されなかったが、カンタベリー系を好む人たちには高く評価され、この分野におけるグリーヴスという存在の大きさ、稀有な音楽性を、徹底的に知らしめたアルバムである。（**和久井**）

John Greaves
The Caretaker

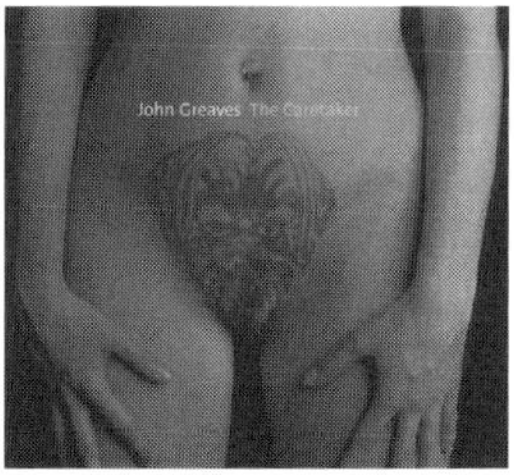

2000年：Blueprint／BP347

1. One In The Eye / 2. Earthly Powers / 3. No Body / 4. In The Real World / 5. In Hell's Despite / 6. Turning Pages / 7. He Puts Us Under / 8. The Wrong Song / 9. One Day My Feet Will Reach The Ground / 10. From Start To End

英国でしか出なかったのが災いして『ソングス』ほど知られていないが、これも素晴らしいアルバムだ。ブレグヴァドが作詞した「ワン・イン・ジ・アイ」と「ヒー・プッツ・アス・アンダー」に加えて、ブレグヴァドとアンディ・パートリッジの共作曲「イン・ヘルズ・デスパイト」を取り上げたのは、少しロックの方向に戻そうとしたからか。ニック・ロウとの仕事でも知られるジェライント・ワトキンスのハモンド・オルガンが5曲で聴けるのもロックな印象の要因となっているのだが、チェロを活かした「ザ・ロング・ソング」や、ホーンが入る「イン・ヘルズ～」も効いて、ヴァラエティに富んでいる。つまり、いつもより派手なのだ。

前作の深い味わいは減退したものの、この路線は好ましいと思った。レコーディングに金がかかるから、以後ここまで贅沢なアルバムはないが、マンティコアからの『ライフ・サイズ』は近い感じなので、音楽性もスポンサーしだいということなんだろう。プロだよ。（**和久井**）

Pyle - Iung - Greaves
The Pig Part

2001年：Voiceprint／VP225

フランスのマルチ・プレイヤー、フィリップ・マルセル・ラングと、ピップ・パイルとのトリオでの唯一の作。ヴォイスプリントらしいリリースで、好きなようにつくらせている感じだが、打ち込みを核にしたインストと、ミュージック・コンクレート的な実験の接点が見えないから説得力に欠ける。

ザッパのシンクラヴィアものに近い感じもあるのだが、曲自体を即興に委ねてしまっているからか、メロディがあとづけとしか思えないのだ　**（和久井）**

John Greaves
Loco Solo: Live In Tokyo

2001年：日 Locus Solus／LSR 004

98年6月13日に吉祥寺のスター・パインズ・カフェでライヴ録音された15曲／60分を収録した、日本のみのアルバム。ピアノの弾き語りだが、その辺のシンガー・ソングライターとはだいぶ違うから、舐めてかかるとしてやられる。わかりやすく言えば、オペラの曲をひとりでやってる感じなのだが、曲自体に現代音楽的な音づかいやアヴァンギャルドなアプローチがくっついているから複雑だ。これ、現場で観たはずだが、全然憶えてないんだよなぁ。　**（和久井）**

John Greaves - Marcel Ballot - Patrice Meyer
On The Street Where You Live

2001年：Blueprint／BP346

1. I Wish You Love / Que Reste-t-il De Nos Amours ? / 2. My Funny Valentine / 3. She's Funny That Way / 4. All The Things You Are / 5. On A Slow Boat To China / 6. I've Grown Accustomed To Her Face / 7. In A Shanty In Old Shanty Town / 8. Skylark / 9. It's Only A Paper Moon / 10. Cry Me A River / 11. The Glow Worm / 12. Over The Rainbow / 13. On The Street Where You Leave / 14. Fly Me To The Moon / 15. My Favorite Things / 16. I'll Be Seeing You / 17. 45The Whiffenpoof Song

00年4月から5月にかけてパリで録音された、スタンダード・ジャズのヴォーカル・アルバム。マルセル・バローのピアノと、パトリス・メーヤーのギターをバックに、グリーヴスは唄うのみ。アヴァン・ポップ的なアレンジはどこにも見られないのだが、大学教授が教壇で強引に唄ってしまったかのような〝アカデミックな破綻〟が見られるから、たとえばトム・ウェイツのような、当たり前にジャズ・クラブみたいな感じが全然しないのである。ま、ヴォーカルの〝雰囲気重視〟は似たようなものなのだが。

だから、「マイ・ファニー・ヴァレンタイン」や「イッツ・オンリー・ア・ペイパー・ムーン」、「オーヴァー・ザ・レインボウ」や「フライ・ミー・トゥ・ザ・ムーン」といった〝当たり前の曲〟ほど面白かったりして、おかしな気持ちにさせられるわけだ。どこまで〝アヴァン・ポップな在り方〟を考えているのかは定かではないが、やればやるほど〝アンチ〟が匂い立つという図式。　**（和久井）**

John Greaves - Sophia Domancich - Vincent Courtois
The Trouble With Happiness

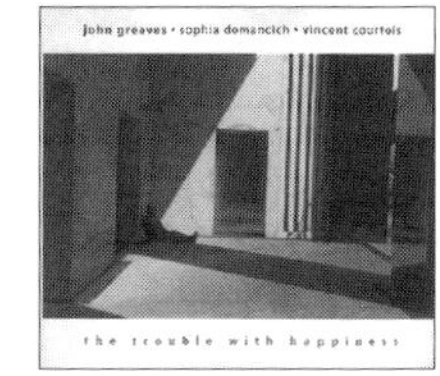

2003年：Le Chant Du Monde／274 1199

1. A Lucky Day / 2. The Trouble With Happiness / 3. Deck Of The Moon / 4. How Beautiful You Are / 5. Words Of Honey / 6. All Summer Long / 7. Saturne / 8. In The Real World / 9. No Dice / 10. The World Tonight / 11. The Price We Pay

ピアノのソフィア・ドマンチッチ、チェロのヴィンセント・コルトアをバックに、ヴォーカルを聴かせたアルバムは、03年2月11~13日、3月3、4日、5月12日にパリで録音。前作でジャズを唄った反動か、クラシカルなオリジナル曲ばかりを収録し、ソングライターとしての円熟を見せつけた快作だ。これをフランス人がやったら鼻につくだろうが、ウェールズの北部出身のグリーヴスはアカデミックでも〝いなたい〟わけで、フランスの女優には金だけ取られてふられそう（笑）。そういうたたずまいが何とも言えぬ〝味〟になっているところが私は唯一無二だと思うのだが、初期のソフト・マシーンやキャラヴァンが好きな人にはハードルが高いかも。 **（和久井）**

John Greaves - Élise Caron
Chansons...

2004年：Le Chant Du Monde／274 1261

1. Effilochée / 2. Mélange / 3. Trois Fois Rien / 4. Chanson De L'Orphelinat / 5. Nez A Nez / 6. Patience / 7. Les Fourmis / 8. Kiev / 9. Bestiaire / 10. Nabuchodonosor / 11. Infini / 12. Les Roseaux / 13. Prière / 14. Les P'tits Bateaux / 15. Limbo / 16. Impatience

グリーヴス作曲、クリストファー・グロックナー作詞による、オリジナル・シャンソン歌集。ヴォーカルのエリーズ・シャロンに、デイヴィッド・ベニトゥッチのアコーディオン、ルイス・スクラヴィスのクラリネットとソプラノ・サックス、ロバート・ワイアットのパーカッションとコーラス、ヴィンセント・コルトアズのチェロ、そしてグリーヴスのピアノとアコースティック・ベースという布陣で、03年7月から04年3月にかけて録音されたものだ。

文字通りの内容と言っていいし、シャロンのヴォーカルも、演奏も上品。カンタベリー・ロックがここに繋がったかと思うと感慨もひとしおだし、グリーヴスの越境ぶりはみごとと言うほかない。 **（和久井）**

John Greaves
Tambien 1-7

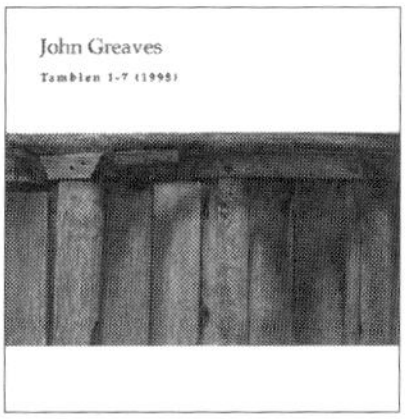

2005年：Resurgence／RES141

1. Tambien 1 / 2. Tambien 2 / 3. Tambien 3 / 4. Tambien 4 / 5. Tambien 5 / 6. Tambien 6 / 7. Tambien 7

95年にヴォイスプリントのロブ・エイリングから、アンビエント・アルバムをつくってみてはどうか、とアドヴァイスされたのがきっかけとなってDATに録音していた音源を、02年に託されたエンジニアのクリス・ソープが編集したもの。

グリーヴスが考えたアンビエントはこれか、とも思えるのだが、実はあんまり向いていなかったようで、自分で完成させようと思わなかったのがわかるのだ。

それでも、こういう実験をしていたという事実が彼の音楽の理解を深めるのに役立つところもあるから、リリースした意義は認められるのだが、私は二度と聴かないだろうな。資料的な価値はあるけれど、作品としては認められない。 **（和久井）**

John Greaves
Verlaine

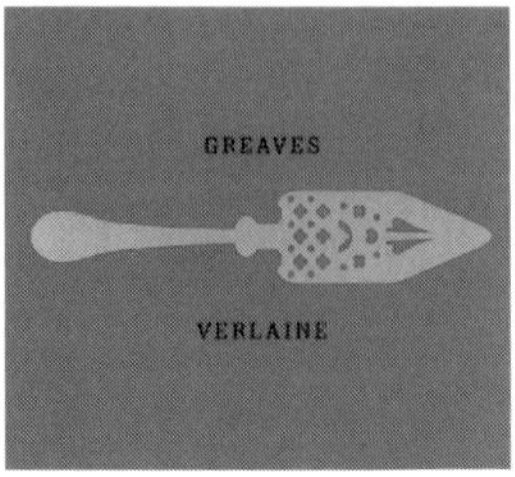

2008年2月：Zig Zag Territoires／ZZT080202

1. Chanson Pour Elle / 2. Séguedille / 3. Streets / 4. J'Ai Peur D'Un Baiser / 5. Colloque Sentimental / 6. La Lune Blanche / 7. Chanson D'Automne / 8. Beams / 9. Le Piano Que Baise Une Main Frêle / 10. Silence, Silence... / 11. Triolet A Une Vertu (Pour S'Excuser Du Peu)

『ザ・トラブル・ウィズ・ハッピネス』からはワールドワイドのリリースを諦めている感が強いのが残念だが、それだけフランスで地盤を築いたということか。05年から06年にかけてパリで録音された本作は、フランスの詩人ポール・ヴァーレイン（1844〜1896）が残した作品にグリーヴスが曲をつけたもので、シャンソンとコンテンポラリー・ジャズとオルタナ・ロックとクラシックを混ぜたアヴァン・ポップという感じ。弦やホーンをふんだんに絡めた演奏はドラマティックだし、ヨレヨレ具合に拍車がかかったグリーヴスのヴォーカルは孤高の域に達している。

もはや映画のようだから、アレンジが、演奏が、と語るのが低次元のことのように思えてくるが、ここまで行くのが〝21世紀のロック〟だろうし、モダン・アートとしての在り方からは〝フランスの文化〟が色濃く感じられるのだ。

しかしこのCDを手に入れるのは大変。多くのリスナーは獲得できないだろうね。（**和久井**）

John Greaves
Verlaine 2: Divine Ignorante

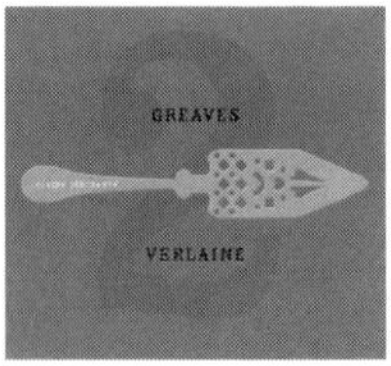

2011年：Cristal／CR 177

本書は単色印刷だから同じように見えるだろうが、『ヴァーレイン』のジャケは赤、本作は緑なので、揃えてなんぼ、ということにもなった。路線は大きくは変わっていないが、本作の方がアレンジ／演奏はストレートで、オルタナ感が少なくなっている。前作にはいなかったシルヴェイン・ヴェノのギターが饒舌だから、あれこれやらなくてもよくなったのだろう。私はこっちの方が好き。これも入手するのが大変な盤なので、がんばって探してちょ。（**和久井**）

Post Image Invite John Greaves
In An English Garden

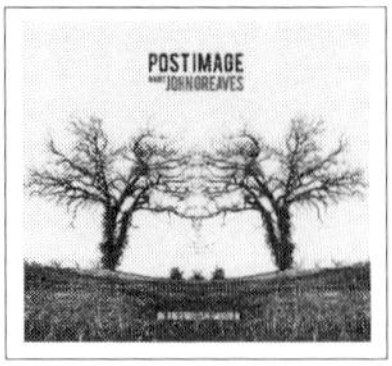

2012年：仏 Aqui Label Musique／399222

チャップリンの「スマイル」、ニック・ドレイクの「シングス・ビハインド・ザ・サン」、ジェリー＆ザ・ペースメイカーズの「ドント・レット・ザ・サン・キャッチ・ユー・クライング」といったカヴァーが興味深い6曲入りのミニ・アルバム。

ポスト・イメージは一応バンドなのだが、どこまでが正式メンバーかは定かでないし、2作目はメンバーが異なる。

これもまた入手困難なタイトルなのが困りもの。どうにかしてほしいよ。（**和久井**）

John Greaves
Verlaine Gisant

2015年：仏 Signature／SIG 11096

ラジオ・フランスが原盤権を持っているから、放送を目的に制作されたのだろう。おさまりがよく、大きな破綻を見せないのは大衆性を考えてのことだったのかもしれない。収録された13曲は、エマニュエル・タグニィが歌詞を書き、グリーヴスが作曲したもの。つまり、前2作のような〝まんま〟のヴァーレイン作品集ではないのだ。

グリーヴスはヴォーカルとベースも担当しているが、すべてではなく、プロデューサーに徹している感じ。（和久井）

John Greaves
Piacenza

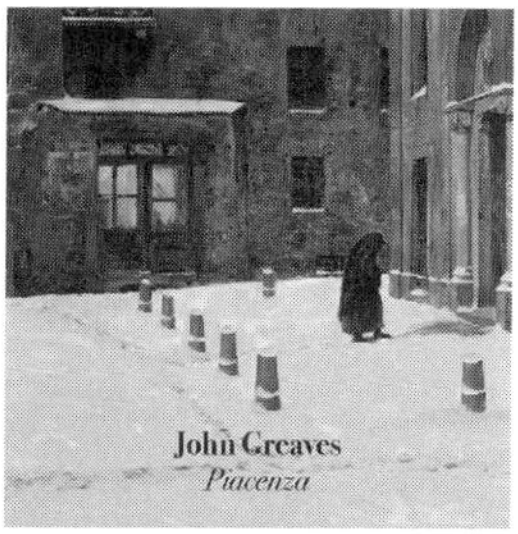

2015年11月：伊 Dark Companion／DC003

1. The Price We Pay / 2. Summer On Ice / 3. Earthly Powers / 4. The Thunderthief / 5. The Green Fuse / 6. La Lune Blanche / 7. Chanson D'Automne / 8. Walking On Egg-shells / 9. The Same Thing / 10. Dead Poets / 11. The Trouble With Happiness / 12. Bad Alchemy / 13. Kew.Rhône / 14. How Beautiful You Are / 15. The Song / 16. Sea Song

ピアチェンツァはイタリアのエミリア＝ロマーニャ州にある古い街。歴史ある宮殿や邸宅、美しい庭園を数多く残していることから芸術都市と謳われ、ジョルジオ・アルマーニの出身地としても知られている。

このアルバムは当地のコンサヴァートリオ・ニコリー二で行われたソロ・パフォーマンスを収録したライヴ・アルバムで、「ザ・ソング」にゲストのピアノやコーラスが入る以外は、グリーヴスの弾き語りだ。ボーナス・トラック扱いの「シー・ソング」（ワイアット作）は、アニー・バルバッツァのヴォーカルとピアノをフィーチャーしたリハーサル・テイクである。

東京でのライヴ盤と比べるとずいぶん角が取れた感じだし、『ヴァーレイン』のシリーズで到達した地点を物語るヨーロッパの香りが、全編から色濃く立ちのぼってくるのがいい。

カヴァーに使用されたフランチェスコ・ボッソの絵画が、内容によく合っている。980部限定のナンバリング版ゆえ、すでに入手困難だが。（和久井）

Post Image With John Greaves, Alain Debiossat
Fragile

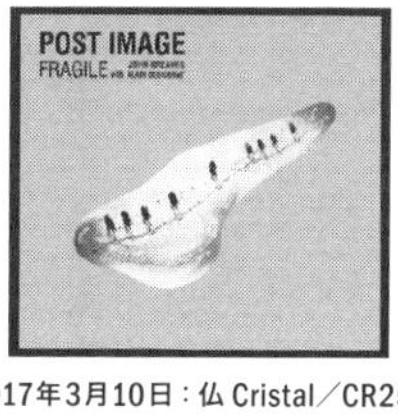

2017年3月10日：仏 Cristal／CR256

レコーディングが15年から16年にかけて行われているところを見ると、プロデューサー、ベーシストでアート・ディレクターのダニー・マルコムがグループの活動を仕切り、あとから配給先を決めていたのが想像できる。ヴォーカルのグリーヴスと、フルート、サックス、クラリネットのアラン・デビオッサトを前面に出すことで、マルコムは世界的な注目に期待したのかもしれないが、そんなに甘くないって。フランスのみのリリースじゃ尚のことだ。（和久井）

John Greaves
Life Size

2018年11月：Manticore／MAN003

1. Air De La Lune / 2. The Same Thing / 3. In Te / 4. God Song / 5. Kew Rhône Is Real / 6. Earthly Powers / 7. Still Life / 8. La Lune Blanche / 9. Sweetheart Goodbye / 10. Hôtels / 11. How Beautiful You Are / 12. Lie Still, Sleep Becalmed

エマーソン・レイク＆パーマーが73年に設立したマンティコアは、イタリアのPFMやバンコを世界に紹介したことでも知られ、レッド・ツェッペリンのスワン・ソングと並ぶ70年代を代表するアーティスト・レーベルとして記憶されている。そんな名門がグレッグ・レイクの娘によってイタリアで復活していたのを知ったのは、グリーヴスのこのアルバムが復活マンティコアの3作目の新譜として世に出たときだった（第1作はグレッグ・レイクの『ライヴ・イン・ピアチェンツァ』、第2作はアニー・バーベイツァ＆マックス・リペティの『ムーンチャイルド』である）。

グリーヴスとは長いつきあいのマックス（マッシモ）マルチーニがマンティコアのディレクターに就任し、ピアチェンツァはエルフォ・スタジオのオーナー・エンジニア、アルベルト・カリガリを参謀に選んだことから実現した録音だったようだが、ふたりは旧知のグリーヴスにキャリアを総括するアルバムをつくらせるべく、ゆかりのミュージシャンを集め、新録音によるベスト盤とも言える一枚をプレゼントしたのだ。

リオ・ブデーノのアート作品をフロントに持ってきたカヴァーが、極上の内容を伝えている。ジャズとロックとクラシックを融合させて、ノン・ジャンルなアヴァン・ポップとしてきたグリーヴスの功績を一時間でおさらいできる本作は、いま簡単に手に入る彼のアルバムでは最高のものと言えるし、狂騒の先にある静寂にこそ揺るぎない美があると確信してきたに違いない彼の芸術観がみごとに掬い上げられている。私はこれこそがカンタベリー・ロックの最終形だと思うのだが、いかがだろう？

見開きジャケットの美しさだけで買いのLPは、初回500枚がパープルのカラー盤だった。私はイタリアにオーダーして何とか手に入れたが、もはや難しいか。ディスクユニオンがリリースした国内流通版のCDなら、まだ手に入ると思う。一家に一枚の傑作である。（和久井）

North Sea Radio Orchestra, John Greaves, Annie Barbazza
Folly Bololey (Songs From Robert Wyatt's Rock Bottom)

2019年：伊 Dark Companion／DC012

ロバート・ワイアットの『ロック・ボトム』に的を絞ったトリビュート盤は、マックス・マルチーニがコ・プロデュース、ギターとオルガンのクレイグ・フォートナムが音楽監督を務めたもので、アニー・バルバッツアのヴォーカルもいい佳作だ。ベースと語りを担当したグリーヴスは陰の参謀として采配を奮っている感じである。

　イタリアの初版は999部の限定版だったが、これはディスクユニオンから日本仕様版がリリースされた。（和久井）

Michel Edelin Quintet Special Guest John Greaves
Echoes Of Henry Cow

2019年5月：仏 Rogueart／ROG-0089

フランスをベースに活動するミシェル・エデリン・クインテットによるヘンリー・カウのトリビュート・アルバム。グリーヴスはゲスト参加して、語りで加わっているだけなのだが、フルートのエデリンを中心とするクインテットのアレンジ／演奏は、グリーヴスの音楽に近い。ヘンリー・カウのどこが伝統になりうるかは難しい問題だが、精神は受け継がれ、こんなにモダンでアヴァンギャルドなジャズを生むことになったのだから、よかったよね。（和久井）

John Greaves
Passage Du Nord Ouest

2020年：Dark Companion／DCE003

1. One Summer / 2. The Price We Pay / 3. The Mirage / 4. The Magical Building / 5. Almost Perfect Lovers / 6. Solitary / 7. Dedans (Rose C'est la Vie) / 8. Deck Of The Moon / 9. For Bearings/Silence / 10. Kew Rhone / 11. The World Tonight / 12. Lullaby / 13. Swelling Valley / 14. How Beautiful You Are / 15. Karen

配信メインのリリースと言えば聞こえはいいが、イタリアのみで出たCDはわずか300部の限定版で、すでに入手困難。93年11月22日にパリで録音されたライヴ15曲を収録したこれが世に出たのは、グラフィックを担当したマックス・マルチーニが出資したからだろう。「こんなにいいライヴ音源が世に出ていないなんて！」という感じだったんだと思う。でも、だったら多くの人の手に届くものにしてほしいよね。

ヴォーカル、ピアノ、ベースのグリーヴスに、ソフィア・ドマンチッチ（ピアノ）、デイヴィッド・カニンガム（ギター、エロクトロニクス）、フランシス・オヴィデ（ギター）、ポール・ロジャーズ（ダブル・ベース）、ピーター・キンバリー（コーラス）という布陣での演奏は確かに素晴らしく、選曲もベスト。30年も前の音源とは思えないほど現代的だし、録音もいいから、これはオススメだ。グリーヴスの中にカンタベリーの精神が息づいているのがわかる傑作、と言える。（和久井）

Peter Blegvad
The Naked Shakespeare

1983年：Virgin／V 2284

［A］1. How Beautiful You Are2. Weird Monkeys / 3. Naked Shakespeare / 4. Irma / 5. Like A Baby / 6. Powers In The Air / 7. You Can't Miss It ［B］1. Karen / 2. Vermont / 3. Lonely Too / 4. Blue Eyed William / 5. First Blow Struck

ブレグヴァドは51年8月14日にニューヨークで生まれた米国人。とは言っても父のルーツはデンマークだそうで、65年から一家は英国で暮らし、アートスクールに進んだ彼はそこでアンソニー・ムーアと出会った。スラップ・ハッピーのメンバーとして知られるようになってからも、イラストやマンガで食べていたらしく、ソロ活動に意欲的なタイプではなかったようだ。

初ソロ・アルバムである本作はアンディ・パートリッジと、ユーリズミックスのデイヴ・ステュアート（「ハウ・ビューティアル・ユー・アー」のみ）がプロデュースしたポップ・アルバム。参加メンバーにはジョン・グリーヴスとジャッコ・ジャクジクの顔もある。歌詞に由来する〝ねじれ具合〟と、人なつこいメロディと、ダウナー系のヴォーカルが三位一体となった独特の世界観は、ロビン・ヒッチコックと双璧だと思う。知的でユーモアがあり、世情には流されない感じは最初からだった。XTCのファンには注目された一枚である。（和久井）

Peter Blegvad
Knights Like This

1985年：Virgin／V 2352

［A］1. Special Delivery / 2. Face Off / 3. Let Him Go / 4. The Incinerator / 5. Pretty U Ugly ［B］1. Always Be New To Me2. Last Man / 3. Meet The Rain / 4. The Wooden Pyjamas / 5. Marlene

前作でエンジニアを務めたデイヴィッド・ロードにプロデュースを任せたアルバムだが、80年代らしい打ち込みドラムやシンセのパシャパシャした音が、いま聴くとツライ。ヴァージンに「曲はいいんだからもっと明るいサウンドにしろ」と言われたのかもしれないが、むりやりロック・スターみたいな衣装を着せられても似合わないよね。

グリーヴス、ジャクジクに加え、スクイーズのグレン・ティルブルックも参加しているが、誰がどこに入ろうがこのサウンドではまったく意味がない。ヴォーカルがやけっぱち気味なのは、録ってるときから気に入らなかったからか。

出たときに買ってがっかりした記憶があるが、それでもブレグヴァドのファンでいたのは曲がいいから。スラップ・ハッピーがジョン・レノンの変態っぽさを批評しているような「ジ・インシネレイター」なんて、ほかのソングライターには書けない曲だし、インナーに散りばめられたイラストが知性を表しているのも好き。（和久井）

Peter Blegvad
Downtime

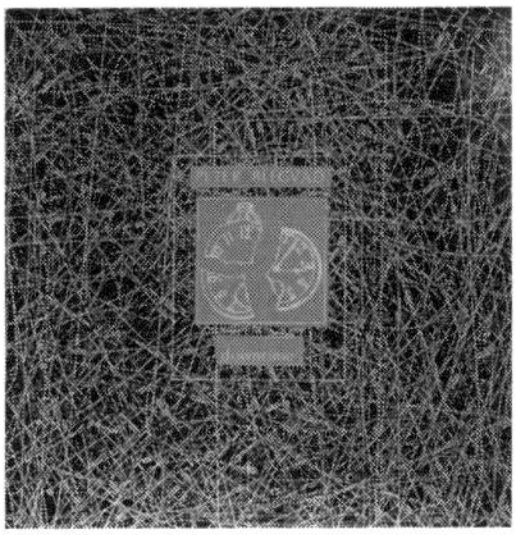

1988年：ReR Megacorp／34

[A] 1. Model Of Kindness / 2. Not Weak Enough / 3. Card To Bernard / 4. White / 5. Strong, Simple Silences
[B] 1. When The Work Was New / 2. Animated Doll / 3. I Don't Believe You've Met My Baby / 4. Bared Bard / 5. Lying Again / 6. Crumb De La Crumb

本来の自分を取り戻そうとしたのが明らかな秀作は、ティム・ホジキンソンとクリス・カトラーのコ・プロデュースによるもので、ドラムはすべてカトラー。バック陣にはムーア、グリーヴス、ジャクジク、弟クリストファーの顔も見える。

アコースティック・ナンバーとバンド・サウンドのバランスが絶妙なのは〝曲の持ち味〟を重視した結果だろうが、それにしても、と思える秀逸なサウンド・プロダクションだ。曲はどれもポップで、奇を衒ったようなところはないのだが、いわゆるシンガー・ソングライターの作品とは一線を画す、視点をズラすような演出が効いて、日常の些細なものごとが飄々としたドラマになっているのだ。

ブリクストンのコールド・ストレイジで足掛け2年をかけて録音されたアルバムだが、季節の変化をカメラが追うことを軸にした映画のような、〝金をかけてもできない感じ〟が好ましい。多くの人に知られたアルバムではないが、これはいま聴いても納得の一枚。（**和久井**）

The Lodge
Smell Of A Friend

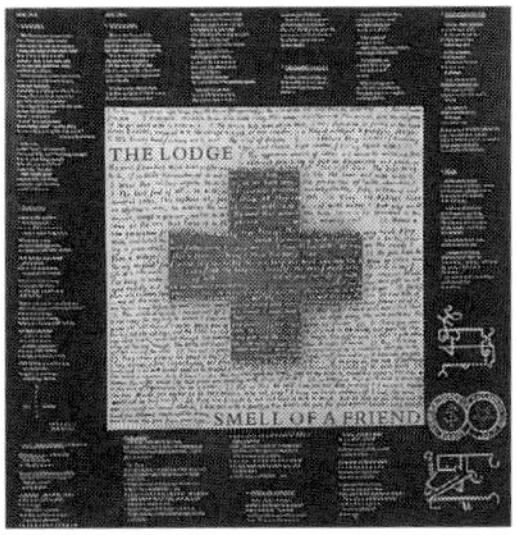

1988年：Antilles New Directions／AN 8711

1. Solitary / 2. The Song / 3. Not All Fathers / 4. Smell Of A Friend / 5. Match Girl / 6. Swelling Valley / 7. Old Man's Mood / 8. Milk / 9. Untitled Hidden Track [Not All Fathers Vocal Reprise]

グリーヴスと共にゴールデン・パロミノスに参加したことから生まれたユニットの唯一のアルバム。メンバーは、アントン・フィア（ドラムス）、グリーヴス（ベース、キーボード、ヴォーカル）、ジャクジク（ギター、ヴォーカル）、ブレグヴァド（ギター、ヴォーカル）と、弟クリストファー（ヴォーカル）。リサ・ハーマンの参加（「スウェリング・ヴァレイ」のピアノとヴォーカル）も目を引く。プロデュースとアレンジはグリーヴス、ジャケットはブレグヴァドが担当した。

ゴールデン・パロミノスは不定形のユニットだが、中心者のフィアがそうしなかったのは、彼がスラップ・ハッピーやヘンリー・カウをリスペクトしているからだろう。8曲を残すのがやっとで2作目はなかったから忘れられてしまったが、出たときはそこそこ話題になり、オルタナ・ロックの秀作として高く評価されたアルバムだ。セッション的だからオムニバス盤みたいでもあるが、持っていて損はないだろう。（**和久井**）

Peter Blegvad
King Strut And Other Stories

1990年：Silvertone／ZD74731

1. King Strut / 2. Gold / 3. Meantime / 4. On Obsession / 5. Not Weak Enough / 6. Swim / 7. Northern Lights / 8. Chicken / 9. Real Slap In The Face / 10. Shirt & Comb / 11. Stranger To Myself / 12. King Strut (Reprise)

アンディ・パートリッジと共作したテーマ曲「キング・ストラット」のプロデュースをdBズのクリス・ステイミーが担当し、ダニー・トンプソン、ピーター・ホルサップル、シド・ストロウの参加を見たというだけでも面白いのに、同曲のリプライズはパートリッジがプロデュースするという念の入れよう。

ステイミーはほかの9曲をブレグヴァドと共同でプロデュースし、「ノット・ウィーク・イナフ」ではアントン・フィアがドラム、「ノーザン・ライツ」ではピノ・パラディーノがベース。多くのミュージシャンがブレグヴァドを認めていたのがわかる力作だった。

ポップな曲が並び、いつもよりストレートな演奏だが、そこはステイミーのこと、ニュー・ウェイヴ以後のオルタナ感があって、ポップなだけには終わらせない。これは当時日本盤も出て、けっこう話題になったのだが、プログレやカンタベリーのファンには届かなかった。再発されていないので、忘れられてしまったのが残念。**（和久井）**

Peter Blegvad, John Greaves
Unearthed

1994年：Sub Rosa／SR75

1. Bottle / 2. The Gynaecologist / 3. New Liquid / 4. Linh-Le / 5. The Only Song / 6. Hardware / 7. Children / 8. Christmas Past / 9. Handkerchief / 10. Dog With A Conscience / 11. The Black Dog

ベルギーのサブ・ローザからリリースされたスポークン・ワード・アルバム。94年にパリのスタジオでレコーディング、プロデュース、アレンジはグリーヴスだ。ブレグヴァドが書くショート・ストーリーやマンガは書籍化もされ、欧米では確実に読者を獲得していくのだが、ポップな『キング・ストラット』と、グリーヴス、カトラーとのトリオでのアルバムが定期化するあいだにこれが出ていたのは大きかったと思う。普通のシンガー・ソングライターじゃないんだぞ、という意思表示、存在証明というかね。ブレグヴァドにインタヴューしたときに、「ソロ・ライヴは詩にこだわっているから、ラウドン・ウェインライトⅢとツアーをまわるのが趣味に合っているし、ポエトリー・リーディングのショウもやっている」と言っていたが、そんな在り方がよくわかるアルバムだ。歌はほとんど唄っていないから音楽を求めるリスナーにはオススメしかねるが、この分野での秀作。グリーヴスによるサウンドもいい。**（和久井）**

Peter Blegvad With John Greaves & Chris Cutler
Just Woke Up

1995年：ReR Megacorp／PB2

1. Special Delivery / 2. That'll Be Him Now / 3. Daughter / 4. Something Else (Is Working Harder) / 5. Meet The Rain / 6. Waste Of Time / 7. Bee Dream / 8. Just Woke Up / 9. In Hell's Despite / 10. Best Thing / 11. Mad Love Vanishes / 12. Driver's Seat / 13. You & Me / 14. Incinerator / 15. Stink

ソロ作でもグリーヴスとカトラーがいる場合は、トリオでの録音であることを強調するようになったのは、ライヴ活動を考えてのことだろう。弾き語りやリーディングのライヴを除けば、以後はずっとトリオで活動しているのだから、ふたりがいる場合はソロでもリーダー作にすぎない、という意思表示である。

とは言え、ティム・ホジキンソン、ジャッコ・ジャクジク、ジェライント・ワトキンス、フィル・ショウ、B.J.コール、クリストファー・ブレグヴァドらが参加し、マスタリングにはクリス・ステイミーも手を貸しているのだから、トリオの演奏というわけではない。

アコースティックな曲も多いし、グリーヴスやカトラーと比べれば明らかに〝アメリカン〟だが、アメリカにはいないタイプのシンガー・ソングライターなのがこの人の特異なところで、カンタベリーで生まれたボブ・ディランみたいな曲もあるのが面白い。シニカルなユーモアに裏打ちされた歌詞と曲は唯一無二だ。　**（和久井）**

Peter Blegvad With John Greaves & Chris Cutler
Hangman's Hill

1998年：ReR Megacorp／PB3

1. Loss To Mourn / 2. Hangman's Hill / 3. Love Somebody / 4. Let's Travel Light / 5. Dog / 6. The Marvellous In The Everyday7. Bride Of Fire / 8. On All Fours / 9. Scarred For Life / 10. Man Overboard / 11. Golden Age / 12. Magritte / 13. The Only Song

前作と同じ路線で、ゲスト・ミュージシャンもほとんど変わらない。アレンジや演奏がよりストレートになっていることもあってバンド感は増しているのだが、ブレグヴァドが自ら吹いているクラリネットがいい味を加えていたり、アダム・フィリップスとクリス・ステイミーが引っかかりの強いギターを弾いていたりするおかげで、やっぱり一筋縄ではいかないのだ。この〝替えの効かない感じ〟は何だ?と思うし、ブレグヴァドのヘタウマなヴォーカルがどんどん好きになってしまう。

カンタベリーから最も遠いはずなのに、精神性は継承されているからか、アンコに加える塩のように〝不可欠〟と思えたりもする。そういうことを考えさせられるから、知的欲求が満たされるんだろうな。ディランやレノンが放つパンク感／オルタナ感の何たるかを知っている人は、不協和音やノイズを〝毒〟とするものだが、ブレグヴァドの場合、ポップな資質とは反する自分を真っ先に見つめているのかもしれない。　**（和久井）**

Peter Blegvad
Choices Under Pressure (An Acoustic Retrospective)

2000年：Resurgence／RES143

1. Waste Of Time / 2. The Unborn Byron / 3. Daughter / 4. Let's Travel Light / 5. Meantime / 6. Scarred For Life / 7. King Strut / 8. That'll Be Him Now / 9. Haiku / 10. Gold / 11. God Detector / 12. Gigantic Eye

過去のアルバムから選んだ10曲と未発表の2曲を新たにレコーディングした自選曲集。スラップ・ハッピーの「ハイク」まで入っているのが興味深いし、右腕となったジャッコ・ジャクジクに、ベースのグリーヴス（エレクトリック）とダニー・トンプソン（アコースティック）という編成も曲自体の魅力を際立てることになった。

ジャケットに散りばめられたイラストは、91年〜99年に英国の"Independent"紙の日曜版に連載されたマンガ『リヴァイアサン』（"The Book Of Leviathan"として単行本化もされている）からのもので、「プレッシャーの下で人はどう生きるか」という本作のテーマを物語っている。絵はかわいいが、あんがい怖い話なのだ。（**和久井**）

Peter Blegvad & Andy Partridge
Orpheus (The Lowdown)

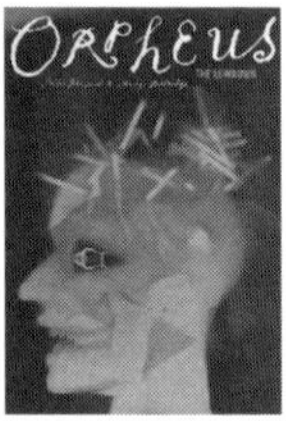

2003年：Ape House／APECD 005

1. Savannah / 2. Brown-out On Olympus / 3. The Blimp Poet / 4. Night Of The Comet / 5. Necessary Shadows (George Steiner) / 6. Galveston / 7. Beetle / 8. Heartcall / 9. Noun Verbs / 10. Eurydice (After Rilke) / 11. Divine Blood / 12. Steel Bed

アンディ・パートリッジのレーベルからリリースされたデュオ第1作。ブレグヴィドの詩やショート・ストーリーの音楽化するプロジェクトは90年に趣味として始まったらしく、完成までに13年を要している。ヴォーカル・ナンバーも多くはブレグヴァドがメインを唄い、パートリッジは音楽づくりを一手に引き受けているのだが、アートワークはふたりでやっているので、ブック型パッケージの限定版をオススメしておく（日本盤は普通のCDだった）。94年に出版された画文集"Headcheese"を皮切りに、短編小説を何冊か出しているブレグヴァドは音楽だけでは語れない人だから、この企画はとても好ましい。彼の本は日本のアマゾンからも買えますよ。（**和久井**）

Peter Blegvad & Andy Partridge
Gonwards

2012年：Ape House／APECD 046

1. The Devil's Lexicon / 2. Sacred Objects / 3. Looking At The Sun / 4. Saint Augustine Says / 5. The Cryonic Trombone / 6. Impeccable Dandy In White / 7. What A Car You Are / 8. The Dope On Perlman / 9. Germ To Gem / 10. Worse On The Way

前作の好評を受けて10〜11年に録音されたデュオ第2作。サウンドはいっそうパートリッジらしい凝ったものだし、ブレグヴァドの文学表現をここまで音像化するとはアッパレだ。単なるスポークンワードものに終わらせないために、豊潤なサウンドをつけ、必要とあれば唄うというスタンスが徹底的な〝作品主義〟を伝えているから、文句のつけようがない。

限定ボックスには、2曲のボーナス・トラックを含む全12曲のハイレゾ音源と、5曲の映像版、3曲のミックス・キットを収録したDVDと、キャッチーなオリジナル・カード・ゲームが入っているのだから、贅の極み。ふたりの直筆サイン入りカードも付いている。（**和久井**）

Peter Blegvad, Chris Cutler, John Greaves, Karen Mantler, Bob Drake
Go Figure

2017年：ReR Megacorp／PB4

1. Had To Be Bad / 2. Penny Black / 3. King Of Straw / 4. Simon At The Stone / 5. I Miss You / 6. The Unborn Byron / 7. Sven / 8. Way To Play The Blues / 9. Powers In The Air / 10. Mind The Gap / 11. Too Much / 12. Million Things / 13. My Father's Face / 14. Winner Came There None / 15. God Detector / 16. Cote D'Azur / 17. Our First Kiss

久々のリーダー作は、カレン・マントラー（オルガン、グロッケン、ヴォーカル）と、ボブ・ドレイク（ギター、ヴォーカル）を加えた5人体制で録音された。1曲目のトリッキーさには笑いを誘われるし、続く「ペニー・ブラック」のヘンテコな展開はまさにアヴァン・ポップなのだが、元エニー・トラブルのクライヴ・グレッグソンと共作した「キング・オブ・ストロウ」までちょっとおかしいのだから、どこまで確信犯かということになってくる。アンソニー・ムーアと共作した「ジ・アンボーン・バビロン」は意外にまともだけれど、どの曲もちょっと後期のビートルズっぽかったりするのが効いて、アルバムはオルタナ曼陀羅の体。

オレが普通の曲やるなんて期待してないでしょ？って感じ。いきなり♪ローリング・ストーンズはフェイマス・バンド〜と歌い出す「ウェイ・トゥ・プレイ・ザ・ブルース」をグリーヴスやカトラーが演奏してると思うと、すべてが額面どおりには受け取れませんて。**（和久井）**

Peter Blegvad
The Peter Blegvad Bandbox

2018年：ReR Megacorp／pbbb1

［1］Downtime ［2］Just Wore Up ［3］Hangman's Hill ［4］Go Figure ［5］It's All Experimental 1 ［6］It's All Experimental 2

キャリアを集大成する6枚組のCDボックス。リマスター／デジパック・ヴァージョンとなった『ダウンタイム』『ジャスト・ウォーク・アップ』『ハングマンズ・ヒル』『ゴー・フィギュア』に、『イッツ・オール・エクスペリメンタル』と題された2枚組全30曲の未発表ライヴ&デモ集という内容だ。

エディ・リーダーとのライヴが入っていたのは驚きだったし、98年6月に京都でライヴ録音されたリーディングや、吉祥寺スター・パインズ・カフェで収録された8曲（どちらもグリーヴス、カトラーとの演奏）も聴きどころ。ブレグヴァドが身近に感じられるはずだし、『ゴー・フィギュア』以外は単体で入手するのが難しくなっているからオススメしたいのだが、カンタベリー・ロックの本からこの箱に飛べる人はどのくらいいるのかなぁ？

音楽を聴くだけに終わっていると、本流からはいちばん遠く思えるだろうが、アレンのイラストとこの人のマンガを並べて見て、考えてほしい。**（和久井）**

I.D. Company
I.D. Company

1970年：独 Hör Zu Black Label／SHZE 801 BL
[A] **Die Eine Seite**: 1. Bhagavad Gita / 2. Bum-Bum / 3. I Watched The Women [B] 1. He's Out Now / 2. Dünne, Gläserne Frauen / 3. Schneeweiße Hände / 4. Schwarzes Insekt

醸成されたアヴァンギャルド・シーンが育まれていた、ドイツの港町ハンブルクに生を受けたダグマー・クラウゼのキャリアは、同国のヒット・フォーク・グループ、ザ・シティ・プリーチャーズから始まる。グループにはのちに大成するアーティストたちが多く在籍していたが、彼女にとって大きな契機となったのが、インガ・ランフとの出会いだった。稀代のヴォーカリストふたりは「インガ・ダグマー・カンパニー」と名付けられたスタジオ・グループを結成し、アルバムを一枚残す。

サイケデリックな煙が充満する演奏を背に、A面はランフが、B面はクラウゼがヴォーカルを担当。のちに一声で曲のキャラクターを決めてしまうほどユニークなスタイルを完成させるクラウゼだが、すでにその萌芽が見え隠れしている。

歌という定型を持たず、過度なエフェクトを施し、禍々しいスキャットをふり撒く。その声は発展途上段階が故に、彼女のキャリアにおいて最もアヴァンギャルドだ。（山中）

Kevin Coyne & Dagmar Krause
Babble

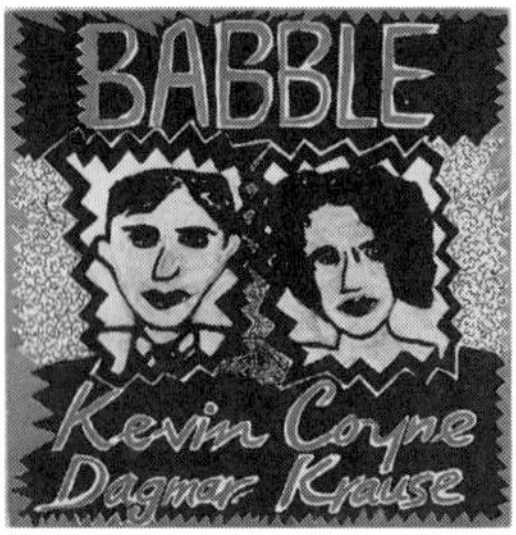

1979年：Virgin／V 2128
[A] 1. Are You Deceiving Me? / 2. Come Down Here / 3. Dead Dying Gone / 4. Stand Up / 5. Lonely Man / 6. I Really Love You / 7. Sun Shines Down On Me [B] 1. I Confess / 2. Sweetheart / 3. Shaking Hands With The Sun / 4. My Mind's Joined Forces / 5. It's My Mind / 6. Love Together / 7. Happy Homes / 8. It Really Doesn't Matter / 9. We Know Who We Are

クラウゼはアート・ベアーズの『ウィンター・ソング』をリリースしたあと、同じく79年には、アーティストとしての強い個性を持つ、詩人兼シンガー・ソングライター、ケヴィン・コインとのコラボレーション・アルバム『バブルス』を制作する。

猟奇的な「ムーアズ殺人事件」をモチーフにしたと、コイン自身が吹聴しているように（ゆえに多くの批判を受けることとなる）、ここには歪なラヴ・ソングが詰め込まれている。暴力、アルコール、死への願望、そしてアドルフ・ヒトラーへのゆがんだ愛情など、詩には重いテーマが塗り込められているが、それと対比させるかのように、ソングライティングは実に明朗快活。パワフルなロックから、ソフトなバラードまで、猛々しくも可憐に2人で歌い紡いでいくメロディの数々は、ことのほか素晴らしい仕上がりだ。

なお、本作はミュージカル化もされている。クラウゼが演じ踊り歌う、その懸命な姿を収めた映像も残されており、実に愛らしい。（山中）

Dagmar Krause
Supply & Demand - Songs By Brecht / Weill & Eisler

1986年：Hannibal／HNBL 1317

[A] 1. Supply & Demand (The Trader's Song) / 2. Epitaph 1919 / 3. German Miserere / 4. O Falladah, Die Du Hangest! / 5. Alabama Song / Hollywood Elegies / 6.1. IV. This City Has Made Me Realise / 6.2. V. You Find Gold / 6.3. VII. I Saw Many Friends / 7. Surabaya Johnny / 8. Moritat (Ballade Von Mackie Messer) [B] 1. Matrosen-Tango / 2. Lily Of Hell / 3. Song Of The Moldau / 4. Pavel's Prison Song / 5. Easter Sunday 1935 / 6. At Potsdam 'Unter Den Eichen' / 7. Der Song Von Mandelay / 8. Benares Song

ドイツを代表する劇作家、作曲家であるベルトルト・ブレヒト、クルト・ワイル、ハンス・アイスラーが残した作品やその思想に強く影響を受けたクラウゼは、キャリアを通して多くのカヴァーを残している。

アート・ベアーズの解散以降、80年代はニューズ・フロム・バベルなど、さまざまな作品にゲスト参加し、活発な活動を続けていた。そんな中リリースされた本作は、バックにリチャード・トンプソンやダニー・トンプソン、そしてプロデューサーにジョー・ボイドといった英国フォーク界の重鎮を迎えて制作されている。

バッキングは過度な装飾なしの必要最小限に留め、作品に真摯に向かい合うように歌い上げる。その結果、自身の歌唱法や、アーティストとしての立ち位置を見つめ直すような作品になったともいえよう。そして、本作に耳を傾けたときに改めて気づかされるのは、どんな曲を歌ってもすべてをクラウゼ色に染めあげてしまうヴォーカリストしての個性と存在感だ。（山中）

Dagmar Krause
Tank Battles: The Songs Of Hanns Eisler

1988年：Antilles New Directions／AN 8739

[A] 1. Song Of The Whitewash / 2. (I Read About) Tank Battles / 3. You Have To Pay / 4. Chanson Allemande / 5. Ballad Of The Sacksling ers / 6. Mother Beimlein / 7. The Perhaps Song / 8. The Rat Man - Nightmare / 9. Mankind / 10. Bettellied / 11. Song Of A German Mother / 12. Change The World - It Needs It [B] 1. Bankenlied / 2. Failure In Loving / 3. Und Endlich Stirbt / 4. Ballad Of (Bourgeois) Welfare / 5. Mother's Hands / 6. Berlin 1919 / 7. Genevieve: Ostern Ist Ein Ball Sur Seine / 8. The Homecoming / 9. The Trenches / 10. To A Little Radio

クラウゼの長いキャリアの中でも、純粋なソロ・アルバムは前作と本作のみ。これもハンス・アイスラーのカヴァー集となっているが、前作とは少し趣を変えつつアレンジの幅をより拡げたことで、肌触りは異なるものとなった。彼女の初期作品を好む方にとっては、より馴染みやすい作品になっていると言えるだろう。

90年代以降は、スラップ・ハッピーの再結成等、精力的な活動を続け、多くの作品を残している。ここではその中から98年にリリースされた、前衛音楽家マリー・ゴヤッティとのデュオ作品、Dagmar Krause & Marie Goyette "A Scientific Dream And A French Kiss" (UK：Re-surgence/RES-139-CD) を挙げておく。

緻密に作曲されたかのように聞こえる演奏は、すべてゴヤッティの卓越したサンプリングによるものだ。交響曲から『タンク・バトル』まで素材として使用して解体〜再構築が施され、新たな命を与えられた楽曲の水準は極めて高い。（山中）

③ソフト・マシーン『サード』、キャラヴァン『グレイとピンクの地』、ヒュー・ホッパー『1984』、ケヴィン・エアーズ『シューティング・アット・ザ・ムーン』、ゴング『ユー』
④アヴァンギャルドな精神が気高くもお洒落に表現された音楽。未来に向かって増殖を続けている。

真下部緑朗（まかべ・ろくろう）

①1964年、鹿児島県生まれ。某出版社・営業部勤務。
②大学卒業後、婦人実用書出版社、食肉専門商社を経て某出版社へ。執筆者として『文藝別冊 ザ・フー』『フランク・ザッパ攻略ガイド』『ザ・キンクス 書き割りの英國、遙かなる亜米利加』『ヴェルヴェット・アンダーグラウンド完全版』『ニール・ヤング全公式音源攻略ガイド』『デイヴィッド・ボウイ完全版』などに参加。
③ソフト・マシーン『ヴォリューム2』、キャラヴァン『フォー・ガールズ・フー・グロウ・プランプ・イン・ザ・ナイト』、ハットフィールド・アンド・ザ・ノース『ザ・ロッターズ・クラブ』、ケヴィン・エアーズ『イエス・ウィー・ハヴ・ノー・マニャーナ』、ナショナル・ヘルス『ナショナル・ヘルス』
④ロック、ジャズ、テクノ、ハウスなどを適度にまぶしたごちゃ混ぜ感と、ロバート・ワイアットやリチャード・シンクレアらの何とも言えないヴォーカル。

森 次郎（もり・じろう）

①1968年、愛媛県生まれ。たまに「あなた何者なんですか」と言われます。
②原稿を書くようになってようやく1年。ビートルズとプログレは「通って」ません。
③ソフト・マシーン『ソフト・マシーン』『ヴォリューム2』、ロバート・ワイアット＆フレンズ『シアター・ロイヤル・ドゥルーリー・レイン　1974年9月8日』、ロバート・ワイアット『ドンデスタン』、ケヴィン・エアーズ／ジョン・ケイル／イーノ／ニコ『ジューン・1、1974』
④「パンクって痛快じゃなきゃいけないと思うんだよね」という仲野茂（アナーキー）の言葉を借りると、カンタベリー・ロックがもつ自由度の高さから感じられる痛快さは、形式にとらわれないパンクそのものだと思う。

山田順一（やまだ・じゅんいち）

①1965年、東京出身。ライター／エディター＆リサーチャー。
②出版社で雑誌、書籍の編集、CD制作、イヴェントの企画運営を経験。現在はライナーノーツ（カンタベリー・ロックではヒュー・ホッパー、ゴング、キャラヴァンなど）や雑誌への執筆及び編集、CD／LPの企画編纂、コーディネイト、監修などを行なう。編著は『グラム・ロック黄金時代1971〜77 ―フィーチャーリング・モダーン・ポップ―』、『GSアイ・ラヴ・ユーニュー・ロック＆アフターGSサウンド時代』など。
③ソフト・マシーン『ソフト・マシーン』、マッチング・モウル『マッチング・モウル』、キャラヴァン『イン・ザ・ランド・オブ・グレイ・アンド・ピンク』、ゴング『ユー』、スラップ・ハッピー『スラップ・ハッピー』
④拡がり続けていることも含めて、カンタベリーをキーワードにした果てしない宇宙だというところ。

山中 明（やまなか・あきら）

①1979年生まれ。神奈川県出身。レコード・バイヤー＆リサーチャー、ライター、エセ漫画家。
②2003年より（株）ディスクユニオン所属。バイヤーとしてレコードを追い求める日々の傍ら、レコード文化の発展に寄与すべく各種媒体にてコラムや漫画を執筆中。著書にソ連音楽ディスクガイド『ソ連ファンク　共産グルーヴ・ディスクガイド』、編著に日本初のサイケデリック・ロック・ディスクガイド『PSYCHEDELIC MOODS - Young Persons Guide To Psychedelic Music USA/CANADA Edition』などがある。
③ソフト・マシーン『ヴォリューム2』、ロバート・ワイアット＆フレンズ『シアター・ロイヤル・ドゥルーリー・レイン　1974年9月8日』、マッチング・モウル『マッチング・モウル』、ヘンリー・カウ『コンサーツ』、ジョン・グリーヴス『ソングス』
④英国の田園と石畳を想起させる牧歌的な歌心、自由に駆け巡る過激で流麗なサウンド、そしてそこに編み込まれたひとさじのユーモア。今もなお続く、その壮大なファミリー・ツリーを辿るのもまた楽しい。

和久井光司（わくい・こうじ）

①1958年、東京渋谷で生まれ、横浜で育つ。総合音楽家、詩人。
②81年にスクリーンを率いてレコード・デビュー。翌年キティレコードと作家契約し、他者に詞・曲を提供するようにもなる。バンドで5枚、ソロで5枚のフル・アルバムがあり、プロデュース、参加、楽曲提供、企画・コーディネイト、デザインなどで関わった音楽作品は60作を超える。代表作はソロ名義の『ディランを唄う』と、和久井光司＆セルロイド・ヒーローズの『愛と性のクーデター』（ともにソニー）。著書に『ビートルズ原論』『放送禁止歌手 山平和彦の生涯』『ビートルズはどこから来たのか』『ヨーコ・オノ・レノン全史』など、編著に『フランク・ザッパ攻略ガイド』『ザ・キンクス 書き割りの英國、遙かなる亜米利加』『ヴェルヴェット・アンダーグラウンド完全版』『ニール・ヤング全公式音源攻略ガイド』『デイヴィッド・ボウイ完全版』『ジョージ・ハリスン　スワンプ・ロック時代』などがある。
③ケヴィン・エアーズ『ホワットエヴァーシーブリングスウィシング』、キャラヴァン『ウォータールー・リリー』、ゴング『フライング・ティーポット』、アンソニー・ムーア『アウト』、ジョン・グリーヴス『ザ・キャレテイカー』
④ビートニクの精神を縦横に発展させた自由なロックであるところ。様式に陥らず、テクノやハウスまで呑み込んでしまった懐の深さ。

執筆者プロフィール／アンケート

①生年、出身地、肩書き
②経歴
③個人的に好きなカンタベリー・ロック・アルバム5作
④改めて、カンタベリー・ロックの魅力とは

犬伏 功（いぬぶし・いさお）

①1967年大阪生まれ、大阪市在住の音楽文筆家／グラフィック・デザイナー。
②2000年より音楽雑誌、ライナーノーツなどの執筆、再発監修等を行う。主に英国産ポップ・ミュージックを軸足に様々な執筆活動を展開、地元大阪ではトークイベント『犬伏功のMusic Linernotes』を定期開催している。
③ケヴィン・エアーズ『ジョイ・オブ・ア・トイ』、ソフト・マシーン『ソフト・マシーン』、キース・ティペット・グループ『デディケイテッド・トゥ・ユー』、キャラヴァン『イン・ザ・ランド・オブ・グレイ・アンド・ピンク』、スティーヴ・ヒレッジ『フィッシュ・ライジング』
④最初はてっきりサイケデリックな集合体と思ったが、最初に聴いたケヴィン・エアーズはむしろ「異端」だったという衝撃。ジャズからテクノまで包括した奥深さ。海は深く、そして山は高い…。

梅村昇史（うめむら・しょうじ）

①1961年名古屋生まれ。グラフィック・デザイン／イラストを成業とする。在野のザッパ研究家。
②書籍、絵本等のデザインやイラストを手掛けつつ、CDジャケットのデザインなどを制作。2006年にはソフト・マシーン・レガシーとソフト・マシーンの発掘音源盤『フローティング・ワールド・ライヴ』の日本盤のデザインを担当。
③ソフト・マシーン「ヴォリューム2』、ヘンリー・カウ「レッグエンド』、スティーヴ・ヒレッジ『フィッシュ・ライジング』、ハットフィールド・アンド・ザ・ノース『ハットフィールド・アンド・ノース』、ロバート・ワイアット・アンド・フレンズ『シアター・ロイヤル・ドゥルーリー・レーン』
④インテレクチャルな学生っぽさと、自由で何でもありな感じ。でも不思議とハッキリと共通のモードがあるところ。体育会系の反対語がカンタベリー系かな。先輩たちの作品は全部聴きたいっす的な。

小山哲人（こやま・てつと）

①1959年、東京都生まれ、自営業者。
②1990年頃よりレコード・コレクターズなどの音楽誌で執筆活動。1995年～2012年の間、東京下北沢でレコード・ショップを経営。これまでにインタヴュー経験のあるカンタベリーとその周辺アーティストは、対面取材：ケヴィン・エアーズ、デイヴィッド・アレン、ヒュー・ホッパー、パイ・ヘイスティングス、デイヴィッド・シンクレア、フレッド・フリス、クリス・カトラー、チャールズ・ヘイワード、ブリジット・セント・ジョンなど。電話／メール取材：ロバート・ワイアット、デイヴィッド・トーマスなど。
③ソフト・マシーン『ソフト・マシーン』、ケヴィン・エアーズ『ジョイ・オブ・ア・トイ』、キャラヴァン『イン・ザ・ランド・オブ・グレイ・アンド・ピンク』、マッチング・モウル『マッチング・モウル』、ハットフィールド&ザ・ノース『ハットフィールド&ザ・ノース』
④1枚のアルバムの背後に、音楽の歴史的／現象的な成り立ちやミュージシャンの繋がりを超えて文学や美術、哲学、科学まで広がる無限のリンケージが見えてくるところ。知的好奇心の源泉。

立川芳雄（たちかわ・よしお）

①1959年、千葉県市川市生まれ。音楽批評家。
②いろいろあって現在に至る。『レコード・コレクターズ』誌などに執筆。河出書房新社〈文藝別冊〉シリーズでは、「キング・クリムゾン」「ジェフ・ベック」「ザ・フー」「ジャニス・ジョプリン」などで、あれこれ喋らせてもらいました。『プログレシヴ・ロックの名盤100』（リットー・ミュージック刊）も、よろしければお読みください。
③ソフト・マシーン『3』、ハットフィールド&ザ・ノース『ザ・ロッターズ・クラブ』、キャラヴァン『グレイとピンクの地』、ジョン・グリーヴズ『ソングス』、フィル・ミラー『カッティング・ボス・ウェイズ』。
④良い意味での内向性と、ときに自虐的とも感じられるほどのユーモアのセンスをもちながら、それでいてロックであるというところ。ストレートな自己主張とは縁遠いロックというものがあることを、教えてもらったような気がします。

松井 巧（まつい・たくみ）

①1966年、東京生まれ。文筆家・編集者。
②編集プロダクションでFM情報誌と旅行情報誌の編集に携わったあと、独立。現在は自身が代表社員を務める編集プロダクションを通じて専門書から一般書まで幅広い分野の書籍編集・企画を手掛けるかたわら、音楽関連の評論・解説の執筆を続けている。著書に『ブリティッシュ・ジャズ・ロック』『失われたレコードを求めて』『ジャズ・ロック』『地球音楽ライブラリー　イエス』『地球音楽ライラリー　エマーソン・レイク&パーマー』、監修した本に『カンタベリー・ミュージック』『レッド・ツェッペリン』『キング・クリムゾン・ディレクトリー』等がある。『季刊・アナログ』に「方形の宇宙　ロック・ポップス編」を連載中。

企画／アート・ディレクション	和久井光司
執筆	犬伏 功、梅村昇史、小山哲人、立川芳雄、 真下部緑朗、松井 巧、森 次郎、 山田順一、山中 明、和久井光司
データ作成	犬伏 功、梅村昇史、森 次郎、山田順一
進行統括	森 次郎
デザイン	倉茂 透

カンタベリー・ロック完全版

2022年4月20日　初版印刷
2022年4月30日　初版発行

責任編集	和久井光司
発行者	小野寺優
発行所	株式会社河出書房新社 〒151-0051　東京都渋谷区千駄ヶ谷2-32-2 電話　03-3404-1201（営業） 　　　03-3404-8611（編集） https://www.kawade.co.jp/
組版	倉茂 透
印刷・製本	株式会社暁印刷

Printed in Japan
ISBN978-4-309-29189-5